JN101223

国際政治の基礎理論

Basis of International Politics:
Foundational Concepts and Theories

岡垣　知子 著

青山社

はじめに

　本書の目的は、国際政治学の基礎を体系的に紹介することである。国際政治学を初めて学ぼうとする皆さんは、国際政治学という学問についてどのようなイメージをお持ちだろうか？専門分野を聞かれて、私が「国際政治学」と答えると、多くの場合、次に来る質問は、「どの国の専門ですか？」である。国際政治に対して人々が持つイメージは、特定の国や、ニュースで目にするような具体的な国際問題であることが多い。しかし、現実の国際問題について知識を得ることと、学問として国際政治学を学ぶことの間には隔たりがある。

　国際政治学は国際関係論としばしば同義で使われ、他の人文・社会科学分野との学際性が強調されるが、本書は、国際政治学を政治学の一分野として扱い、その学問的基礎を体系的に紹介することを試みる。国際政治学をいかに体系的に初学者に紹介できるかは、私の長年の課題であった。大学で開講されている講座や使用されている教科書には、国際事象をアット・ランダムに寄せ集めて解説したものが多い。実践的な学問が好まれ、現実の事件や事象の詳細な解説と処方箋が求められる今日、理論は敬遠される傾向があるが、知識は基礎理論を通して体系的に習得されてこそ血となり肉となると考える。

　この本を通じて、読者の皆さんが、国際政治とはいかなる種類の政治なのか、他の学問領域とどう異なるのかを大局的に考えるきっかけをつかんでいただけたら幸いである。国際政治学を学ぶ者が試みるのは、日々起こる国際問題の時事問題解説ではなく、長期的視野で国際政治の流れを捉え、現代に生きる私達の立ち位置を把握することである。人々の思考はとかく目に見えるもの、具体的なもの、実感できるもの、善悪の区別がつけやすいもの、処方箋を描きやすいものに惹きつけられる。「why」の問題よりも、「how」の問題に安住する。学問をすることは、この思考の惰性の傾向をよく意識して、目に見える物事の背後にある文脈や、事件が起こる歴史的背景を考え、相対的・客観的に事象を考える訓練をすることである。

　本書では、国際政治を国内政治から区別する根本的な現実である「アナー

キー（中央政府の不在）」についての解釈を出発点として、国際政治の理論を紹介する。アナーキーをどう捉えるかがリアリズム、リベラリズム、コンストラクティヴィズムといった国際政治理論の分岐点になっているからである。第1部で国際政治学という学問分野を鳥瞰した後、第2部では、集合行為の論理、分析のレベル、国際政治構造、国家を、国際政治学を学ぶ上で必要な基礎概念として検討する。それらを踏まえて、第3部においては、国際政治学の代表的理論であるリアリズム、リベラリズム、そして本書での比重は小さくなるが、1990年前後からリアリズムやリベラリズムを批判する形で台頭し、今日の国際政治学の三大理論の1つとして興隆を見たコンストラクティヴィズムを紹介する。むろん、国際政治理論の分類の仕方はほかにもある。ヨーロッパ独自の歴史・文化的土壌を背景とする植民地主義やポスト植民地主義の国際政治理論、フェミニズムの理論、かつて主要理論の1つとして考えられていた従属論や世界システム論等に触れることも可能だが、本書では、国際政治学史を通して理論的ディスコースの基調となってきたリアリズムとリベラリズムおよびその派生理論を中心に紹介することで、国際政治学のエッセンスを浮かび上がらせたい。また、安全保障論や国際政治経済学等のサブフィールドにおいては、より射程の短い国際政治理論を紹介する必要があるが、それは別の機会に譲ることとする。

　本書で紹介するのは、国際政治全体の一般的理解にかかわる基礎概念と理論である。知識の量よりも、体系的にそして複眼的に物事を考える力を身につけることの大切さを伝えたい気持ちで本書を執筆した。我々は人生の大半を具象の世界で生きているが、理論的にものを考える訓練をし、その醍醐味を味わうことで人生はより豊かになるはずである。

目　次

はじめに.. iii

第1部　　国際政治学の鳥観図 1

第1章　国際政治学とは何か？ ─ 原点としての「アナーキー」─ 3
1. 政治とは何か？ 4
2. 国際政治学の三要素：アクター、イシュー、イメージ 5
　1）国際政治のアクター..6
　2）国際政治のイシュー..7
　3）国際政治のイメージ..9
3. 価値配分の問題：絶対的利得と相対的利得 12
4. 社会科学としての国際政治学 16
　1）科学的にものを考えるとは？ 17
　2）相関関係と因果関係.. 17
　3）理論とは何か？ 19
　4）理論化の意義 21

第2章　国際政治学史 ─ 学問の成熟：願望から思考分析へ ─ 25
1. 国際政治学前史（1）：古典の中の国際政治思想............................... 25
2. 国際政治学前史（2）：国際政治の組織化.. 30
3. 国際政治学の誕生：ユートピアニズムの時代 32
4. E.H. カーとリアリズムの20年：第1論争
　　─「ユートピアニズム（理想主義）」vs.「リアリズム（現実主義）」─ 37
5. 第二次世界大戦後：リアリズムの時代 40
6. 第2論争 ─「伝統主義」vs.「行動科学主義」─ 43
7. 相互依存論の興隆と第3論争 45
8. 1980年代：ネオリアリズムの台頭とネオリベラリズム 48
9. 1990年代以降：冷戦終焉後の国際政治学 51
　1）楽観的シナリオ 52
　2）悲観的シナリオ 54
10. アメリカ単極システムの行方 55
　1）単極システム肯定論.. 55
　2）単極システム否定論.. 56
11. 終わりに：学問分野の発展とは？ 57

第2部　基礎概念 61

第3章　国際政治学の基礎概念①：集合行為の論理 63

1. マンサー・オルソンの集合行為論 64
2. 鹿狩りの逸話 65
3. ゲーム理論 67
   1）ゲーム理論とは何か？ 67
   2）国際政治とゲーム理論 68
4. 囚人のジレンマ／安全保障のジレンマ 69
   1）囚人のジレンマゲームの国際政治への応用 70
   2）異なるタイプの囚人のジレンマ 71
   3）安全保障のジレンマ 71
5. 共有地の悲劇 73
6. 集合財とは何か？ 76
7. 「集合行為の論理」は乗り越えられるか？ 77
   1）コミュニケーションによる情報交換 77
   2）未来の影（Shadow of the Future） 78
   3）アクターの特質 80
8. 終わりに 80

第4章　国際政治学の基礎概念②：分析のレベル 83

1. 分析のレベルとは 83
2. ウォルツの3つのイメージ 84
3. ツキジデスと分析のレベル 85
4. 第1イメージの分析 87
   1）個人の特性による説明 87
   2）人間性による説明 88
5. 第2イメージの分析 92
   1）帝国主義論 92
   2）「民主主義による平和」論（Democratic Peace） 94
6. 第3イメージの分析 96
7. オッカムの法則 98

第5章　国際政治学の基礎概念③：国際政治の構造 102

1. 国際政治構造の意味 102
   1）秩序原理 103
   2）極の数 105
2. 国際政治の安定性とは？ 106
3. 勢力均衡と勢力階層（アナーキー vs. ヒエラルキー） 107
   1）勢力均衡論 107
   2）勢力階層論 110
4. 極の数をめぐる議論 113

　　1）多極安定論 113
　　2）2極安定論 115
　　3）単極安定論（覇権理論）... 119
　5.　終わりに 124

第6章　国際政治学の基礎概念④：国家概念とその変遷
―"*de jure*"と"*de facto*"の対話 ― 126

　1.　国家とは？ 128
　2.　国家に付随する要素：主権、パワー、国益 129
　　1）主権 129
　　2）パワー＝国力 131
　　3）国益 132
　3.　近代ヨーロッパの国家概念とその変遷 135
　　1）国家の法的側面と社会学的側面 136
　　2）ネイション 136
　　3）ステイト 138
　4.　国家概念の変遷：3つの分水嶺 139
　　1）ウェストファリア条約と近代国家システムの誕生 139
　　2）ヨーロッパ中心の国際社会と国家概念 143
　　3）非植民地化以後の国家概念 145
　5.　国家概念をめぐる論点 148
　　1）"*de jure*"と"*de facto*"の対話 148
　　2）国家の存続性の説明 150
　6.　終わりに：国家の強靭性 152

第3部　国際政治の理論 155

第7章　古典的リアリズム ― カー、ニーバー、モーゲンソー ― 157

　1.　E・H・カー（Edward Hallett Carr, 1892－1982）................. 158
　　1）著作の背景 158
　　2）カーの思想内容と特徴 159
　　3）カーの意義と評価 162
　2.　ラインホールド・ニーバー（Reinhold Niebuhr, 1892－1971）.... 163
　　1）ニーバーの思想内容と特徴 164
　　2）ニーバーの意義 169
　3.　ハンズ・モーゲンソー（Hans J. Morgenthau, 1904－1983）.... 169
　　1）モーゲンソーの理論の内容 169
　　2）モーゲンソーの意義 173
　4.　古典的リアリズムの特徴 174

第8章　ネオリアリズム ― ケネス・ウォルツの国際政治理論 ― 176
　1.　構造主義とシステム論 177
　2.　ケネス・ウォルツの理論 178
　　1）厳密な理論の定義 179
　　2）国際政治のシステム理論の構築 182
　3.　ネオリアリズムの内容と特徴 184
　　1）国際政治のアクターについて 184
　　2）還元主義批判 184
　　3）構造が果たす役割 185
　　4）古典的現実主義とネオリアリズムの相違 185
　4.　日本におけるウォルツ理解 186
　5.　ウォルツの理論をめぐる誤解 188
　6.　ネオリアリズムの意義 191
　7.　終わりに：ネオリアリズム以後 197

第9章　相互依存論とグローバリズム ― 時間と空間の克服？ ― 200
　1.　リベラリズムの一般的特徴と3つの系譜 200
　　1）理論的前提 200
　　2）リベラリズムの多様性 201
　　3）3つの系譜 202
　2.　相互依存論とは何か？ 202
　3.　相互依存論登場の背景 204
　4.　相互依存論の代表的論者 208
　　1）リチャード・クーパー 208
　　2）エドワード・モース 209
　　3）ロバート・コヘインとジョセフ・ナイ 210
　5.　相互依存論の評価 211
　6.　グローバリゼーション論 216
　7.　終わりに 219

第10章　「民主主義による平和」論 ― 政体か国益か？ ― 222
　1.　「民主主義による平和」論（DP）とは何か？ 224
　　1）DPの説明 224
　　2）実証研究 227
　2.　DPの評価 228
　　1）理論的側面 229
　　2）経験的側面 232
　　3）その他 235
　3.　民主化論 236
　　1）民主主義とは？ 236
　　2）民主主義への移行 238
　　3）民主主義の維持と固定化 239

第11章 国際制度論 ― アクターの主体性 vs. 制度的制約 ― 241

1. 制度についての研究史.. 241
2. 制度とは何か 244
3. 国際政治学における制度論の系譜 245
   1) 地域統合論 246
   2) 国際レジーム論 249
   3) レジーム論から国際制度論へ.. 254
4. ネオリベラル制度論とグローバル・ガバナンス 256
5. 制度論と関連する理論・概念 258
   1) 制度化 258
   2) コンプライアンス（遵守）.. 259

第12章 コンストラクティヴィズム（構成主義）
　　　　―「アナーキー」は認識が生み出すもの ― 265

1. コンストラクティヴィズム台頭の背景.. 266
2. コンストラクティヴィズムの内容 268
   1) ネオリアリズム・ネオリベラリズム批判 268
   2) 規範と国際関係の構造 272
   3) コンストラクティヴィズムの多様性 275
3. コンストラクティヴィズムの評価 277

終　章　理論について 280

1. 理論と実証 281
2. 理論と政策 284
   1) 学究的世界と実務家の世界のギャップ.................................. 284
   2) 理論はなぜ必要か？ 286
   3) 政策決定者に有用な理論とは？ 288
3. 理論的活動の意義と国際政治学の醍醐味....................................... 289

あとがき 291

索　引.. 293

第 1 部
国際政治学の鳥観図

第1章 | 国際政治学とは何か？

—原点としての「アナーキー」—

学習のポイント

① 国際政治学とはどのような学問か？ 政治学、社会科学全体の中での国際政治学の位置づけを考えよう。

② 国際政治理論の3要素である、アクター、イシュー、国際関係のイメージについて検討しよう。

③ 国際政治の基本構造である「アナーキー（無政府状態）」の意味するところを考えよう。

④ 理論を学ぶことが学生生活や人生を豊かにする上でなぜ大切なのかを考えよう。

　国際政治学とはどのような学問か？ まず国際政治学という学問分野の全体像を捉えることから始めよう。要点は3つある。第1に、国際政治学は政治学の一分野であるという点である。政治学は、一般的に、国内政治学（例えば日本の政治）、比較政治学、政治思想（政治理論）、国際政治学に分かれる。そこで、政治とは何か？ 政治学とはどのような学問なのか？ また、国際政治学が他の政治学のサブフィールドとどう区別されるのか？ 理解しよう。

　第2に、国際政治を分析する枠組みについて考え、国際政治の基本構造である「アナーキー（無政府状態）」が意味するところを考察する。アナーキー、すなわち中央政府の不在は、国際政治と国内政治を決定的に区別する国際政治の現実である。国際政治に中央政府が存在しないということは何を意味するのか？ 全くの無秩序を意味するのか？ あるいは政府が不在でも一定の秩

序は存在しうるのか？　国際政治学は、「アナーキー」についての解釈をめぐる学問であることを押さえておこう。

　第3に、社会科学として国際政治学を学ぶとはどういうことなのかを理解する。大学は理論的にものを考える訓練の場であり、理論とは、国際政治事象や事件を体系的に理解するための知的な道具である。理論的にものを考えるとはどういうことなのかを検討しながら、理論構築に関連する社会科学用語に慣れよう。

1. 政治とは何か？

　デイヴィット・イーストンという政治学者は、政治を「社会のための価値の権威的配分」と定義した[1]。この定義に従えば、政治学は、価値がどう配分されるかの要因や過程を分析する学問である。ここでいう価値とは、物の場合もあれば人の場合もあり、物質的なものもあれば精神的なものもある。価値とは、一般的に、良いものや役に立つものであり、逆に、役立たないものや害をもたらすものは、「負」の価値を持つと言うことができる。

　日常的な価値配分の例として、例えば、AとBという兄弟がおやつの果物を食べる3つのケースを考えよう。

　　ケース1：りんごとなしがあり、Aがりんご、Bがなしを求める場合。
　　ケース2：AもBもりんごがほしいが、りんごが10個ある。Aはりんご1
　　　　　　　個で空腹を満たすことができ、Bは2個で満足する場合。
　　ケース3：りんごがひとつしかない場合に、AもBもどちらもりんごを1
　　　　　　　個丸々食べたいと思っている場合。

　政治的関係が生じるのはどの場合だろうか？　言うまでもなく、ケース3である。ケース1の場合は、AとBが全く別の価値を求めているので、争いは

---

1) "an authoritative allocation of values for a society," David Easton, *Political System: An Inquiry into the State of Political Science*, University of Chicago Press, 1981.

生じない。ケース２の場合は、ＡとＢが同じ価値を求めていても、供給量が十分にあるので、問題は生じない。ケース３の場合に価値配分の問題が生じるのは、りんごの供給が限られている中で、ＡとＢが何らかの駆け引きを行ってりんごを分けなければならないからである。つまり、政治的関係が生じるのは、①資源の供給が限られており、②その限られた資源を巡って、当事者間に配分の問題が生じる場合である。

　ＡとＢが１個のりんごを巡って争い、配分の仕方に妥協点が見つからない場合、しばしば親であるＣが介入することがある。Ｃは、イーストンの定義にある「権威」として、家庭内（社会）の平和のために、りんごの適切な配分の仕方を決める権力と正統性を兼ね備えている。Ｃの介入の結果、例えばＡがりんごを３分の２、Ｂが３分の１を受け取る形で、おやつの配分がなされるような結果が生まれるのである。

　国内政治において、Ｃのような存在は政府である。政府は、様々な社会の要求をくみ上げ、価値の配分を行い、立法府で法律を作り、行政府で政策を実行する。資源配分を通して、経済的繁栄と社会福祉、教育の発展を促し、防衛、安全保障、正義・不正義の判断（裁判）等の役割を担うのが政府である。

　ところが、国際政治には政府が存在しない。価値の有効な配分を権威的に行う主体が存在しない世界において、価値の配分はどうなるのか？　正・不正の判断を下すものがいない世界においては、何が正当な価値の配分なのか？　この点が国際政治と国内政治の決定的な違いである。価値配分を決める権威がいない世界において、価値配分をめぐる政治は熾烈になる。自分の面倒は自分で見なくてはならないからである。このことが、ケネス・ウォルツが「国際政治は政治の中で最も政治らしい政治である」と述べる所以である。

2. 国際政治学の三要素：アクター、イシュー、イメージ

　国際政治学を学ぶ上で基礎となる３つの要素は、アクター（行為主体）、イシュー（問題設定）、イメージ（国際システム一般の捉え方）である。Ｋ・Ｊ・ホルスティという、カナダの元ブリティッシュ・コロンビア大学教授は、国際

政治学を、「アナーキカルな国際政治構造におけるアクター間の相互作用のパターンを研究する学問」、と定義づけたが[2]、この定義の中に、まさにこの3つの要素が含まれている。国際システムの構造であるアナーキーをどう捉えるかは国際政治のイメージの問題であり、相互作用のパターンとは、どんなアクターがいかなるイシューにおいて影響を与え合うかの問題である。すなわち、アクター、イシュー、イメージという、国際政治の本質にかかわる3要素の捉え方によって、国際政治の見方が変わり、異なる理論が生まれることになるのである[3]。これら3つの要素を順に吟味していこう。

1) 国際政治のアクター

「アクター」は、日本語では、主体、もしくは行為主体といわれる。衛藤・渡邉・公文・平野は、国際政治における「主体」の要件を次のように述べている。1) その存在が明確に識別できること、2) 国際的な舞台で決定し、行動する一定の自由を持っていること、3) 他の行動主体と相互作用し、その行動に影響を与えうること、4) 一定の期間にわたって存続すること[4]。これらの要件を満たす典型的な存在が国家である。

伝統的な国際政治の考え方においては、国家が国際関係の中心的なアクターとして捉えられてきた。国際政治学の中心的課題は、もともと、戦争の原因と平和の条件を探ることにあり、歴史を通して、暴力を独占し、戦争遂行能力を持つ唯一の主体が国家であったからである。

しかし、国際関係が次第に複雑になり、国際事象として認識される事柄が多岐にわたるようになると、例えば、多国籍企業（TNC）[5]や、国連のような国際機関、地域的国際機構や EU のような国家連合、国内の利益集団、個人なども、国際政治に影響を及ぼすアクターとして考えられるようになってきた。歴代の

2) K. J. Holsti, *International Politics: A Framework for Analysis*, Pearson College Div., 1994.

3) K. J. Holsti, *Dividing Discipline: Hegemony and Diversity in International Relations*, Harper Collins Publishers, Ltd, 1985.

4) 衛藤・渡邉・公文・平野『国際関係論』東京大学出版会、1989 年、p.34。

5) Transnational Corporation (TNC) は、かつては Multinational corporation (MNC) と呼ばれることが多かった。

アメリカ大統領が様々な国際舞台で役割を演じ、リーダーシップを発揮してきたこともその例である。オバマ前アメリカ大統領は、2009年の就任後間もなく、核廃絶を世界世論に訴え、アジアに基軸をおいた外交政策や移民緩和策を唱えた。故マザー・テレサやローマ法王も国際社会に影響力のある（あった）個人といえるだろう。国際社会のアクターが多様化する中で、どのアクターを重要視するかは、どういった国際問題を重要と考えるかにもよる。国境を越える経済活動の増加を国際政治の重要な事象と考える人々にとっては、多国籍企業や経済活動を規制する取り決めを扱う国際機関が重要なアクターに映るかもしれない。環境問題に関心を持つ人々にとっては、グリーンピース[6]のような圧力団体や、環境保護目的で活動する非政府主体（NGO / NPO）[7] が重要かもしれない。つまり、アクターの捉え方は、「相互作用のパターン」、すなわち、どういう国際政治のイシューを問題とするかと密接に結びついた問題なのである。

2) 国際政治のイシュー

　国際政治のイシューは、一般的に政治・軍事関係、経済関係、文化的関係のものなどに分けられる。思いつくままに国際政治学のテーマを挙げてみよう。先進国と途上国の経済格差、核兵器拡散の問題、軍備管理・軍備縮小、地球温暖化、人間の安全保障と人道的介入、国家の分裂と統合、国際組織、地域統合、帝国主義と植民地主義の遺産、ナショナリズム、宗教と国際政治、国際貿易、国際金融と経済危機、情報化、テロリズム、移民・難民の問題、民主化、領土問題、……。これら多様なイシューが存在する中、例えば、国家間の経済的相互依存は平和をもたらすのか、あるいは摩擦の原因となるのか？　大国の数がいくつの場合に世界は安定するのか？　国内政治体制や文化、経済発展レベルが似かよった国家は、それらが異なる国家同士よりも協調関係を保ちやすいのか？　戦争は経済が好況の時に起こるのかあるいは不況のときに起こるの

---

6) 1971年設立の国際的な環境保護団体で、反核・環境保護を目的とする。本部はアムステルダム。

7) NGO (Non-governmental organization) と、NPO (Non-profitable organization) はほぼ同義であるが、前者は国際的文脈で、後者は国内の文脈で用いられることが多い。

か？　核拡散は国際システムの不安定を招くのか、むしろ安定性の要因となるのか？……といった問題を考察するのが国際政治学である。つまり、これら多様なイシューについての知識を積み上げるだけでなく、国際政治に繰り返し生じるパターンを発見し、それを説明しようとするのが国際政治学を学ぶことなのである。国際政治学を学ぶ者は、国際的事件や事象を目にしたときに、「これは何についての事件／事象なのか（Of what is it an issue?）」と問うことが大切である[8]。例えば、2001 年 9 月 11 日に同時多発テロ事件が起こった際、多くの人は、これを冷戦終焉後における安全保障概念の変化を象徴するものと捉えた。つまり、大国間に大戦争が起こる可能性が低下し、米ソ両ブロック間の緊張のタガが外れた結果、安全保障の主体が国家から非国家主体に変化し、低強度紛争が多発する時代になったことを示す事例として捉えたのである。一方、ロバート・コヘインは、この事件をグローバリゼーション深化の観点から捉えた。今日は、グローバリゼーションに伴う通信・交通手段の発達によって、地理概念や国益概念が変化し、地球の反対側からでもコンピューターネットワークを用いて大きな軍事行動を起こすことが可能になった時代である。同時多発事件はそういった今日の状況を反映した事件であるという説明である[9]。

　別の例として、第二次世界大戦後、何十年もの間取り上げられていなかった日中、日韓の間の領土問題や歴史問題が 1980 年代以降になって問題化したのはなぜか？　これは、東アジアにおけるパワーバランスの変化、すなわち、かつては日本の経済援助に頼っていた中国や韓国が、国力の増加に伴って発言力を増したことを示しているのだろうか？　あるいは、中国や韓国内の政治闘争や政治指導者の国内政治基盤の脆弱さから国民の注意をそらそうとした結果だろうか？　さらに別の例として、クリミア半島を巡る 2012 年以降のロシアと西側諸国の緊張は、大国間のパワーポリティクスが不可避であることを示しているのか、あるいはヨーロッパ統合の限界やロシアの民主化の限界を表してい

8)　James Rosenau, "Thinking Theory Thoroughly," *The Scientific Study of Foreign Policy*, Frances Pinter, 1980, pp.19–31.

9)　コヘインはこれを「非公式暴力のグローバリゼーション（globalization of informal violence）」と呼び、飛行機という交通手段・運搬手段の発達がもたらした結果として 9.11 事件を捉えている。

るのか？　同じ事件や事象でも、解釈の仕方は複数ある。国際政治学を学ぶ者は、自分の見方とは異なる解釈の可能性を常に念頭に置き、国際的事件や事象を捉える努力が大切である。

3) 国際政治のイメージ

　国際政治を考察する上で重要となる3つ目の要素が国際政治についてのイメージである。国際政治を国内政治と区別する構造上の特徴は、中央政府が存在しないこと、すなわち「アナーキー」にある。アナーキーとはいかなる状態を意味するのか？　この言葉からカオス（混沌）や無秩序を連想する人もいるが、アナーキーは、もともとは単なる政府の欠如を意味していた。語源をたどると、アナーキーは、"archy"という「政治体制」[10]を意味するギリシア語に、否定を表す"an"という接頭語がついたものである。つまり、アナーキーとは、政治の統制が不在であるという意味である。この点が、国際政治と国内政治の決定的な違いであると同時に、国際政治学の出発点なのである。

　中央政府が存在しないことは国際政治にいかなる帰結をもたらすのか？　これを考える上で、政府が国内政治においてどのような役割を果たしているかを検討してみよう。政府は、税金を集め、それを有効に資源配分して国を豊かにする。政府は、他国の脅威から自国を守り、教育、厚生、医療、経済インフラを整え、国家の経済・社会的繁栄を促す。そして政府は、正義に反するものを罰する独立した裁判所の存在によって、正・不正の判断を下し、法を強制する力を持っている。

　政治が「価値の権威的配分」であるならば、政府が存在しないということは、有効な価値配分を権威的に行うものがいないことを意味する。また、国の防衛を担う政府が存在しないということは、自分の安全を自分で確保しなくてはならないことになる。さらに、正・不正を判断する権威が存在しないということは、自分にとっての正義の論理と他者の正義の論理のぶつかり合いを解決して

---

10)　"archy"が付く言葉として、例えば、autarchy（専制主義体制）、hierarchy（階層制）、monarchy（君主制）、polyarchy（民主主義体制を示すロバート・ダールによる造語）、oligarchy（寡頭政体）がある。

くれる主体が存在しないということである。つまり、国際政治は自らが自らを助くるシステム、すなわち「自助のシステム（self-help system）」である。限りある価値や資源が自分にとっての正義に適った方法で配分されない場合に備えて、またありとあらゆる不測の事態に備えて、それぞれの国家は自らを守れるようにしておかなくてはならない。正・不正の判断がつけられない世界にいる以上、自らの正義に適ったルールを他国に強制することはできないのであるから、例えば自国の輸出品に不当な関税をかけて輸入制限をしている国にどう対応するのか、不当な形で外国に占領されている自国の領土にどう対処すべきかについて、国家は最悪の事態を想定しつつ、すべて自ら判断し、他国と交渉し、妥協点を見出していかねばならないのである。

　アナーキーが意味するところをもう少し検討してみよう。先に述べたように、アナーキーという言葉はしばしば、混沌・無秩序の状態を人々に連想させる。しかし、先に述べたように、アナーキーの本来の意味は単に政府が存在しないということであり、必ずしも完全な無秩序・無統制を意味するわけではない。中央政府の不存在という現実からから何を想定するかは国際政治学者によって異なっている。ここで、トーマス・ホッブズという17世紀のイギリスの政治思想家が「アナーキー」をどう捉えていたかを考察してみよう。

　ホッブズは、有名な『リヴァイアサン』の第1部第13章「人間の自然状態：その至福と悲惨について」で、絶対強力な国家の主権が確立されていない状態に置かれた人間の状態を描いている[11]。その中でホッブズは、国家権力が設立されていない状態を「自然状態」と呼び、それを「万人の万人に対する戦争状態」とも表現している。むろん、ホッブズの時代には、国際関係は独立した体系として捉えられるほど発達していなかったため[12]、ホッブズは国内政治の文脈で「自然状態」を考えていたのであって、国際政治の文脈でこれを考えていたのではない。

---

11) Thomas Hobbes, *Leviathan,* Oxford University Press, 2009.

12) 国際政治学においては、一般的に、ホッブズの人間観、世界観が「リアリズム」を代表するものと考えられているが、ホッブズは政治思想史上自由主義思想の先駆者である。岡垣知子「トーマス・ホッブズと国際政治」『国際政治』第124号、2000年5月、pp.64-88。

　以下が絶対強力な主権が設立されていない「自然状態」についてのホッブズの考え方である：

　　「戦争」とは、闘争つまり戦闘行為だけではない。闘争によって争おうとする意志が十分に示されていさえすれば、その間は戦争である。戦争の本質を考察するには従って、天候の本質を考察する場合と同じく、「時間」の概念を考慮しなければならない。悪天候とは一度や二度のにわか雨ではなく、雨の降りそうな日が何日も続くことであるように、戦争の本質は実際の戦闘行為にあるのではない。その反対へ向かおうとする保障の全く見られない間のそれへの明らかな指向がすなわち戦争である。その他の期間はすべて「平和」である [13]。

　つまり、ホッブズの「戦争状態」は、実際に戦闘行為が絶え間なく行われている状態というよりは、戦争が起こる可能性を長期にわたって完全に排除できない状態、すなわち潜在的な戦争状態を指している。文字通りの「万人の万人に対する戦争」のような熾烈な状況が常態ではないことをホッブズは他の箇所でも述べている。例えば、旅行するときに武装したり、寝るときにドアに鍵をかけることなどの人間同士の不信感や自己防衛の態度も、一種の戦争状態であるとホッブズは言う。

　ホッブズの時代に切実な課題であったのは、強力な国家主権の樹立であり、王朝際的な関係にとどまっていた国際関係は喫緊の課題ではなかった。そのため、ホッブズが『リヴァイアサン』の中で国際政治について述べている箇所は少ない。その数少ない描写のひとつが以下である。

　　いつの時代においても、王や主権者たちはその独立性のために絶えず嫉妬し、互いに武器を向け合い、にらみ合って、剣闘士のように身構えた状態にある。国境の要塞、軍隊、銃、隣国へ絶えず送るスパイなど、

13）筆者訳。Hobbes, *Leviathan*.

これらは戦争体制である[14]。

この一節では、国家間関係は潜在的な戦争状態にあるものの、国家樹立前の国内政治ほどの悲惨さや残忍さは窺えない[15]。

ホッブズが国際政治学にとって重要な政治思想家であるのは、国際政治を「万人の万人に対する戦争」と表現したリアリストであるからでは必ずしもない。主権者の存在しない世界を考える中で、政治学を学ぶ者にとって不可欠の根本的概念を幾つも提示したからである。その1つが、アナーキーの帰結としての独立したアクター同士の平等性、そしてその平等性から来るゼロサム性すなわちパワーの相対性であり、それに伴うアクター同士の競争と時間の観念にある。ここからおのずと相対的利得と絶対的利得の問題も生じてくる。

3. 価値配分の問題：絶対的利得と相対的利得

競争者同士の間では、限られた資源を一方が多く取れば、その分、もう一方のアクターの取り分は少なくなる。例えば、本章冒頭であげた1個のりんごを分ける場合（つまりパイの大きさが限られている場合）を考えてみると良い。一方の利得の増加がもう一方のアクターの利得の減少を伴うこと、すなわち総和がゼロになることをゼロサムという。資源が限られている場合は、両者の取り分はゼロサムの関係であるため、「相対的利得」が問題となる。相対的利得とは相手の利得との関係で自分の利得の大小が決まることを意味する。逆に、「絶対的利得」とは、相手に関係なく自己の利得がどのくらい大きいかの問題である。資源が無限にある時、つまりパイ自体を大きくできるときは、両者が共に利得を拡大することが可能になる（プラスサム／ポジティブサム）ので、アク

---

14) 筆者訳。Hobbes, *Leviathan.*
15) ホッブズは国家をむしろ国家間関係の戦争状態を緩和するクッションのようなものとすら捉えていると指摘する国際政治学者もいる。

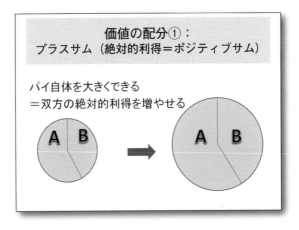

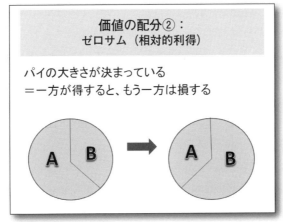

ターは絶対的利得にのみ関心を持てば良いことになる[16]。

　相対的利得と絶対的利得の問題をよりよく理解するために、以下のような場合を考えてみよう。2人の大学生AとBがいて、アルバイトとして2種類の仕事のどちらかを選択できるとする。仕事①の場合には、Aはひと月に8万円、Bは6万円もらえる。仕事②の場合には、Aは10万円、Bは12万円もらえる。Bにとって仕事②の方が良いのは明らかだが、Aの場合はどうだろう？　アク

---

16) 例えば、領土問題は一定の領土を巡る駆け引きなのでゼロサムの駆け引きになりがちだが、貿易は両アクターが利得を得られるプラスサムのゲームになりうる。

—— **2人のアクターがアルバイトをして報酬を得る場合のシナリオ2つ** ——

	アクター A	アクター B
仕事①	8 万円	6 万円
仕事②	10 万円	12 万円

ター A にとっては、絶対額で言えば、シナリオ②の方がよいが、アクター B
との相対的関係から見れば、シナリオ①の方を好むかもしれない。例えば、A
が B に対して大きなライバル意識を持っていて、なんとしても B よりも多く
稼ぎたいと思っている場合、絶対額としては大きい 10 万円よりも、B との比
較において自分が優位に立てる①の仕事の場合を選ぶこともありうる。つまり、
当事者同士の関係の如何によって、相対的利得と絶対的利得のどちらが重要に
なるかは変わってくるのである。

　一般的に以下が言える。

　1）対立関係にある者同士は相対的利得により関心をもつ

　2）協調的な関係にある者同士は絶対的利得に関心をもつ

　1990 年、まだ日本脅威論の余韻が強く残っている頃、ハーバード大学のロ
バート・ライシュ教授が日米の経済成長率についてのふたつのシナリオを学生
に投げかけた。シナリオ①では、アメリカの経済成長率が 25%、日本が 75%
である。シナリオ②ではアメリカの成長率 10%、日本 10.3% である。さて、
アメリカの学生たちはどちらのシナリオのほうが好ましいと答えたであろう
か？　答えはシナリオ②であった [17]。日本がアメリカにとっての経済的脅威で

17）　Robert Rerch, "Do We Want U. S. to Be Rich or Japan Poor?" *Wall Street Journal,* June
18, 1990.

― ライシュの実験 ―

例：アメリカと日本の経済成長率
（ロバート・ライシュ→ハーバードの学生）

	アメリカ	日本
シナリオ①：	25％	75％
シナリオ②：	10％	10.3％

あるという認識を授業やメディアを通して抱いてきた学生たちにとって、日本はアメリカにとってのライバルである。絶対的利得の観点から言えば25％の成長率のほうが好ましくても、自分がライバル意識を持っている競争相手が存在する場合は、それとの比較において自分たちがまさっていること、あるいは負ける度合が少ないことが重要になるのである。日本の経済力が相対的に低下し、日本がアメリカにとってアジアで最も信頼できるパートナーと認識されて日米関係がかつてないほど安定している今日、同じ問いを投げかけたら、学生たちの答えはどうなるであろうか？　この調査の対象国が日本ではなく、中国の場合はどうだろう？　あるいはカナダの場合はどうか？

　ケネス・ウォルツという国際政治学者は、国内政治は「権威、行政、法律の領域である。国際政治はパワー、闘争、妥協の領域であり、顕著に政治的である」と述べている[18]。主権国家よりも上位のものがいない国際政治においては、パイの切り分け、つまり、限りある資源をどう配分するのかがもっとも切実な問題となるからである。国内政治は中央政府の存在を前提とする政治、すなわち、パイを切り分ける権威が存在している場合の政治である。一方、国際政治においては、中央の権威が不在であるがゆえ、配分の政治が熾烈になる。この

18）ケネス・ウォルツ（河野勝・岡垣知子訳）『国際政治の理論』[Kenneth N. Waltz, *Theory of International Politics*, McGrow Hill, 1979] 勁草書房、2010、第6章。

意味で、国際政治は政治の本質がもっとも鮮明に現れる政治であり、この点こそが、国際政治学を学ぶ醍醐味でもある。そして、「アナーキー」、「自助システム」の帰結としての「パワーの相対性」、「ゼロサム性」は、国際政治学の鍵概念となるのである。

　中央政府の欠如という国際政治の現実は変わらないが、アナーキーという言葉が意味するものは多様である。また、アナーキーが国際政治のアクター間に戦争や摩擦をもたらすとしても、そのアナーキーの熾烈さを緩和する要素は全く存在しないのだろうか？　国際政治学者の中には、国際連合のような国際機関が一定の平和的役割を果たせると考える者がいる。別の者は、経済的相互依存や人・物の交流が活発になれば、国家間関係はより平和的になると考える。さらに、すべての国家が民主主義になれば、平和が導かれるという主張もある。アナーキーを克服不可能な国際政治の現実として捉えるか、人間の理性や政治指導者の賢明な判断、もしくは国際制度や交流活動によって、少なくともある程度は緩和できるものとして捉えるかによって、国際政治についての様々なイメージが生まれる。これが国際政治の理論である。国際政治のディスクールは、突き詰めると、中央政府の不在という国際政治の特徴をどう捉えるかを基に展開されてきたといってよい。"原点としての「アナーキー」"という本章の副題は、こういった観点からつけられたものである。国際政治学が比較政治学や国内政治その他の政治学の分野から区別されるのは、国際システムのレベルで社会事象を分析する独特の視点を持っているからである。だからこそ、国際システムの構造である「アナーキー」の意味について検討することが、国際政治学を習得する旅の出発点となるのである。

4. 社会科学としての国際政治学

　国際政治学という学問の全体像をよりよく理解するために、最後に科学的に社会事象を捉えることの意味と国際政治の理論構築について考え、一般的な社会科学用語に慣れよう。

1）科学的にものを考えるとは？

　科学への第一歩は理論であり、理論的にものを考えること、ある事象を前にした時に、この事象は何を意味し何と関連しているのか、なぜその事象が起こるのかを、広い文脈の中で捉えようとすることが大切である。「科学」という言葉を聞くと、人々は一般的に物理学や生物学のような自然科学を思い浮かべることが多い。社会現象も自然現象の場合と同じく、「科学的に」仮説をたてて分析することが可能だろうか？　社会科学はどのくらい「科学」たりえるのだろうか？　自然科学と比較すると、社会科学には、人間行動の不確定性、要因の複数性、実験不可能性、測定の難しさ等の問題がどうしてもつきまとう。しかし、自然科学ほど完全な形ではないにしても、これらをある程度克服することは可能である。医学や気象学においても要因は複数であることが多い。また、天文学や考古学、気象学、疫学では、多くの社会現象の場合と同じく、実験はむずかしいのである。

2）相関関係と因果関係

　XがYの原因である時、もしXならば、Yであるという仮説が成り立つ。Xはこの場合、独立変数（independent variable）、Yは従属変数（dependent variable）と呼ばれる。ここで、「勤勉な学生の成績はよい」という仮説を立てるとする。すると、独立変数は「勤勉さ」であり、従属変数は「よい成績」である。さて、「勤勉さ」と「よい成績」をどうやって測るのか？　一般的には、「勤勉さ」は学生の授業出席回数や勉強時間の長さによって、また、「よい成績」はテストの点数やグレード・ポイントによって測ることができるだろう。抽象的な概念を具体的な数字で表して測定しやすくすることを、操作化する（operationalize）という。操作化はいうなれば、数値化である。すると、生徒の授業出席回数や勉強時間とテストの点数やグレード・ポイントを調べ、その関係を見ることによって、「勤勉な学生の成績はよい」という仮説が正しいかどうかを調べることができる。これを仮説の検証という。仮説の検証によって、授業出席回数・勉強時間とテストの成績やグレード・ポイントの間に相関関係（correlation）があることがわかる。また、相関関係が立証されたことによって、将来的にもそう

いった相関関係が成立することを予測できる。

　しかし、相関関係とは、単に、2つの変数の間に関係が存在するということであって、「なぜ」そのような関係が存在するのかを説明するものではない。こういった相関関係を理論と呼ぶ者もいるが、理論を厳密に考える者にとっては、相関関係は因果関係（causation）ではない。因果関係は、独立変数が従属変数の原因となることを説明するより強力な主張である。勉強時間が多いほど成績がよいとすれば、それはなぜなのか？　授業出席回数が多いほど成績がよいという相関関係がなぜ生じるのか？　1つの例として、授業に出席する回数が多い人は、授業で扱われた内容をよく知っているため、テストに出る問題を予想しやすい、という理由が成り立つ。これが因果関係の説明である。

　変数と変数の関係を証明する際には、他の変数が影響しないようにしなければならない。これはしばしば難しい作業となる。例えば、よい成績は、授業出席回数よりも、学生がもともと頭がよいことと関連しているのかも知れない。すると知能指数が同じ学生だけをサンプルにして、その学生だけを対象に出席回数と成績の関係を調べる必要がある。また、頭が良いと授業の理解度が高く、授業を面白く感じるために出席回数が多くなる場合など、頭のよさという変数が授業出席回数という変数と相関している可能性もあるので、真の相関関係は頭のよさと成績のよさであるにもかかわらず、授業出席回数が成績と相関関係にあるようにみえてしまうかもしれない。このように真の変数を特定する作業は複雑であり、それには慎重さと緻密さが必要となる。

　別の例として、しばしば所得と投票行動の関係にパターンがあるといわれる。例えば、一定の所得層がある政党に投票する傾向があるといった場合である。しかし、この場合も、実際に所得のレベルが投票行動に影響しているのか、それとも所得レベルと密接に結びついている教育レベルや宗教のタイプ、親の政治的選好等がむしろ根本的な原因なのかもしれない。冷戦終焉後のアメリカで注目されてきた「民主的平和論（Democratic Peace Theory）」も同じである。民主主義国家同士が戦争をしないのは、民主主義という政治制度によるものなのか？　民主主義国家が往々にして先進国である点に鑑みると、実は国家の経済発展のレベルこそが好戦性と関係しているのかもしれない。真相が不確定なま

ま、我々は説明という作業によって因果関係の特定を試みることになる。

　このように、相関関係と因果関係は別物である。社会事象の中に発見されるあまたの相関関係は検証できるが、因果関係についてはできない。相関関係をどう説明するか？　誰の説明が最も社会事象の理解に役立つかが問われるため、因果関係の説明は多分に創造的な作業となるのである。

3) 理論とは何か？

　理論には一般的に3つの役割があるとされている。1つ目は知識の体系化、すなわち相関関係やパターンの提示、2つ目は説明、3つ目は予測である。理論によって、これらのどの役割に重きを置くかは様々である。例えば、「勢力均衡（balance of power）」論について考えてみよう。

　勢力均衡とは、大国間のパワーが拮抗してバランスを取り合っていることによって国際システムに安定が保たれている状態のことである。「国際政治システムにおいては勢力均衡が繰り返し生じる」というのは、国際政治の歴史的パターンについてしばしば語られてきたことである。特に18世紀ヨーロッパは、戦争が起こってはヨーロッパ諸国間に新しい勢力均衡体制が生まれた時代であった[19]。むろん、これが現実世界の描写そのものではなく、国際社会のある事象に焦点を当てたものであることは言うまでもない。国際政治事象にパターンを見出し、知識として体系化するこういった試みは、法則に似ている。国際政治事件や事象に客観的パターンが見出された場合、つまり、そのパターンがひとつ以上のケースに当てはまる場合、それは体系化された一般的知識となる。

　体系的な描写が理論と呼ばれるのは、例えば、現在の国際関係を漫画「ドラえもん」の登場人物の人間関係に例えて描写するような場合である。例えば、ジャイアンがアメリカ、しずかちゃんがカナダや北欧の国々、スネ夫が日本など、現実をイメージしやすくした「ドラえもん理論」は、体系的に国際関係の構図を映し出そうとするひとつのやり方である。

19）例えば、七年戦争、オーストリア継承戦争、スペイン継承戦争など。

　こういった体系的描写や社会事象のパターンを見出す代わりに、「勢力均衡がなぜ繰り返し国際政治において起こるのか」「戦争はなぜ繰り返し起こるのか」といった問に答えようとするのは、説明的理論である。理論について厳密に考える研究者は、理論が究極的に目指すのは what（何が起こったか）や how（どう起こったか）ではなく、why（なぜ起こったか）に答えることであるという立場を取る。ウォルツは、「説明」こそが理論の最も重要な役割であるとし、戦争がなぜ起こるのかについて、人間、国家、国際システムの3つのレベルから説明する枠組を提示した。例えば、人間個人のレベルでは、人間が本性として持っている攻撃性や、政治指導者の好戦的性格が戦争の原因として考えられる。国家レベルでは、国内政治における民主化の度合いや経済発展レベル、また国際システムのレベルではアナーキーという国際政治構造そのものを原因として考えることができる[20]。

　そして、理論には、将来的にまた起こることを予測するものもある。例えば、冷戦が終焉した際に、ヨーロッパにはまた第二次世界大戦前のような、勢力均衡が戻ってくると予測した国際政治学者たちがいた。検証に重きを置く帰納法的手法を取る国際政治学では、過去のデータをもとに相関関係のパターンを見出し、それを未来に投影して、今後起こる国際事象を予測することが多い。1990年代に、アメリカの優位が顕在化したことで、ヨーロッパの勢力均衡が復活するという予測は結局外れることになったが、これは、国際政治史に繰り返すパターンを念頭に置いた予測であったことは間違いない。この意味で、予測は体系的パターンの描写と関係している。予測の手法は様々であり、ある人は歴史的ケースを参照し、またある人は計量データをもとにパターンを見出し、今後起こる事象を予測する。池田勇人首相の下で下村治（しもむらおさむ）という大蔵省の役人が打ち出した「所得倍増計画」は、どのくらい一年に減税したら、目標の GNP を達成できるかを緻密に計算して生まれた予測に基く理論であった[21]。

20）第4章を参照。

21）10年間で GNP を13兆円から26兆円に倍増させる計画である。日本の高度経済成長の一端を担ったこの計画は、実際には7年（1961年から1968年）で達成され、1968年には、9割の日本人が中流と自分たちを意識するくらい、経済格差が縮まったと言われている。

　理論を厳密に捉えるウォルツは、理論が遂行すべき３つの役割の中で、最も重要なのは「説明」であると主張する。彼によれば、理論は、社会事象にあるパターンや法則が存在すると見られるとき、それらが「なぜ」存在するのかを説明するものである。因果関係の説明こそが理論の使命であって、単なる相関関係を提示するのみでは理論ではないし、単なる体系的叙述も理論ではないとウォルツは述べる。この意味で、理論構築は、創造的な作業であり、同時に、創造的理論はしばしば現実から懸け離れたものとなる。現実から距離をおき、極端な抽象化の作業を通してのみ理論は進歩し、科学は飛躍してきた。理論として洗練されたものになればなるほど、理論は現実とはかけ離れることが多い[22]。

　さらに、理論は一般理論と部分理論とに分けることができる。一般理論が戦争の原因を全体的に説明しようとするのに対し、部分理論は説明しようとするスコープがより小さい。国際システムは複数の大国のパワーが均衡しているときに安定するのか、それとも圧倒的なパワーを持つ国が存在しているときに安定するのか？　国家間が緊密な相互依存のネットワークで結ばれているときと、国家が互いから独立し、牽制しあっているときとでは、どちらが戦争の可能性が少ないのか？　大国の数がいくつの時に安定するか？　国内体制が民主主義である場合とそうでない場合とでは、どちらの対外行動が平和的になるか？　等の問いに答えようとするのは一般理論である。これに対し、例えば、イラクのフセイン政権打倒のために2003年にアメリカが介入したのは、大量破壊兵器保有疑惑のためか、人道目的か、あるいはフセインとテロリスト集団との結びつきが懸念されていたためだったのかを説明する場合のように、特定の戦争に至る政策決定過程を扱い、アクターの行動やそれが引き起こす具体的な国際的事件や事象を説明しようとするのは部分理論である。

4）理論化の意義

　ジェイムズ・ローズノウという国際政治学者は理論について以下のように述べている。

22）ケネス・ウォルツ『国際政治の理論』第１章。

　理論化はもっとも難しい知的活動である。理論的に物を考えるには、訓練が必要である。知的な技術のみならず、厳しい自制を伴う修練と地道な努力、集中力、最高度の関心、継続性が必要である。理論的に物を考えようとしても、対象につかみどころがなかったり、問題が明確でなかったり、詳細を無視できなかったり、蓋然性を計るのが難しかったりとさまざまな問題が生じてくる。抽象的なレベルで理論的に物を考えないほうがリスクもなく、あいまいさもなく、居心地よいことが多いので、理論を避ける方向に行くのはたやすい。しかし、……理論的に物を考える際のスリルと興奮、理論の世界のたとえようもない美しさは言葉で表現できないものである。人間の社会事象のさまざまな領域に渡って自由に理論的に物を考える活動は、人の魂を高揚させる。それは自分の持っている能力や資源を最大限に生かしてそれまでの自分から一歩前に前進する喜びである。理論的な敷居を突破したものには、ダーウィンやアインシュタイン、フロイトらが理論構築の作業を通じて何を感じたかが少しはわかるであろう。理論的に物を考えようとすることで、人間の生活・生存条件を維持したり変える基礎となる秩序を理解するわれわれの能力を拡大し、洗練することが可能になるのである[23]。

　さらにローズノウは、理論化の前提条件、つまり理論的に物を考える際の心構えは何か、理論家としての適性はどう判断されるかについて、以下のように述べている[24]。

1. 国際事象一般には、ある一定のパターンがあると考えること。「〜ならば、〜である」と考える癖をつけること。
2. 規範の問題を切り離すこと、つまり Sein（客観的事実）と sollen（〜べき、規範）を区別すること。

23）　James Rosenau, "Thinking Theory Thoroughly."
24）　James Rosenau, "Thinking Theory Thoroughly." ロウズノウは理論家の条件を9つ挙げているが、そのうちの2つはここでは省いている。

3. 概念は厳密でなくてはならないが、またある程度の幅を持っていなくては理論としての有効性が薄れる。

4. 理論は真実の体系ではなく、国際事象理解の道具である。理論はよりよい理論によって覆される。理論については正しいかどうかではなく、有用かどうかが問われる。

5. 理論には想像力と創造力が必要であり、遊び心も大切である。例えば、反実仮想といった思考実験は有用である。

6. 理論化には、国際事象を前にして純粋に驚く謙虚さが必要である。この驚きが、国際政治の深い構造を見出す力となる。

7. 理論は発見と発明による活動である。社会事象の構造やパターンは発見されるものである。しかし、それを説明して理論という構築物を作り上げるのは、発明に似た活動である。

■ 論述問題

1. 国際政治のイシューを3つ取り上げ、それぞれのイシューにどんなアクターが関係しているかを考察せよ。

2. 理論にはどのような役割があるか？　理論を用いることによってどのような利点があるか？

3. 「国際政治は政治の中で最も政治らしい政治である」とはどういう意味か？

4. 今日の国際政治について何を疑問に思うか？　解明したいことは何か？

コラム ブライアン・グリーン：科学の醍醐味

　宇宙の法則をよりよく知れば知るほど、その中にいる我々の人生の価値を深く味わうことができる。我々をつなぐ何か大きく、普遍的なものが存在している。混乱した状態から理解に到達する過程は、自信の基礎にもなりうる貴重な経験であり、それは感動的経験でさえある。真実を合理的に評価し、個人的な信念にとらわれなくなることによって、科学は宗教や政治的亀裂を乗り越え、より大きく強靭な全体性へと我々を結びつける。発見の不可思議が魂を高揚させる。わくわくするような科学的思考は、頭のみならず魂も豊かにしてくれる[25]。

25）Brian Greene, "Science Nourishes the Mind and the Soul," *This I Believe: The Personal Philosophies of Remarkable Men and Women*, A Holt Paperback, 2008.

第2章 国際政治学史
― 学問の成熟：願望から思考分析へ ―

> **学習のポイント**
>
> ① 国際政治学が誕生した時代背景を理解しよう。
> ② 国際政治学が学問としてどう発展してきたのか、大まかな流れをつかもう。
> ③ 紀元前5世紀の歴史家ツキジデスの著作はいかなる意味で今日性があるのか、考えよう。
> ④ 学問分野が発達するというのはどういうことなのか、吟味しよう。

　学問分野の大まかな発展史を最初に捉えておくことは、いかなる学問を習得する場合でも大切である。政治思想家や政治学者の多くは、彼らが生きた時代における切実な社会問題を考察する中で、その副産物として国際政治の思想や理論を生み出してきた。国際政治学がどのように生まれ、発展し、今日に至っているのかを鳥瞰しておくことは、現在我々が生きている時代を長い歴史の中に位置づけ、その意味を考えることにもつながるはずである。

1. 国際政治学前史（1）：古典の中の国際政治思想

　国際政治学が独立した学問として誕生したのは第一次世界大戦後である。しかし、源流はそれよりもはるかに歴史をさかのぼる。例えば、古代中国[1]や古

---

1) 特に後漢末期〜三国時代〜晋の成立までの群雄割拠（例えば『三国志』の曹操（魏）、孫権（呉）、劉備（蜀））の時代。

代インドに実在した国際システムには、今日の国際システムに通じる要素が
ある。また古代の政治思想や哲学の中にも国際関係についての示唆を含んだ

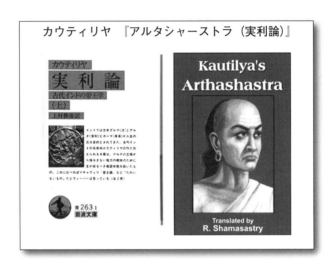

カウティリヤ　『アルタシャーストラ（実利論）』

コラム　インドの英雄カウティリヤ

　カウティリヤは、マウリヤ朝＝前4〜3世紀（BC 317〜296）を創始
したチャンドラグプタの宰相であり、中国の諸葛孔明にも匹敵すると言
われている。彼がサンスクリット語で著した『実利論（＝アルタシャース
トラ Arthasastra）』は、絶対権力の必要性、隣国が敵となる必然性、諜報
活動の重要性などを論じた古代インドの帝王学であり、実践的な政治学
の書である。それに描かれている統治術に比べれば、マキアヴェッリの
『君主論』など、他愛もないと、マックス・ウェーバーが評した専制君主
論である。効率的な行政を通しての極限までの権力増大の必要性を説き、
反対勢力の自由を侵害しても、王は自らが正しいと考える策を貫くべき
と謳う徹底的な結果主義の立場を取っている。よき社会は階層やカース
トに基いたものであるとし、政治的・経済的平等には無関心な一方、飢
餓防止や社会の弱者を保護する義務についても述べている。

ものが存在した。ツキジデス、カウティリヤ、マキアヴェッリ、ヴィトリア、ゲンティリ、グチリアルディーニ、ボダン、ホッブズ、グロチウス、スピノザ、ロック、プーフェンドルフ、ヴォルフ、モンテスキュー、サン゠ピエール、ヴァッテル、フェネロン、ルソー、クルセ、ヒューム、アダム・スミス、バーク、ベンサム、ゲンツ、カント、ヘーゲル、マルクス、クラウゼヴィッツ、コブデン、マッツィーニといった思想家は、戦争の原因と平和の条件について考察した先駆者であり[2]、今日の私達にも多くの知恵を時代を超えて授けてくれる。

　例えば、紀元前5世紀のギリシアの歴史家ツキジデスについて考えてみよう。ツキジデスの『ペロポネソス戦史』[3]は、今日の国際政治学に通じるありとあらゆる要素がちりばめられた著作である。彼は、戦争を、名誉心・恐怖心・利欲という人間性の当然の帰結であると述べ、「強者が弱者を従えるのは古来から世の常識であり、力によって獲得できるものが現れたときに正義の論を唱えて控える者などいるはずがない」という、有名な言葉を残した。この弱肉強食の世界観から、ツキジデスはしばしば国際政治学におけるリアリズムの始祖と呼ばれている。また、ツキジデスは、事実の客観的な正確さを尊重する立場を取り、時間と空間を超える不変の人間行動原理を映し出そうとした点において、科学的な歴史叙述の始祖とも言われてきた。

　ツキジデスの『ペロポネソス戦史』は、具体的にどういう点で今日の国際政治に示唆するところがあるのか？『ペロポネソス戦史』においては、ペルシア戦争の際にはペルシアという対外的脅威に対抗するために協力したアテネとスパルタ（ラケダイモン）が、戦争が終わると対立し始め、それがペロポネソス戦争に発展することになる。対外的脅威が存在するために結束していた国家同士が、脅威が消滅することによって結束のタガが外れ、争い始めるのは、国際政治によく見られる国家間関係の構図である。ツキジデスは、戦争の原因を、誘因

2）例えば以下を参照。
　Evan Luard, *Basic Texts in International Relations: The Evolution of Ideas about International Society*, Macmillan, 1992; Torbjorn Knutzen, *A History of International Relations Theory*, Manchester University Press, 1992.

3）ツキジデスはこの著作を431〜411年まで描き未完に終わっている。

国際関係の思想家

マキアヴェッリ（1469 - 1527）：『君主論』（1532）

ヴィトリア（1480 - 1549）：『インディオについて』（1532）

グチリアルディーニ（1483 - 1540）：『イタリアの歴史』（1561）

ボダン（1530 - 1595）：『国家論六編（主権論）』（1576）

ゲンティリ（1552 - 1608）：『戦争法』（1598）

グロチウス（1583 - 1645）：『戦争と平和の法』（1625）

クルーセ（1590 - 1648）：le *Nouveau Cynée*（1623）

ホッブズ（1588 - 1679）：『リヴァイアサン』（1651）

スピノザ（1632 - 1677）：『神学・政治論』（1670）；『エチカ』（1677）

ロック（1632 - 1704）：『政府二論』（1689）

フェネロン（1651 - 1715）：「同盟の必要性について」（1700）

サン＝ピエール（1658 - 1743）：『欧州における恒久平和達成計画』（1713）

モンテスキュー（1689 - 1755）：『法の精神』（1748）

ヴォルフ（1679 - 1754）：『国際法』（1749）

ヒューム（1711 - 1776）：「勢力均衡について」（1752）

ルソー（1712 - 1778）：『不平等起源論』（1755）『恒久平和達成計画批判』（1760）

ヴァッテル（1714 - 1767）：『国際法』（1758）

ヴォルテール（1694 - 1778）：『戦争論』（1764）

アダム・スミス（1723 - 1790）：『国富論』（1776）

カント（1723 - 1804）：『永久平和のために』（1795）

バーク（1729 - 1797）：『フランス革命の省察』（1790）

ベンサム（1748 - 1832）：「普遍的永久平和の計画」（1794）

ゲンツ（1764 - 1832）：『ヨーロッパの現在の政治的均衡状態についての断章』（1806）

ヘーゲル（1770 - 1831）：『精神現象学』（1807）

リカルド（1772 - 1823）：『経済学および課税の原理』（1817）

クラウゼヴィッツ（1780 - 1831）：『戦争論』（1832）

リスト（1789 - 1846）：『経済学の国民的体系』（1841）

コブデン（1804 - 1865）：『平和、金融改革、植民地改革その他についての講演 1849 年』

マルクス（1818 - 1883）・エンゲルス（1820 - 1895）：『共産党宣言』（1848）

マッツィーニ（1805 - 1872）：『人間義務論』（1855）

（直接原因）⁴⁾と真の原因（深層原因）に分けて考えた。これは今日の国際政治学における「分析のレベル」という考え方に通じるところがある。さらに、ペロポネソス戦争の真の原因として、アテネとスパルタの勢力の伸長速度の差がスパ

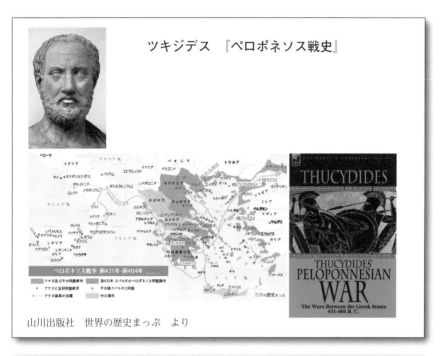

ツキジデス　『ペロポネソス戦史』

ペロポネソス戦争　前431年–前404年

山川出版社　世界の歴史まっぷ　より

コラム　ホッブズの師

　16～17世紀の思想家トーマス・ホッブズは、ツキジデスの『ペロポネソス戦史』に深い感銘を受けたことで知られている。ツキジデスを読んで、「目から鱗が落ちる経験をした」というホッブズの最初の著作は、ツキジデスの『ペロポネソス戦史』の翻訳であった。ツキジデスが人間の本性として挙げた「恐怖、利得、名誉」を、ホッブズはそのまま『リヴァイアサン』13章における自然状態の人間分析の箇所で挙げている。

---

4) 誘因は、エピダムノスという小都市国家において政治体制をめぐる争いが起きたことであった。それに他の都市国家が介入する形で大きな戦争へと拡大していった。

ルタに恐怖を与えたという言及は、1970年代から1980年代にかけて国際政治学で大きく注目されていた覇権理論や今日のパワー・シフト論の中でしばしば引用されるところである。ツキジデスには、人間の本性、パワーの相対的伸長速度、深層原因と直接原因の区別の他にも、政治体制と戦争の関係や、大陸国家と海洋国家の差異等についての言及もあり、国際政治学者の関心をひきつけて止まない。『ペロポネソス戦史』が、古典を読む醍醐味を強く感じさせてくれる名著であるゆえんである。

2. 国際政治学前史 (2)：国際政治の組織化

国際政治学はツキジデス以来、主に歴史家の研究対象となり、史実を基に発展してきた。例えば、「勢力均衡」[5]の概念も、史実を通して生まれたものである。絶対主義時代のスペイン継承戦争（1701-1713）、オーストリア継承戦争（1740-1748）、7年戦争（1756-1763）といった戦争はイギリスとフランスの対立を基軸に、他のヨーロッパ諸国が同盟関係を変える形で戦われた。その例として、1756年に宿敵とされていたフランスのブルボン家とオーストリアのハプスブルク家が同盟を結んだことによって、オーストリアとプロイセンの間の対立構図が加わり、勢力均衡図が大きく変化した外交革命がある。ごく最近に至るまで、国際政治の理論は、国際政治史から抽象されたものであったといっても過言ではない。そして19世紀の半ばまでには、確立した専門分野となっていた「外交史」が、歴史研究や国際法と重なる形で、国際政治事象分析の基軸となり、国際政治学という学問の成立につながった。

国際政治学の歴史はかれこれ100年しかない。「国際（international）」という言葉をはじめて用いたのは、19世紀の思想家ジェレミー・ベンサム（Jeremy Bentham）[6]である。「外交（diplomacy）」という言葉を用いたのは18世紀のエ

---

5)「勢力均衡」という言葉が最初に使ったのは15〜16世紀のイタリアの思想家グチリアルディーニであるといわれている。
6) イギリスの法学者・哲学者（1748-1832）。

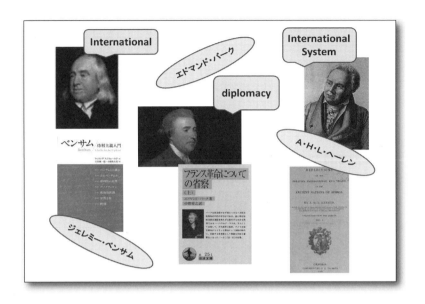

ドマンド・バーク（Edmund Burke）[7]、「国際システム（international system）」と
いう言葉を用いたのは、18 ～ 19 世紀の思想家アーノルド・ヘルマン・ルド
ヴィヒ・ヘーレン（Arnold Herman Ludwig Heeren）[8] というドイツの歴史学者
である。今日当たり前のように使われているこれらの用語もさほど古い言葉で
はないことがわかる。今日の国際政治学が生まれる直接のきっかけは、19 世
紀になって、さまざまな国際機構が誕生し始めると同時に、法典の編纂、度
量衡の統一（メートル法）、グリニッジ標準時の誕生等、国際社会の組織化が
進んだことにあるといえるだろう。例えば、ウィーン会議の一環として成立
した 1815 年のライン川委員会、1856 年のダニューブ川ヨーロッパ委員会、
1863 年の国際赤十字委員会、1865 年の国際電信連合、1874 年の万国郵便連
合、1886 年の工業所有権保護同盟、1899 年のハーグ会議による国際紛争の平
和的処理条約、常設仲裁裁判所（Permanent Court of Arbitration）等の国際制度
が、19 世紀後半、次々と生まれた。この時代にはまだ、戦争の原因や平和の

7）イギリスの哲学者・政治家（1729 - 1797）。

8）　ゲッティンゲン大学哲学・歴史学教授。啓蒙歴史家（1760 - 1842）。

条件についての理論的考察はほとんど行われていなかったものの、こういった組織化を通して、「国際」という言葉が意味を持ち、国家間関係そのものが学問的研究の対象となる素地が出来上がっていったといえよう。

3. 国際政治学の誕生：ユートピアニズムの時代

国際関係の組織化が進展する中、国際政治学は、第一次世界大戦への反動として誕生した。6300万人もの兵力が動員され、800 ～ 1200万人という未曾有の死傷者を出す悲劇を生んだ第一次世界大戦は、国民国家が総力戦を戦った最初であり、人類史にとっての大衝撃であった。そのため、戦後の平和思想家や学者の関心は、戦争を再び起こさないために、どのように国際システムを変えればよいかを探求することに集中した。すなわち、国際政治学はベルサイユ条約の副産物として誕生したのである。

— ソローキンの戦争指標：犠牲者の数による戦争の指標化 —

世紀	12	13	14	15	16	17	18	19	20	21
烈度	18	24	60	100	180	500	370	120	3080	?

※ 17世紀の指数が高いのは、軍事革命（火薬や銃砲の発明）および30年戦争の影響である。20世紀には世界大戦のため一気に数値が上がるが、実はこれは1930年までのデータなので、20世紀終わりまでの数値はこの何倍にもなるはずである。

※ ピティリム・アレクサンドロヴィッチ・ソローキン(1889 – 1968)はロシア生まれの社会学者で、ハーバード大学社会学部の創始者でもある。

国際政治学の誕生とその学問的性格に大きな影響を与えたのが、アメリカ大統領ウッドロウ・ウィルソンである。アメリカは世界の人類を結びつけるために創造された国であると信じていたウィルソンは、第一次世界大戦中の1918年1月に「平和のための14か条」を発表し、秘密外交の廃止、海洋の自由、軍備縮小、民族自決、植民地問題の解決、国際機構（世界政府）の設立等を謳った。これがベルサイユ講和会議の基礎になり、国際連盟もこの原則に従って設立さ

れることになった。講和会議議長で対独強硬派だったフランスのクレマンソー首相やイギリスのロイド＝ジョージ首相らリアリストの政治家によってこの原則の精神はかなり押さえられたが、平和の前提として民主主義、国際理解、集団安全保障、軍縮、世界連邦、政体の改善を考えたウィルソンの思想は、第一次世界大戦後の国際システムに反映されたのみならず、その後の国際政治学におけるリベラリズムの伝統にも強い影響を与え続けた。

ウッドロウ・ウィルソン

　国際政治学が独立した学問分野として誕生したのは、1919年にイギリスのアベリストゥイス（aberysthwyth）のウェールズ大学にできた国際関係論講座が最初である。講座名がウッドロウ・ウィルソン講座であったことからも明らかであるように、この講座は理想主義的色彩が強く、世界政府についての研究促進を究極の目的とし、初めての世界規模の国際機構である国際連盟の研究に大きな比重が置かれていた。アメリカにおいてもイギリスと似た形で自由主義的な国際関係論が支配的であり、カーネギー国際平和財団等を中心として、国際法や国際機構の研究が進んだ。このように国際政治学誕生初期の1920年代、1930年代には、研究者の大半は、実践的で規範的傾向が強い国際組織の研究に専念していたといえよう。

　当時執筆された国際政治学の本として、アルフレッド・ジマーンの『国際連盟と法の支配』(1936)[9]やフランク・ラッセルの『国際関係の理論』(1936)[10]があるが、国際連盟と戦争の撲滅についての記述が多く、目次には今日の国際政治の教科書ならば当然項目として入れられているはずの、「パワー」や「リアリズム」、「リベラリズム」といった項目は見あたらない。また、抽象的概念についての議論はほとんどなく、例えば、「勢力均衡」も分析概念としてではなく、史実として扱われている。

9) Alfred Zimmern, *The League of Nations and the Rule of Law*, Wm Gaunt & Sons, 1936.

10) Frank M. Russel, *Theories of International Relations*, Appleton-Century Co.1936.

国際政治学誕生前後の国際的事件

国際政治学誕生前：国際的活動の活発化

1815年：ライン川委員会(ウィーン会議)

1856年：ダニューブ川ヨーロッパ委員会

1863年：国際赤十字委員会

1864年：第1インターナショナル(国際労働者協会)

1865年：国際電信連合

1874年：万国郵便連合(ベルン)

1875年：度量衡連合

1886年：工業所有権保護同盟

1889年：ハーグ条約(毒ガス使用禁止)

1896年：第1回国際オリンピック大会(アテネ)

1899年：第2インターナショナル

1899年：ハーグ万国平和会議(国際紛争の平和的処理)

1901年：ノーベル賞制定

1907年：第2回ハーグ平和会議

国際政治学誕生時

1918年1月：ウィルソンの14か条発表

1919年1月：パリ講和会議

1919年6月：ベルサイユ条約調印

1921年11月〜1922年2月：ワシントン会議

1922年1月ハーグに国際司法裁判所設置

1922年2月：海軍軍備制限条約

1925年12月：ロカルノ条約調印

1928年8月：不戦条約(ケロッグ＝ブリアン協定)

1930年4月：海軍軍縮条約調印

1930年代前後からの不穏な国際情勢

1927年6月〜8月：ジュネーブ軍縮会議失敗(アメリカ、イギリス、日本)

1929年10月24日(暗黒の木曜日)：ウォール街の株価暴落。世界大恐慌へ

1931年9月：満州事変

1933年1月：ヒトラーが首相に就任。10月には国際連盟脱退。

1933年3月：日本が国際連盟を脱退。

1934年12月：日本がワシントン海軍軍縮条約を廃棄

1934年8月：ヒトラーが総統となる。

1935年3月：ドイツ再軍備宣言

1935年4月：ストレーザ会議(イギリス、フランス、イタリアの対独提携)

1935年10月〜1936年5月：イタリアのエチオピア侵略

1936年2月〜1939年3月：スペイン内戦

1937年7月：日中戦争

1937年11月：日独伊三国防共協定

1939年9月：第二次世界大戦勃発

　イギリスとアメリカで国際政治学の初期の講座が出来上がった理由のひとつ
は、この両国が第一次世界大戦の被害をさほど多く受けなかったため、目前の
問題から距離を置いて比較的客観的に事態を見つめることが可能であったこと
であろう。またリベラルの伝統が強かった両国では、第一次世界大戦の残酷
さ・無常さがとりわけ非情なものとして映り、戦争の廃絶が切実な課題として
捉えられたためであろう。イギリスではフェビアン協会 [11] 等が急進派のリベ
ラルと共に平和主義の先鋒となり、アメリカではウィルソン大統領が唱えた自
由主義的国際主義（liberal internationalism）が初期の国際政治理論を彩ること
となった。

　当時の自由主義的国際主義は、「法の支配（rule of law）」と「利益調和（harmony
of interests）」を前提として、2つの側面から国際システムの改革を目指すもの
であった。まず第1に、民主主義的な国内政治体制を打ち立てることである。
人民は平和的で正義の立場に立っているという前提の下に、世論を尊重する風
潮が高まり、人民にサポートされる政府を構築して、民族自決を促すことが重
要であるとされた。第2に、普遍的国際組織の必要性が謳われた。第一次世
界大戦以前に戦争を防止し、国際秩序を安定させるメカニズムとして考えられ
ていたのは、勢力均衡、つまりひとつの国が突出しないように大国間でバラン
スを取り合うことによって、帝国や支配的な国の台頭を阻止し、国家の独立を
維持することであった。しかし、第一次世界大戦は、勢力均衡によって国際政
治の平和と安定を図るやり方では不十分であることを明らかにした。このこと
を踏まえて設立された国際連盟は、世界初の普遍的国際機構として、重要な意
味をもったのである。こうして、国際政治学は、民主主義と国際機構の2つ
を基軸に、平和を希求する規範的色彩の強い実践的学問として誕生した。

　国際連盟が支柱としていたのは、「集団安全保障（collective security）」という
国際平和維持の仕組みであった。これは、国際平和を脅かす行為が生じた場合
に、国際社会が一丸となってその侵略行為に対抗する制度であり、国際連盟規
約に盛り込まれ、今日の国際連合憲章にも引き継がれている。しかし、集団安
全保障という制度が実際に機能したことは、ほとんどない。なぜか？　それは、

11）1884 年に結成された社会改革を主張する団体。

集団安全保障の中に、国際社会のロジックと矛盾する要素が含まれているからである。集団安全保障が機能するためには、2つの条件が揃わなくてはならない。1）侵略者が明確に認定できること、そして2）認定された侵略者に対して、他のすべての国家が合意し、協力して対抗すること、である。この2つの条件がなぜ国際社会のロジックに噛み合わないのか？　第1章で考察した、アナーキーという国際政治の現実が持つ意味を思い出してみよう。

　国際政治がアナーキーの世界であり、正義・不正義の判断を下す中央政府が存在しない場合に、どの国がどうやって侵略者を認定するのか？　ある国々にとって「侵略」に見える行為は、別の国々にとっては正当な自己防衛行為かもしれない。また、超大国が侵略国である場合はどうするのか？　すべての国の力を結集してもその超大国に対抗できないのであれば、集団安全保障は機能しないし、そもそもすべての国が協力するかどうかもわからない。どの国もできるだけ自国の負担を少なくして他の国に任せたいと思うのは自然なことだからである。ここから他国に侵略者への対処をまかせようというフリーライドの問題が生じる。一般的に侵略者への対抗措置を中心的に講じるのは大国であるから、集団安全保障は、小国にとってはコストを低く押さえて独立と存続が守られるメリットがあるが、大国にはそういったメリットがない。国際社会の責任とコストを担っている大国にメリットがない制度は果たして長続きするであろうか？　こういった諸々の点において、集団安全保障は、国際政治の現実に十分にかみ合った仕組みであるとは言い難い。

　これら大きな欠陥のために、これまで集団安全保障が機能したのは、朝鮮戦争と湾岸戦争の二回のみであった。なぜこの2つのケースにおいて集団安全保障が機能したのか？　朝鮮戦争の時には、ソ連が国連安保理を欠席していたため、安保理五大国のみに行使が許されている拒否権が行使されず、形式上、国連のお墨付きをもらって、アメリカ中心に国際社会が行動を起こすことができた[12]。湾岸戦争で集団安全保障が機能したのは、冷戦終焉によって大国

12）　この時、ソ連は中国代表権をめぐる問題で不満があり、抗議のため、欠席していた。当時の冷戦下の国連では、ソ連による拒否権の発動が頻繁で、安全保障理事会の常任理事国間で合意を見ることは珍しかった。

間協調の機運が生まれていたことと、イラクのクウェート侵攻が、明らかな国際法違反であったことが主な理由である。つまり、集団安全保障という仕組みは、平和国家と攻撃的国家の明確な区別がつけられることを前提とし、同じ道徳基準がすべての国家に共有されることについて過度に楽観的であったのである。一方、集団安全保障はパワーや国益といった国際政治の現実を無視していた。大国の権威を無視し、大国に何らのメリットも与えない制度では、国際社会は機能しないという暗黙の原則を、20世紀前半の試練を通して国際社会は学ぶことになった。国際連盟が機能破綻を起こし、1930年代の国際危機に対応することができないまま、国際社会はもう1つの、更に犠牲者数の大きい世界大戦を引き起こしてしまったのである。第二次世界大戦後誕生した国際連合が、安全保障理事会により大きな権限を与え、その常任理事国である大国に拒否権を与えるなど、国際政治の現実をより反映した新しい組織構造を持つようになったのは、国際連盟の反省を踏まえてのことであった。

4. E.H. カーとリアリズムの20年：第1論争
―「ユートピアニズム（理想主義）」vs.「リアリズム（現実主義）」―

　第一次世界大戦後主流であった自由主義的国際主義に対して懐疑的であったのは主に歴史家たちであった。ベルサイユ条約は、発効当初からドイツに対する過度な懲罰がしばしば批判の対象になっていたが、第一次世界大戦後暫くの間は、戦争への反動として、極端にイデオロギー的な平和主義と自由主義があまりにも支配的で、他の国際政治理論が入り込む隙はなかった。また、1920年代は各国が大戦からの復興を遂げ、繁栄が再び戻ってきた時代であった。特に大戦の軍需景気で世界一の債権国となったアメリカは、1920年代には空前の繁栄と経済成長を誇り、ピューリタン的な禁欲主義が影を潜めて、ライフスタイルを根本的に変えてしまうような大衆消費社会の出現に人々は浮かれていた。しかし、自由主義的国際主義者たちの予測に反して、国際社会は1929年の経済恐慌をきっかけに、恐慌・動乱の時代へと変わっていくことになった。

　アメリカでフランクリン・D・ローズヴェルトが政権につき、ニューディー

ル政策が開始した 1933 年、1 月にはドイツでナチスが連立政権で政権の座につき、その 3 月には単独政権となった。日本が国際連盟を脱退したのはその年の 2 月である。アジアでは、1931 年に柳条湖事件 13)、1937 年に盧溝橋事件 14) が起こり、日中戦争がはじまった。1935 年には、アフリカ最後の独立国であったエチオピアにイタリアが侵攻する。こうして経済破綻、独裁者の台頭、アジア・アフリカ諸国の侵略など、様々な国際的危機が起こり始めると、次第にリアリストたちが声をあげるようになっていった。これが国際政治学におけるいわゆる「第 1 論争」へとつながっていく。

　すでに 1932 年の時点で、ラインホールド・ニーバーというアメリカの神学者は、『道徳的人間と非道徳的社会』という本 15) の中で、リベラリズムが人間の道徳性を強調しすぎることを批判し、人間は善の可能性を持ちつつも、それは、原罪、攻撃性、欲望といった人間性に潜む要素と常に対立するものであること、そして集団になると人間が持つエゴイズムが倍増して表出されることを指摘していた。また、1933 年にフレデリック・シューマンが著した、『国際政治』16) は、リアリズムの観点から執筆された初めての国際政治学の体系的教科書となった。しかし、次々に国際的危機が起こり始めていた 1930 年代にあっても支配的であったのは、リベラルの色彩が強い国際関係論であり、シューマンが若手研究者であったシカゴ大学で中心的であったのも、国際法学者のクインシー・ライトであった。リアリズムが本格的に台頭してくるのは 1940 年代である。国際連盟改革について勉強していたゲオルグ・シュワルツェンバー

---

13) 奉天北部の柳条湖で南満州鉄道の線路が爆破されたこの事件は満州事変と呼ばれる。実際は、関東軍幹部が武力行使の口実を作るために、張学良によるものとして仕組んだものであった。その後満州に軍事行動が拡大したのを受けて、国際連盟が日華紛争調査委員会（いわゆるリットン調査団）を設け、日本の行動が自衛措置ではないと判断した上で、中国の宗主権を確認した。

14) 7 月に北京南西の盧溝橋で、日本軍が射撃される事件が起こった。誰によるものかは不明であったが、これを機に両国は戦争に突入することになり、7 月には全面戦争となった。以後、中国の抗日意識は高まっていった。

15) Reinhold Niebuhr, *Moral Man and Immoral Society*, John R Knox Press, 2013.

16) Frederick L. Schuman, *International Politics: An Introduction to the Western State System*, McGraw-Hill Book Company, Inc, 1933.

ガーが、『権力政治：国際社会の研究』を著作し、「国際関係についてのナイーブな白昼夢に警戒することが必要である」と説いたのは、1941 年であったし [17]、地政学で有名なリアリストのニコラス・スパイクマンも 1942 年までは主要な著作を出さなかった [18]。1948 年の『国際政治：パワーへの闘争と平和』[19] で一躍有名になったモーゲンソーも、1930 年代は、ヨーロッパで勉強し、国際法や行政法を教えていた。そしてリアリストたちが声を上げ始めてからも、デイビッド・ミトラニーの『可動的平和システム』[20] のように、自由主義に基く制度論や理想主義の考え方は依然として強かった。

元外交官兼ジャーナリストの E・H・カーという歴史家が 1936 年にウッドロウ・ウィルソン講座をウェールズ大学で担当するようになったのは、国際政治学史上の重要なメルクマールである。カーは、従来の国際連盟に焦点を置いた講座内容を変更し、パワーと歴史の重要性を強調したカリキュラムを作成した。自由主義的国際主義の終焉を象徴する著作が、カーの『危機の二十年、1919 - 1939：国際関係研究入門）[21] である。この著作において、カーは、第一次世界大戦後に蔓延していた過度な理想主義や国際連盟のような世界政府をめざす国際機構に警告を発し、ある「べき」世界ではなく、実際あるところの世界に焦点を置いて国際関係を捉えるべきであると主張した。社会学者マンハイムの影響を受けていたカーは、人間のおかれている根本的な状況を、物質的欠乏からくる、持てるものと持たざるものとの対立として理解し、政治はこのゼロサム的状況を理解することから始まると論じた。著作目的は、「1919 年から

17) Georg Schwarzenberger, *Power Politics: An Introduction to the Study of International Relations and Post-war Planning*, Jonathan Cape, 1941.

18) Nicholas John Spykman, *America's Strategy in World Politics, the United States and the Balance of Power*, Harcourt, Brace and Company, 1942.

19) Hans Morgenthau, *Politics Among Nations: The Struggle for Power and Peace*, Alfred A. Knopf, 1948; ハンズ・モーゲンソー（原彬久訳）『国際政治（上・中・下）―権力と平和―』岩波文庫、2013 年。

20) David Mitrany, *A Working Peace System:An Argument for the Functional Development of International Organization*, Royal Institute for International Affairs, 1943.

21) E.H. Carr, *The Twenty Years' Crisis, 1919-1939: An Introduction to the Study of International Relations*, Harper & Row, 1946; E・H・カー（原彬久訳）『危機の二十年―理想と現実』岩波文庫、2011 年。

1939年の英語圏の国際政治についての学究的および一般的に広まっている危険な考え方、すなわちパワーという要素を完全に無視する考え方に反論すること」であった[22]。

　カーが危機の20年と呼んだのは、第一次世界大戦後から20年間続いた極端な理想主義の時代のことである。そしてカーの『危機の二十年』以後、国際政治におけるリアリズムの20年が始まったといってよい。カーのこの著作の大きな意義の1つは、国際政治学に「ユートピアニズム（utopianism）」と「リアリズム（realism）」という新しい言葉が生まれ、国際政治理解のための理論枠組みを巡ってのはじめての論争が起こったことである。これがいわゆる「第1論争」である。この論争で軍配が上がったのは、より一貫性のある、現実に即した正確な世界像を描いたリアリズムであった。その後、リアリズムは国際政治学の支配的な理論枠組みとして存在し続けることになる。

5. 第二次世界大戦後：リアリズムの時代

　1930年代の国際的危機は、第二次世界大戦に発展し、3500万から5000万ともいわれる未曾有の人的被害をもたらした。国際政治学はこの頃までには第一次世界大戦後の理想主義的色彩を一掃していた。米ソ間の対立が次第に顕在化し、戦後まもなく東西両陣営間の政治・軍事的緊張が高まったこともあり、国際政治の研究者の関心はおのずと安全保障問題に向いていった。そして1940年代末のソ連の原爆実験の成功や大陸中国の共産化を背景にした冷戦の激化[23]とともに、リアリズムは重要な国際政治理論となっていった。

　第二次世界大戦後のアメリカでは、ジョージ・ケナン[24]、ラインホールド・ニーバー、ハンズ・モーゲンソーらがリアリズムに基いた国際政治の著作を

---

22) Carr, *Twenty Years' Crisis*, p.91.

23) 1940年代末から1950年代にかけて起こった事件として、ほかにはチャーチルによる鉄のカーテン演説、トルーマン・ドクトリンの発表、1948年のマーシャル・プラン、ベルリン封鎖（1948年6月〜1949年5月）等があげられよう。

24) George F. Kennan, *American Diplomacy, 1900-1950*, University of Chicago Press, 1951.

第二次世界大戦後：冷戦の始まり

1945 年 10 月：国際連合設立

1947 年 3 月：トルーマン・ドクトリン

1947 年 6 月：マーシャル・プラン発表

1947 年 9 月：コミンフォルム結成（ソ連圏の成立）

1948 年 6 月〜 1949 年 5 月：ベルリン封鎖

1949 年 1 月：経済相互援助会議（コメコン）が東欧に成立

1949 年 4 月：北大西洋条約機構（NATO）発足

1949 年 11 月：ココム（対共産圏輸出統制委員会）発足

1950 年 6 月：朝鮮戦争勃発

1951 年 8 月：米比相互防衛条約

1951 年 9 月：日米安全保障条約

1951 年 9 月：太平洋安全保障条約（ANZUS）調印

1955 年 5 月：ワルシャワ条約機構（東ヨーロッパ相互援助条約）

1957 年 10 月：ソ連が人工衛星スプートニク打ち上げ成功

1958 年 1 月：アメリカが人工衛星打ち上げ成功

1961 年 8 月：ベルリンの壁の構築（1989 年 11 月まで東西ベルリンの交通遮断）

次々に著した。中でもモーゲンソーの『国際政治：パワーへの闘争と平和』[25]は、政治学のサブディシプリンとして国際政治学を位置づけ、リアリズムを体系化したことによって、大きな影響力を持った。カーが物質的欠乏という人間がおかれている根本的状況をリアリズムの源としたのに対し、モーゲンソーは人間の原罪を強調し、パワーを求める欲求や衝動が国際政治を絶え間ない権力闘争にしていると論じた。モーゲンソーにとって、国家のイメージは、人間の本性に基いた攻撃的でパワーを追求する主体であり、国際政治とは、「パワーで定義される国益を追求する国家についての学問」である。カーの複雑で機微に富んだ議論よりもモーゲンソーの理論が単純明快でわかりやすかったことも、戦後の国際政治学の優勢パラダイムとしてリアリズムが確立するのに貢献したといえる。

　こうして 1950 年代半ばまでにはリアリズムが国際政治学の支配的な位置を占めるようになり、これに対してリベラリズムが強調する道徳主義、法律主義、合理主義、制度主義は否定される傾向が強まった。リアリズムがこの時期、支配的になった大きな理由のひとつは、現実の国際政治からの「時代の要請」である。すなわち、第二次世界大戦後、戦争で疲弊した世界に、圧倒的なパワーを誇る大国として台頭した超大国アメリカの覇権を正当化し、アメリカ国民に自国が果たすべき役割と責任を説得したのがリアリズムであった。実際、当時のアメリカ外交においては反共産主義、反ソ連の過剰なレトリックが使われていた [26]。

　一方、イギリスの国際政治学においては、伝統的な歴史重視の見方が依然として強く、アメリカほど実際の外交政策の影響を受けることはなかった。一般的にイギリスの国際政治学は、アメリカのように普遍的な道徳的価値の存在を信じる傾向は弱く、むしろ、価値中立・価値相対主義の傾向が強い。第二次世界大戦後のイギリスでは、1946 年にマーティン・ワイトが『パワー・ポリティ

---

25) Morgenthau, *Politics Among Nations*.
26) この意味において、この時期のリアリズムは、戦間期の自由主義的国際主義と同様、政策と直結する形で国際政治学を捉える、規範的な側面を持っていたといえる。

クス』を著し、後のいわゆる「イギリス学派」[27]の布石を打ったが、その内容は、モーゲンソーらこの時代のアメリカのリアリストと比べると、理論指向性も政策指向性も強くない。

6. 第2論争 ——「伝統主義」vs.「行動科学主義」——

　1950年代から1960年代にかけてのアメリカの国際政治学は、ナチスの迫害を逃れてアメリカに亡命してきた学者や、核開発に関わった物理学者を始めとする自然科学者たちからの影響を受け、行動科学の知恵を輸入する傾向が強まった。従来の国際政治学では、歴史や法、哲学などに基く伝統的研究方法が取られたが、そういった伝統主義に代わる厳密で体系的・科学的な概念と推論を用いた分析を行う動きが現れたのである。その結果、この時期には「フィードバック」、「ホメオスタシス」、「システム」、「サイバネティクス」といった自然科学用語が国際政治学に輸入されることになった。

　行動科学においては、知識への道は、観察できるデータを集めて検証することによると考えられている。データの規則性から仮説を立てて検証をすることによって理論を構築すべきであるとされ、観察できないア・プリオリの仮定に頼らない帰納的方法が提唱されるのである。自然科学、とりわけ物理学の手法を応用して、国際政治学の社会「科学」性が強調され、統計的手法を用いた変数の計量化や、仮説の検証、因果モデルの構築、数理モデルの応用が顕著に行われるようになった。例えば、好況のときと不況のときとどちらの場合に戦争が起こりやすいかを考察する場合、戦争、好況、不況を数値化して定義し（操作化）、「戦争は好況のときに起こりやすい」という仮説をたてて、好況・不況と戦争についての相関関係を調べるような研究を行うことになる[28]。

27）イギリスの代表的な国際関係論であり、「グロチウス派」もしくは「国際社会論」とも呼ばれる。国際社会がアナーキカルな構造であるという前提に立ちつつも、一定のルールや制度が存在することを論じる学派である。Hedley Bull, *Anarchical Society: A Study of Order in World Politics*, McMillan, 1977.
28）行動科学の影響はアメリカの国際政治学界全体にまだ根強く残っている。とりわけ、シカゴ大学やミシガン大学では統計手法を用いた実証研究が奨励されている。なお、

「行動主義」という言葉には、アクターの実際の行動を研究するという意味が含まれている。行動科学者たちの主張にも、実質論（国際政治の本質がかかわる問題）の部分と方法論（どういう方法で国際政治を研究するかの問題）の部分がある。実質論において、行動科学者たちは当初は、国家中心、軍事力中心のリアリズムを批判して、力のみならず、心理要因や経済要因等、様々な要因を加味して国家行動を説明すべきであるとしていた。しかし、この実質的な側面は次第に薄れていき、純粋な方法論をめぐる議論へと変わっていった。行動主義者たちの伝統理論への批判は主に2つあった。1つは、検証できないリアリズムの仮説に対してである。例えば、人間の本性、パワー、国益、勢力均衡といった客観的に定義できない鍵概念による理論構築が批判された。2つ目は、伝統主義の規範的なステートメント、例えば、国家間の勢力均衡を維持すべきといった主張が科学的でないとするものであった。行動主義者たちは科学と規範をはっきりと区別し、規範は科学において避けるべきであると強く主張したのである。

　しかし、1960年代にはこういった行動主義に対する伝統主義からの批判が起こって、第2論争が始まった。その口火を切ったのがヘッドリー・ブルとモートン・カプランによる1966年の *World Politics* 紙上の論争であった[29]。しかし、科学の意味と意義をめぐって議論が戦わされたものの、実際にこの論争に興味を示した学者の数は少数であり、第1論争ほどの大きな議論にはならなかった。また、1950年代から60年代の行動科学者のほとんどは実質論においてはリアリストであったため、方法論において批判を交わしても、国際政治の本質的捉え方についてはあまり相違はなかった。つまり、行動主義者たちも、1）国家が国際政治を理解する上で最も重要なアクターであると捉え、2）戦争の原因と平和の条件が国際政治学の主要課題であると考えていた点で、リアリズムの理論は依然として支配的だったのである。つまり、第2論争は方

この時代の「科学」の意味は、1980年代にウォルツの理論をめぐって起こった議論における「科学」とは異なっている。これについては第8章のネオリアリズムのところで詳説する。

29）Morton A. Kaplan, "The New Great Debate: Traditionalism vs. Science in International Relations," *World Politics, October,* 1966.

法論をめぐる問題であって、理論的主張をめぐるものではなかった。第1論争のリアリズム対ユートピアニズムとは別の次元の議論だったのである。

7. 相互依存論の興隆と第3論争

　1960年代〜1970年代に、第二次世界大戦後の世界は、新しい技術発展の時代を迎えることになった。1957年にはソ連による人類初の人口衛星スプートニクの打ち上げによって、宇宙競争の時代が幕開けする。アメリカはこれに対し、総力を挙げてアポロ計画を打ち出し、1969年には月に人を送った。人工衛星によって、世界の出来事は国境を越えて同時に共有されるようになった。

　1960年代には、キューバミサイル危機後のデタントに象徴されるように、東西冷戦の緊張が緩和して、米ソ間の政治・軍事的対立のトーンが低くなった。キューバミサイル危機を回避した後、米ソ間にデタント（緊張緩和）のムードが高まり、その結果、部分的核実験禁止条約（1963年）と核不拡散条約（1968年）が結ばれた。さらに1970年代には、ニクソンとキッシンジャーを中心に、米ソの経済関係を増大させようとする動きが高まった。また、泥沼化していたベトナム戦争は、アメリカの権威の失墜を象徴するものとして捉えられ、大国中心の国際政治の見方に疑念が生じるようになった。

　一方、国際経済の面では、戦後の開放的な貿易システムが揺らぎ、西側先進国間に貿易をめぐる経済摩擦、また、西側先進国と発展途上国との間に経済格差の問題が浮上してきた。1971年8月のニクソンショックと、国際通貨体制の変動相場制への移行、1973年の石油危機等の事件はそれらを象徴している。石油価格の高騰によって先進国経済に混乱がもたらされ、各国の経済政策調整の必要が強く認識されたことは、1975年にフランスのジスカール・デスタン大統領のイニシアティブで開かれ、以後定例化する先進国首脳会議（サミット）につながった。また、石油禁輸によってアラブ諸国がイスラエルよりの西側諸国に圧力をかけたことは、「国際経済の政治化」を象徴するものであった。さらに、先進国と発展途上国の経済格差は、公正な貿易システムを求める第三世界の国々が、国連のフォーラムを通して、「新国際経済秩序」（1974）を宣言する

ことにつながり、いわゆる「南北問題」として国際政治を大きく揺るがすことになった。

　こういった一連の現実を踏まえて、国際政治学の研究対象は、政治・軍事的イシューから経済社会問題に拡大するようになった。例えば、経済的苦境にある途上国の政治的不安定から起こる内乱が、東西ブロックの先進国を直接・間接的に巻き込んで紛争を拡大させるように、経済社会問題と安全保障問題とが直接的に絡み合う現象が認識されるようになったのである。その結果国際政治学は、伝統的な戦争と平和の問題に加えて、国際経済調整の問題や繁栄と貧困の問題、そして政治と経済のイシュー・リンケッジにも注目が集まるようになった。さらには地球環境の保全、人口・エネルギー・食料問題、移民・難民問題なども含めて、国際政治のイシューが加速度的に拡散し始めるにつれて、従来、国家間・政府間の相互作用を研究対象としていた国際政治学において、国家以外の国際組織や多国籍企業、国内集団も重要なアクターであるという認識が広まってきた。

　相互依存論が台頭した背景には、これら現実の国際事件や事象を受け、国際政治はリアリズムの理論では捉えきれないという認識が学界で高まったことがある。相互依存論は、国境を越える人や物の移動や交流が増大することによって国家間の戦争の可能性が低下することを謳うものであり、その理論内容には、軍事力の重要性の低下や大国中心の見方に対する反論が含まれていた。相互依存論の理論的前提としては、まず第1に、従来、主要アクターとして捉えられていた国家以外に、国際機構や国内政治団体、個人、多国籍企業、非国家主体なども、国際関係に影響を与えている点、第2に、国家をブラックボックスとして捉えるのではなく、政治指導者の心理や認知、官僚や閣僚同士の駆け引きが対外政策に影響するという点、すなわち国内政治と国際政治のリンケッジ、第3に、経済問題が外交・戦略関係に与え、イシュー別で協力関係や秩序形成、「レジーム」が生まれる点、第4に、環境問題や天然資源の問題のようなグローバルなイシューの重要性が高まった点が挙げられる。相互依存論は、リアリズムに対抗する理論として多くの国際政治学者が支持するところとなり、国際政治学におけるいわゆる「第3論争」を生んだ。第2論争が方法論を

めぐる議論であったのに対し、第3論争は、国際政治の実質的な内容について、相互依存論がリアリズムの前提に対抗したものであり、1977年のナイとコヘインによる『パワーと相互依存』によって集大成されることになる[30]。

　国際経済と国際政治のリンケッジが注目されたこの時代には、「国際政治経済学」という新しい学問分野が登場することになった。国際政治経済学においては、先進国間の関係については、相互依存論や統合論[31]、レジーム論、覇権理論、また、経済格差の問題を扱うものとしては、従属論や世界システム論[32]が生まれた。国際政治学と比較政治学の接点である「外交政策決定論」もこの時代に生まれたサブフィールドである。これも、経済的相互依存の高まりによって国家の自立性が低下し、統一主体として国家が外交政策をコントロールするのが難しくなったという認識に基いて生まれたものである[33]。

　アメリカにおけるリアリズム衰退の動きに対して、イギリスではリアリズムが穏健な形で続いていた。イギリスでは、学問的風土として、グランド・セオリーを求める傾向がそれほどなく、リアリズムの理論も史実に基いた形で控えめに提示されがちなため、対抗理論からの強烈な批判の対象になることは少なかった。長期的な理論の流れを見ても、イギリスの国際関係論には、アメリカの国際関係論に見られるような大きな理論的ぶれは少ないといえる。

---

30) Robert O. Keohane & Joseph S. Nye, *Power and Interdependence: World Politics in Transition*, Little, Brown and Company, 1977.

31) 統合論は、ヨーロッパの地域統合の動きを反映して、機能主義（経済社会的側面における協力が政治的分野にも波及する）と交流理論（交流の拡大により人々の共同体意識が高まる）の2つの立場から論じられた。

32) 従属論は1950年代にラテンアメリカで生まれた理論であり、世界資本主義体制における中心と周辺という階層構造に着目して、従来の政治発展論（近代化論）を批判したものである。世界システム論は、国際分業体制で結ばれた世界システムの永続的な3層構造（中心・準周辺・周辺）の歴史的発展を明らかにしようとするものであり、従属論よりもダイナミックで、より長い歴史的スパンの分析を行った。

33) その他、リチャード・フォークが提唱した、より理想主義的な世界秩序モデルプロジェクト（World Order Models Project=WOMP）も当時生まれた理論である。

8. 1980年代：ネオリアリズムの台頭とネオリベラリズム

　ネオリアリズムが台頭するまでの国際政治学の理論は、現実の国際政治事象を直接に反映して生まれる傾向が強かった。しかし、国際政治学が学問として成熟するにしたがって、現実の国際関係から独立した、純粋に学究的な理論が発展する土壌ができ上がっていったといえる。それを反映する代表的な理論が、1979年のケネス・ウォルツの著作『国際政治の理論』[34]を機に1980年代、国際政治学界に大きな議論を呼んだネオリアリズムである。この時代に国際政治学が1つの社会科学のディシプリンとして確立するに至ったのは、ゲーム理論やミクロ経済学、構造主義理論が政治学に応用されるようになったこと、そして1960年代から1970年代にかけての相互依存論によって、あまりにも楽観主義・理想主義に傾きすぎた国際政治理論への反動が起こったことによるものであろう。さらには、伝統的リアリズムの中に含まれていた人間や社会についての重要な基本的洞察が、より洗練された社会科学理論としての学問的改革と発展を受容する素地を持っていたためである。

　ネオリアリズムは構造主義的リアリズム（structural realism）とも呼ばれる[35]。自己保存を最小限の目標とする主権国家を国際政治の主体とし、戦争と平和の問題を中心的課題として据え、利益調和よりも価値配分と利害対立を基調とする国際システムのイメージを描く点は、古典的リアリズムと理論的前提を同じくしているが、根本的に異なる点は、国際システムの構造を独立変数とする立場をとり、行動科学に典型的な帰納法や、国家や個人の属性に基く説明によっては、理論は構築できないと考えている点である。ネオリアリズムのエッセンスを真に理解するには、1970年代以降、フランスを中心に、文化人類学や社会学、経済学、心理学等における思想的革命となった構造主義理論に触れる必要がある。

---

34) Kenneth N. Waltz, *Theory of International Politics,* McGraw Hill, 1979; ケネス・ウォルツ（河野勝・岡垣知子訳）『国際政治の理論』、勁草書房、2010年。

35) 実際、ウォルツはネオリアリズムという言葉よりも構造主義リアリズムという言葉のほうを好んだ。

　デュルケイムやレヴィ＝ストロース等の構造主義から影響を受けていたウォルツが国際政治学において達成しようとしたことは、2つに集約される。第1に、理論と科学について厳密に考えることである。ウォルツは、分析のレベル[36]を明確にしなければ理論は発展しないことを1950年代から論じ、国際システム優位の理論を説いてきた。ネオリアリズムの理論的基礎となったのは経済学の合理的選択分析であり、行動科学者の経験的・計量的・帰納的アプローチとは異なっている。ウォルツによれば、「還元主義（reductionism）」、すなわち、国際政治を国家や個人の属性によって説明することは、木を見て森を見ないことになり、分析の誤謬である。物事を理解する道具としての理論の役割には、事象の (1) 体系的叙述（パターンの記述・描写）、(2) 説明、(3) 予測（自然科学では予測が強調される）があることについては前述したが、この中でウォルツが強調したのは、説明であった。説明こそ理論の役割であると明言するウォルツの言う「科学」が、行動主義者が意味するところの科学と異なっていることは明らかである。観察や経験から原因を知ることはできないし、相関関係は因果関係ではない。社会科学にとって重要なのは、因果関係を説明することである。というのがウォルツの立場であった。

　第2に、ウォルツは、時空を超える普遍的な国際政治のシステム理論の構築を目指した。リベラルが強調する世界の変化は表面的であって、根本的なシステムの現実を示していない。国際政治はアナーキカルな自助の世界であり、国家は自己保存を目的とする主要アクターである。ウォルツは、人間の主体性や国家の属性といったシステムレベル以下のものを捨象する必要性を訴えた。ネオリアリズムは、ウォルツ以前の伝統的リアリストや行動主義者、相互依存論者のように特定のアクターの特定の行動を予測するのではなく、国際システムに組み込まれている制約や反復パターンを理論的に理解することを目的とする学究的意図を持ったグランド・セオリーであった[37]。

　ウォルツの理論が国際政治学の発展に持った大きな意義のひとつは、ネオリ

36）　第4章で詳述する。
37）　ウォルツは相互依存について、国際政治の現実をわかりにくくし、平和が促進される条件についての間違った考え方を主張するとして批判している。

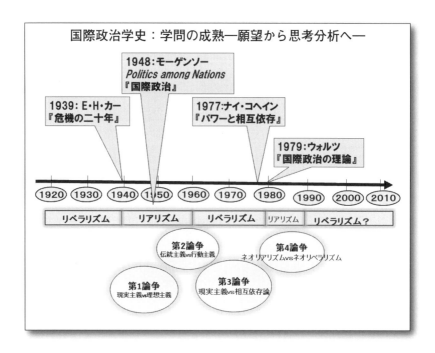

アリズムの台頭によって、リベラリズムも、より厳密に、洗練された理論となったことである。ウォルツの理論が、理論および社会科学についての国際政治学者の意識を変えたことによって、リベラリズムも、国際政治構造がアナーキーであり、国際政治の中心的アクターが自己保存を最小限の目的とするエゴイスティックな国家であるという2つの前提を受け入れた上で、国家間協力の可能性を探るようになった。ネオリアリズムによってより洗練された理論として生まれ変わったリベラリズムは、「ネオリベラル制度論（neoliberal institutionalism）」と呼ばれている。ネオリベラリズムの代表的な論客としては、アメリカの覇権衰退後も制度（レジーム）の存続によってアクター間の協力が維持できる可能性を示したコヘイン、繰り返しの囚人のジレンマゲームによってアナーキカルなシステムにおけるエゴイストのアクター間の協力の可能性を実証したアクセルロッドらがいる。ネオリアリズムは、様々な批判を受けながらも、その理論的厳密性と論理の整合性は依然として評価されているといえよう。

ウォルツ以降、国際政治学者は、理論の厳密さ[38] に敏感になり、社会科学の一分野として国際政治学を以前よりも意識するようになった。

1979 年のソ連のアフガニスタン侵攻に始まる、1980 年代の「新冷戦」と呼ばれる国際環境がネオリアリズムの台頭を促したとする人もいるが、少なくともウォルツの理論はこういった現実の国際関係を反映して生まれたものではない。そのことは、1950 年代にウォルツの『人間、国家、戦争』が出版されてから理論の基軸がほとんど変わっていないことからもわかる[39]。未熟な学問は、現実世界におこる出来事や事象から強い影響を受け、人々の願望が反映された規範的なものとなりがちであるが、学問が成熟するにつれ、純粋な学究目的を持った理論が発達する。ウォルツの理論は、国際政治学が 1 つの学問分野として成熟したことを象徴するものといえよう。

9. 1990 年代以降：冷戦終焉後の国際政治学

以上のように、国際政治学の理論はリアリズムとリベラリズムの対話を周期的に繰り返して発展してきた。1980 年代はウォルツのグランド・セオリーをめぐって議論が活発に戦わされたが、1990 年代になると、理論としてあまりに一般的過ぎるネオリアリズムは、実際に人々が知りたい国際政治事象を理解する助けにならないという批判を招き、敬遠される傾向が出てきた。ベルリンの壁の崩壊とソ連の解体による冷戦の終焉という予想外の国際的事件は、学界にも大きな衝撃を与えた。そして、そういった重要な国際政治の変化を予測も説明もできなかったネオリアリズムに対する批判が高まると同時に[40]、グラン

---

38) 英語では、parsimony, rigor, elegance, simplicity, terseness といった言葉で表現される。

39) Kenneth N. Waltz, *Man, the State, and War: A Theoretical Analysis*, Columbia University Press, 1954. ケネス・ウォルツ（渡邉昭夫・岡垣知子訳）『人間・国家・戦争』勁草書房、2013 年。

40) 実際のところ、ウォルツは、1970 年代にすでにソ連がアメリカの国力にほとんど追いついていけなくなっていることに触れ、冷戦はソ連の内部崩壊によって終焉すると予測していた。また、ネオリアリズム以外の国際政治理論も冷戦の終焉は予測していなかった。

ド・セオリーよりも、中期・短期的視点から国家や個人レベルの要因を独立変数とする、いわゆる「中距離射程（middle-range）」の理論[41]が多くあらわれるようになった。また、民主主義や人権の問題、技術・経済的変化、環境問題、難民問題など、冷戦終焉後に噴出した問題は、リベラルな国際主義になじみの深いものが多かったため、国際政治理論は再びリベラリズムに傾く傾向が現れた。

　冷戦後の安全保障においては、世界戦争の可能性が減ると同時に、大量破壊兵器拡散やテロ、ならず者（悪党）国家、破綻国家の問題、エスニック紛争など、「低強度紛争（low-intensity conflict）」と呼ばれる、超国家的な解決を必要とする新しい課題も生じた。近代兵器開発によって軍事力の役割も変化し、「ソフトパワー」のような新しい概念が国力の一側面を表すものとして使われるようになった。深化し続ける相互依存は、単に貿易だけでなく、資本、技術、情報、移民等にまで広まり、グローバルな産業文明の台頭に既存の政治形態が対応できない事例も多く現れ、「グローバリゼーション」という概念が「相互依存」という言葉に取ってかわるようになった。こういった変化を背景に、冷戦終焉後の国際政治について、シナリオを描いた論客が何人かいる。以下、冷戦終焉後、今日に至るまでの楽観的シナリオと悲観的シナリオの代表的なものを紹介しよう。

1）楽観的シナリオ

（1）新国際秩序

　湾岸戦争終結時に、第41代アメリカ大統領 G・H・W・ブッシュは、「新国際秩序」の幕開けを謳った。第一次世界大戦後に新しい国際秩序の構築をうたった、ウッドロウ・ウィルソンを意識してのことである。第一次世界大戦後のアメリカは、世界一の大国となっていながら、孤立主義を支持する議会の反対にあったために、国際社会の責任を担う準備ができていなかった。ウィルソ

41）例えば、チャールズ・グレイザーが唱えた Contingent Realism、ギデオン・ローズの新古典派のリアリズム（neoclassical realism）は、あまりに一般的で実際に起こる事件を説明できないと批判されたウォルツの理論の射程をより短く（fine-grain）したものと言える。

ンが提唱した国際連盟にも、上院が批准を拒否したために参加しない結果となった。しかし今後は、アメリカも積極的に国際社会に参加し、貢献するのだという決意と意志を込めて、ブッシュは新国際秩序を謳ったのである。冷戦期には米ソ対立のためにほとんど機能したことがなかった安全保障理事会が、湾岸戦争において機能したのは、冷戦終結によって大国協調の機運が生まれたことの象徴であった[42]。

(2)「歴史の終わり」?

ヘーゲルの思想から影響を受けていたフランシス・フクヤマは、1989 年の「歴史の終わり (The End of History)」[43] という論文の中で、歴史を「人間の自由の形成と弁証法的発展」としてとらえ、冷戦の終焉により、自由民主主義に対抗する思想や政治体制がもはや存在しなくなったことを、「歴史の終わり」と呼んだ。伝統的権威主義や独裁型資本主義、国家社会主義、ファシズムなど、これまで、自由民主主義に挑戦する思想や政治体制が数々存在してきたが、いずれも失敗に終わった。そして自由民主主義への最後で最強の敵がマルクス共産主義であったが、ソ連が崩壊し、自由民主主義が勝利したことにより、人類はイデオロギー進化の過程における最後の到達点に達したという議論である。

(3)民主主義による平和(民主的平和論)

民主的平和論も、ソ連ブロックの共産主義に対する西側民主主義の勝利感が反映された議論であり、アメリカの対外政策のバックボーンにもなっている考え方である。ブルース・ラセットらアメリカの学者を中心に、民主主義国家同士は戦争をしないという経験則に基いて、民主主義国家が戦争に勝つ可能性や、民主化の条件、紛争との関連性など、多くの学者が様々な角度から研究を行ってきた。なぜ民主主義国同士は戦争しないのか? 1つには、安定した民主主

---

42) むろん、対イラク戦争において国連安保理が機能したのは、イラクのクウェート侵攻が明確な国境侵略であったことがより大きな理由である。

43) Francis Fukuyama, "The End of History?" *National Interest*, Summer, 1989; *idem, The End of History and the Last Man*, The Free Press, 1992.

義国では、政策決定者が国際紛争を暴力ではなく、交渉や妥協等の平和的手段によって解決するからである（文化的・規範的説明）。もう1つには、自由選挙という制度によって、政治指導者の冒険的な政策に対する監視と抑制が働くからである（制度的説明）。民主的平和論については第10章で詳述する。

2) 悲観的シナリオ

(1) 文明の衝突？

1993年の *Foreign Affairs* に掲載した論文の中で、サミュエル・ハンティントンは、冷戦後の世界を形成するのは、政治や経済やイデオロギーではなく、文化アイデンティティーであること、そして異なる文化・文明をもつ国家間に衝突が必至であることを論じた[44]。共通の文化、文明が国際関係の秩序と安定に重要な要素であるという前提に基き、ハンティントンは、冷戦中、資本主義・社会主義・第3世界の3つに分かれていた世界は、今後、7～8の文明を極とする国際関係に取って代わられ、特にイスラム諸国や中国が西洋の普遍主義と衝突することを予測している。

(2) 未来への回帰

シカゴ大学のジョン・ミアシャイマーは、「未来への回帰（Back to the Future）」[45]と題される1990年の論文で、冷戦終焉後のアメリカの単極システムが長くは続かず、戦前の多極の世界にいずれ回帰することを論じ、アメリカはヨーロッパと極東から手を引くべきであるという政策的提言を行った。冷戦終焉後の国際秩序の構造変化が大きく人々の意識にのぼり、アメリカの単極システムについて様々な議論が飛び交う中、リアリストのミアシャイマーは、冷戦後の国際システムを理解するためには、過去を振り返る必要があり、将来は、冷戦前の多極世界と似たものになるであろうと予言したのである。また、国家はアナーキカルなシステムにおいて、ミニマムなコストで存続を図ろうとする

---

44) Samuel P. Huntington, "Clash of Civilizations?" *Foreign Affairs*, Summer, 1993.

45) John Mearsheimer, "Back to the Future: Instability in Europe after the Cold War," *International Security*, Vol.15, No.1, Summer, 1990.

ため、冷戦後の不確実な世界において、ドイツと日本が核保有国になることは
必至であるとも述べている。

10. アメリカ単極システムの行方

　冷戦が終結するまで、国際政治学史上、単極の国際システムが議論されたこ
とはあまりなかったが、1990年代の国際政治学では、冷戦の意味を問い直す
議論に加えて、アメリカによる単極システムをどうとらえるべきなのかが学者
たちの大きな議論の1つになった。冷戦直後は、アメリカ1極のシステムは
長続きしないという見解がかなりあり、中国の台頭も注目され始めていたが、
少なくとも1990年代には、アメリカは軍事的にはもちろん、経済技術的、文
化的にもさらに卓越した力を蓄え、その優位はますます固定化したかのように
見えた。アメリカをローマ帝国と比較する帝国論も現れ、フランスの元外相ウ
ベール・ヴェドリンは、アメリカを極超大国（hyperpower）とさえ呼んだ。そ
こでこの章の最後にアメリカ単極システムをめぐる議論を振り返っておこう。

1) 単極システム肯定論

(1) ネオコンの論客であるチャールズ・クラウトハマーが1990年にフォリン・
　　アフェアーズに投稿した論文のタイトル"The Unipolar Moment" [46]は、冷
　　戦終焉後の国際システムを示すスタンダードな言葉として定着した。クラ
　　ウトハマーは、ポスト冷戦の世界を、アメリカのみが軍事、外交、政治、
　　経済すべての分野において卓越したパワーを持っているアブノーマルな単
　　極システムとしてとらえると同時に、アメリカのパワーと意志の力で国際
　　政治を正義と公正の方向に牽引すべきであると論じている。国際政治の安
　　定性は大国が意識的に作り上げるものであり、孤立主義こそアメリカに
　　とって神が与えた理にかなった外交政策であること、またソ連の脅威はな
　　くなったが、戦争の可能性は減っておらず、大量破壊兵器の拡散が最も脅

46) Charles Krauthammer, "The Unipolar Moment," *Foreign Affairs*. Vol.70, No.1, 1990/1991, pp.23-33.

威である今日の世界において、アメリカは、死活的国益にのみ基いた伝統的な外交政策を展開し、今こそパワーを動員して世界に介入すべきであることを説いている。

(2) ウィリアム・ウォルフォースは、「単極世界の安定性」と題される論文[47]において、やはりクラウトハマーと同じように、今日の世界を明確にアメリカ1極の世界であるととらえ、さらにそれが平和的で、長く続く単極システムであることを強調している。また、ウォルフォースは、アメリカの他国への介入は、需要があってこそのものであり、アメリカが世界に積極的に介入し、役割を効率的に果たすことで、国際システムはさらに安定的に存続すると述べている。その他、ロバート・ケイガンやスティーブン・ブルックスも、冷戦終結後の世界に圧倒的にパワーを持っているアメリカの役割を肯定的に評価している。

2) 単極システム否定論

(1) イエール大学のヌノ・モンテイロは、単極システムが平和的で永続的であるというウォルフォースの議論に反対し、今日の国際システムを単極と認めるにしてもそれはあくまでもアナーキーという国際構造の中での単極性であることを強調する[48]。単極システムの極に立つ国には①現状維持＝防御的政策；②攻撃的政策；③非関与 (disengagement) の3つの選択肢があるが、これらのどれも問題があるとモンテイロは述べている。ウォルフォースと根本的に異なるのは、アメリカによる単極システムに対する中小国の反応についてである。ウォルフォースは他国はバンドワゴンすると考えるが、モンテイロは2000年代以降の国際的事件によく見られたように、弱

47) William C. Wohlforth, "The Stability of a Unipolar World," *International Security*, Vol.24, No.11 Summer, 1999, pp.5–41. タイトルがウォルツの論文 "The Stability of a Bipolar World" を意識したものであることが窺える。Stephen G. Brooks and William C. Wohlforth, *World Out of Balance: International Relations and the Challenge of American Primacy,* Princeton University Press, 2008.

48) Nuno P. Monteiro, "Unrest Assured: Why Unipolarity Is Not Peaceful," *International Security*, Vol.36, No.3, Winter 2011/12, pp.9–40.

小国は反抗的政策をとると考えている。

(2) ウォルツは、冷戦の終焉は米ソの2極システムが終焉し、アメリカ1極システムが到来したことを示すが、それは国際システム内の変化（change in the system）であって、国際システム自体の変化（change of the system）ではないと主張する[49]。極の数が変化してもアナーキカルな国際システムそのものが変わるわけではないからである。また、ウォルツは、バランスの崩れを極度に恐れる国際政治にとって、単極システムは不自然であり、長くは続かないと考えている。その理由は、①支配国に負担が大きすぎること、②支配国が抑制的に節度を保つ行動をしても、他の国々が懸念すること、にある。クラウトハマーやウォルフォースの見解とは逆に、制約を受けない大きなパワーについて懸念するウォルツは、ベトナム戦争やイラク戦争の時と同様、アメリカの介入主義に反対する。同様に大国の拡張主義（imperial overstretch）に反対するのは、歴史家のポール・ケネディーである[50]。また、「ソフト・バランシング」という概念を生んだロバート・ペイプも、単極システムがすぐに終わることを予測している[51]。

11. 終わりに：学問分野の発展とは？

国際政治学は、他の学問の場合と同様、他の社会科学や自然科学からの知見を取り入れながら、誕生以降の100年あまりの間に徐々に成熟してきた。いかなる学問も、発達の初期においては、現実におこる事件から影響を受けて、実際的な要請や希望的観測を反映した理論が発達しやすく、学問として成熟してくるにつれて、目前の現実から独立した学究的理論が発達する。国際政治学発展の歴史を振り返ってもこの傾向が顕著に見られる。1970年代頃までの国際政治学は、国際的な危機が生じると悲観的な理論が生まれ、比較的平和な時

49) Kenneth N. Waltz, "Structural Realism after the Cold War," *International Security*, Vol.25, No.1, Summer 2000, pp.5‒41.

50) Paul Kennedy, *The Rise and Fall of the Great Powers*, Random House, 1987.

51) Robert A. Pape, "Empire Falls," *National Interest*, No.99, January/February 2009, pp.21‒34.

期が続くと未来志向で楽観的な理論が生まれるといった具合に、実際に起こった国際的事件を反映することが多かった。以下のカーの言葉は意味深長である。

> 原始的段階の政治学はユートピア的であり、願望型思考と客観的正当性とが分離されていない。学問の発達の初期の段階では、人間の思考の本質的基盤は願望であり、目的論が分析に先行する。未熟な段階の国際政治学も著しく目的論的であり、戦争の防止という熱情的願望のうちに生まれた。［しかし］願望に対して思考分析が台頭すると、初めて近代的科学としての学問という名に値する段階に入る[52]。

　我々の意識はとかく知覚できる事件や変化に集中する傾向があり、持続しているものや長い時間をかけて起こっている構造変化には気づかないことが多い。例えば多くの国際政治の論客は、冷戦の終焉を、国際政治における1つの大きな分水嶺として見た。冷戦の終焉が大きな国際的事件であったことは否めないが、国際政治上の重要な変化は、ニュースで騒がれる表面的な事件によってではなく、より構造的な、人の意識に上らないところで起こっていることがある。例えば1950年代、1960年代の一連の植民地独立は、地球上すべての土地に主権国家システムが浸透し、人々の意識にのぼらない部分で従来の国家概念を根本的に変えたという意味で[53]、大きな構造変化を国際政治にもたらしたが、こういった目に見えない変化とその意味に人々が気づくことは少ない。同じく、あたかも国際政治上の分水嶺であるかのように騒がれた9.11事件も、安全保障概念の変遷を人々に強く印象づけたものの、事件そのものが国際政治の本質を変えたわけではない。実際、テロリズムは9.11事件によって浮上した問題ではなく、はるか以前から存在していた。ニュースに上る変化は簡単に認識できるが、無変化や構造的変化を見極めるには、思考の「目」が必要であり、対象を客観視できる比較の能力と想像力が必要である。

---

52) E.H. Carr, *The Twenty Years' Crisis*, p.5.
53) 第6章「国家概念とその変遷」を参照。

■ **論述問題**

1. ツキジデスの思想はいかなる意味において、現代の国際政治に示唆するところが大きいのか？

2. 国際政治学が誕生した時代背景と、当時の理論の特徴を説明せよ。

3. 国際政治学の発展史上、メルクマールとなった国際政治学者の著作を数点あげ、その内容を紹介せよ。

第2部
基礎概念

第3章 国際政治学の基礎概念①： 集合行為の論理

学習のポイント

① ゲーム理論を用いて国際政治を考える利点について考えよう。

②「鹿狩りの逸話」、「囚人のジレンマ」、「共有地の悲劇」の共通項を見つけ、「集合行為の論理」のエッセンスを理解しよう。

③「集合行為の論理」を乗り越える可能性は何に見出せるか、考察しよう。

　ここでのテーマは、「集合行為の論理」である。集合行為（collective action）とは個人の行為に対峙する概念であり、「集合行為の論理」という言葉には、集合行為の実現が難しいという前提、また、集合行為の合理性と個人の行為の合理性との間にギャップがあるという前提が含まれている。個人が賢明に合理的判断を行っても、集団としては不合理な結果に終わる論理を説明したものが「集合行為の論理」である。中央の権威が存在しない状況で協力がいかに難しいかを示すこの概念を学ぶことは、国際政治の本質を学ぶことでもある。本章の目的は、集合行為の論理を理解するために、実際の社会で幅広く起こる状況を単純に表した「ゲーム理論」を通して、国際政治の基本構造を理解することである。具体的には、スタグハント、囚人のジレンマ（Prisoner's Dilemma ＝ PD）、共有地の悲劇（The Tragedy of the Commons）を紹介する。これらは国際政治のみならず、社会事象一般を説明するのに、さまざまな分野で用いられている考え方である。

1. マンサー・オルソンの集合行為論

　集合行為の論理は、マンサー・オルソン[1]の『集合行為論：公共財と集団理論 *Logic of Collective Action*』(1965) という本の中で体系的に紹介されたのち、多くの社会科学分野で応用されてきた。オルソンの出発点は、なぜ人々は集団を組織したり、集団に加わったりするのかという、社会と個人のあり方に関わる根源的問いかけであった。彼は、集合財 (collective goods)[2] の概念を導入し、集団を「構成員がわけ隔てなく享受できる集合財を提供するために形成される」ものととらえた。合理的で自立した個人の間で集合財を提供する集団が形成された場合、そういった個人の集まりが集団として取る行動が集合行為である。

　集合行為論は、集団と組織に関する一般理論であり、集団や組織のあり方を個人の意思決定から問い直そうとする発想に基いたものであった。オルソンの仮説は、集合財の供給は、集団の規模によって影響されること、また、大規模組織は協調関係を生み出しにくいということである。集合行為の実現がいかに難しいかの認識に基いたオルソンの議論は、端的に言えば以下のとおりである。

(1) 個人の合理的選択の結果は、共通目標実現のために貢献しない。

(2) (1) の傾向は組織の規模によって左右される。関係者が多いほど、他者が協調しているかどうかを知ることが難しくなるため、集合財から得られる利益は小さくなり、それによって人々は貢献しなくなる。

(3) 関係者が多い場合に、共通目標を実現するための参加を促すには、参加への報奨が必要であり、その元手は、共通目標の追求活動自体からではなく、その副産物、あるいはまったく別個の活動によらなければならない。

　国際政治学でしばしば引用される集合行為論の代表例をここでは3つ紹介

---

1) マンサー・オルソン (Mancur Olson) は、アメリカの経済学者であり、社会学者でもある。マンサー・オルソン『集合行為論：公共財と集団理論 (*Logic of Collective Action*)』ミネルヴァ人文・社会科学叢書。1982年に出版した *The Rise and Decline of Nations* も集合行為の論理との関連で重要である。

2) だれでも消費でき、無限にある財。例えば空気や公園、灯台の光など。

する。スタグハント、囚人のジレンマ、共有地の悲劇である。

2. 鹿狩りの逸話

まず、ジャン＝ジャック・ルソーの『人間不平等起源論』の中にある鹿狩りの逸話（スタグハント Stag Hunt）から考えてみよう。話は以下の通りである。

原始的な社会でかろうじて意思疎通できる程度のコミュニケーション能力を持った5人の空腹状態にある人間が、ある時槍を持って合流した。それぞれの人間の空腹は1頭の牡鹿の5分の1の肉を食べることで満たされるため、5人は、空腹を満たすために牡鹿を捕らえる協力をすることに合意する。協力すると牡鹿は80％の確率で捕まえることができ、捕まえられた場合は5人で分けることになるが、1人で捕まえられる可能性は少ないので、その方が合理的である。

ところで、それぞれの人間の空腹は、一兎の野うさぎで満たすこともできる。ここに、5人のうちの1人の目の前にうさぎが現れる。うさぎはその人間が100パーセント確実に捕まえられる距離にいる。そこで、その人間は、自分の目の前にいるうさぎをやりでつく。しかし、

　　その物音で、牡鹿は逃げてしまい、他の人間は空腹のまま帰途につく
　　ことになった。

　これは、国際社会と同じような無政府状態にある原始的社会の話である。
「単純な逸話ではあるが、示唆するところは深遠である」と、国際政治学者ケネ
ス・ウォルツは述べる。この話の中の人間やうさぎ、牡鹿は何を象徴している
のだろうか？　無政府状態は自助の世界である。全員が協力目標を設定してそ
れにコミットする約束をしたとしても、他人を信頼することができない構造に
なっている。また、「自助」の世界では、アクターは他者に対する不信感から、
長期的・集団的利益（牡鹿）ではなく、短期的・個人的利益（うさぎ）を選んで利
己的に行動する。各々のアクターが合理的に行動することによって全体として
不合理な結果に終わることになるという点、つまり「部分」と「全体」とのギャッ
プ、個人的利益と集団的利益のギャップがこの逸話で示されている。さて、こ
ういったアクター同士の相互作用はマトリックスで表すことができる。典型的
なスタグハントはマトリックスで表すと、以下のようになる[3]。

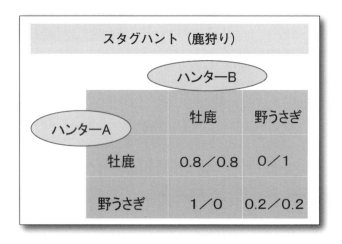

3）ここでは、2人のハンターの関係に着目して牡鹿を捕まえられる可能性を80パーセン
　　ト、うさぎを捕まえられる可能性を100パーセントと仮定している。

　ここで注目すべきなのは、（1）双方が協力した場合の利益は、双方が裏切った場合の利益よりも大きいということ、（2）しかし、自分が裏切って相手が協力した場合の利益は、双方が協力した場合よりも大きいということである。このため、このゲームは D/D（双方が裏切る）のところに落ち着いてしまう。つまり、双方が合理的に行動することによって、全体的には非合理な結果（次悪）に終わるのである。

3.　ゲーム理論

1）ゲーム理論とは何か？

　社会事象をゲームにたとえて、その本質を捉えようとするのがゲーム理論である。ゲーム理論によって人間行動をモデル化し、分析する場合は、先のようにマトリックスであらわされることが多い。広辞苑によると、ゲーム理論は、「利害対立を含む複数主体の間の行動原理をゲームの形で一般化した理論」と定義される。

　ゲーム理論は、アメリカの数学者フォン＝ノイマンとドイツの経済学者モルゲンシュテルンが創始した。彼らの初期の著作で有名なのは、『ゲームの理論と経済行動』（1944）[4] である。ゲーム理論は、当初、経済・軍事の分野でその有効性が認められ、行動生態学に応用されるようになった。人間の活動全般を通じて、社会における利害関係をめぐる対立や協調の類似性を捉え、それを数理モデル化して分析するものがゲーム理論である。その中でも、スタグハントと次に紹介する囚人のジレンマは、人間行動理解に有用であるとされている。

　ゲーム理論とは何かがぴんと来ない場合は、ゲーム一般の特徴を考えてみるとよい。チェス、オセロ、囲碁、将棋、トランプ、マージャン、人生ゲーム、モノポリー、卓球、テニス、サッカーなどのゲームには、以下のような性質がある。

　（1）相手がいる（折り紙やあやとりのようなひとり遊びとは異なる）。

4）J・フォン・ノイマン＆O・モルゲンシュテルン、『ゲームの理論と経済行動』筑摩書房、2009 年。

（2）それぞれのプレーヤーがルールに基く利害を持っており、ゲームに勝つという目的がある。

（3）各プレーヤーは、相手の出方を戦略的に考慮し、計算した上で、自らの行動を決定する。つまり、互いのプレーヤーの選択は相互依存関係にある。

（4）自分の行動と相手の行動が相まって1つの結果が生じる。その結果は必ずしもプレーヤーの意図したものではない。

2）国際政治とゲーム理論

　国際政治をゲームとして考えるメリットはどこにあるのであろうか。実際の国際政治は複雑であるが、ゲーム理論を用いて戦略的状況を単純化することによってその本質を浮かび上がらせることができる。ゲーム理論においては、アクターと選択肢の数は減らされ、マトリックスに表れるのは通常、2人のプレーヤーと2つの選択肢である。現実世界において多数のアクターがいても、また実際に選択肢が複数あっても、単純化して、2×2のマトリックスで考えることによって、人間行動についての基本原理が見えてくるのである。

　むろん、この方法は、現実そのものの理解には役立たない。現実の社会が複雑で多数の人間が絡むゲームであることは言うまでもない。国際政治の一局面だけを取り出して分析していること、実際の国際政治の複雑性やニュアンスを無視していることに、ゲーム理論の限界がある。過度な抽象化によって現実との乖離が当然起こる。

　ゲーム理論を国際政治に用いた初期の人物の一人が、トーマス・シェリングである。彼の『紛争の戦略（Strategy of Conflict）』（1960）は、紛争や対立におけるゲームの本質を指摘し、ゲームにおける戦略的成功の解を明らかにした。また、アナトール・ラパポートは、囚人のジレンマ、2×2ゲームなどの様々なゲームを分析し、その解の構造を解明することに成功し、ロバート・アクセルロッドは『協力関係の進展（Evolution of Cooperation）』（1984）[5]において、繰り

5）日本語版は、『つきあい方の科学：バクテリアから国際関係まで』（松田裕之訳）、ミネルヴァ書房、1998年。この本の構想をアクセルロッドが思いついたのは、日本への最初の旅行中だったという。この内容および彼の応酬戦略（TFT=Tit for Tat）については後述する。

返し型の囚人のジレンマのコンピューター・シミュレーションを通して、生物学から社会学一般まで当てはまる、アクター同士の協調の可能性を発見した。

さらに、ゲーム理論を積極的に用いた戦略研究としては他に、アメリカのランド研究所の貢献や、カール・ドイッチュ、マーティン・シュービック、ケネス・ボールディング、モートン・カプランらの研究が有名である。

4. 囚人のジレンマ / 安全保障のジレンマ

次に、「囚人のジレンマ」を検討する。

以下の事例をよんで、ゲームの特徴をつかんでみよう。

> ### 囚人のジレンマ
>
> 　二人の麻薬ディーラーが、少量の麻薬保持のため、警察につかまった。少量の麻薬保持は1年の懲役。しかし、警察はこの二人が、単に麻薬を保持しているだけではなく、麻薬ディーラーと見ている。しかし、証拠はないので、それぞれに告白を勧め、告白すれば、釈放してやると持ちかける。双方が告白すれば、双方とも10年の刑であることも伝える。二人の容疑者は別々の独房に入れられ、話し合いはできない状態にある。ここで囚人はそれぞれ同じジレンマに直面する。自分の相棒のことを垂れ込めば、相手は25年の刑で、自分は釈放される。黙っていれば、1年の刑。どちらももらせば10年の刑。自分が黙っていて、相手がたれこんだ場合は、自分だけが25年の刑で、相手は釈放、とすると、とんだ間抜け話になる。相手がたれこまないという保証はないのだから、やはりしゃべったほうが身のためだ。
>
> （ジョセフ・ナイ＆デイヴィッド・ウェルチ『国際紛争』有斐閣
> 2017年 pp.26-27）

これをマトリックスにあらわすと、次のようになる。

囚人のジレンマゲームもスタグハントと同じ協調・非協調のゲームである。やはりここでも、CCのほうがDDよりも双方にとって得である。また、自分

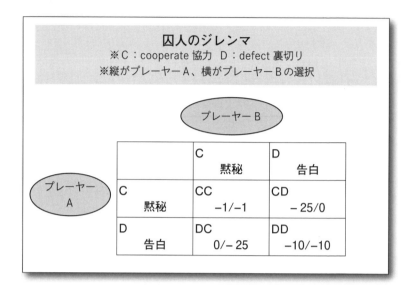

が協力して得られる利得は、相手がどう行動しようと自分が裏切る場合よりも低い。したがって、この状態においては、長期的に見れば双方が協力するのが一番いいことはわかっていても、ゲームは必ず右下（DD）に落ち着く結果になってしまうのである。アクターが最大の利得を目指して合理的に行動することによって次悪の結果に終わる論理がここでも示されている。

1）囚人のジレンマゲームの国際政治への応用

　囚人のジレンマゲームは核抑止や軍拡競争などのロジックを説明するのに有用である。軍拡競争の場合を考えてみよう。軍拡競争の場合、協力（C）とは、軍拡しないこと、もしくは軍縮に応じることであり、裏切り（D）は軍拡することである。つまり、CCは相互抑制、CDとDCは一方的軍拡、DDは相互軍拡を意味する。軍拡によって両国が危険にさらされることは明白ではあるが、自国が軍縮に協力し、相手が軍拡を行ったら、自国はもっと危険な目にあう。また、相手がどのような行動をとろうとも、自国が軍拡することによって、政治的な譲歩を引き出せる可能性があるため、ゲームはやはりDDに落ち着いてしまう。

　1950年代の水爆開発を例にすると、米ソ両国にとって水爆を保有すれば自国が危険にさらされることは自明であった。それでも対抗兵器なしに相手の意向に翻弄されるよりは水爆開発を進めるほうがましであった。強制的な合意が不可能である以上、両国は、存在しないほうがよほどいい兵器の開発を、こうして余儀なくされたのである。相手を信頼しないことで失うものは大きいが、間違って相手を信頼した場合のリスクのほうがより大きいからである。

2) 異なるタイプの囚人のジレンマ

　同じ囚人のジレンマでも協力と裏切りのインセンティブが異なる場合がある。以下のマトリックスを比べ、どちらの方が裏切るインセンティブが高く、どちらが協力のインセンティブが高いかを考えてみよう。

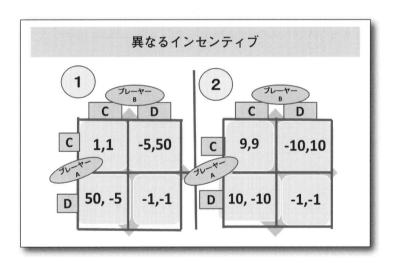

3) 安全保障のジレンマ

　先に挙げた軍拡競争の例は「安全保障のジレンマ（Security Dilemma）」と呼ばれる。「安全保障のジレンマ」は、国際政治の文脈における「囚人のジレンマ」ということもできよう。国際政治においては、秩序を強制し、ルール違反を罰する正統な権威が不在であるため、たとえ同盟国が裏切っても公式に訴える術はない。自分の安全は自分で守る、これが自助の世界の鉄則である。

　自助システムにおいては、各々のアクターが自己の安全性を向上させようとする結果、すべてのアクターの安全レベルが低下するという矛盾が起こる。軍拡競争の例のように、ある国が他国の脅威から自らを守るために軍事力を増強すると、他の国はその軍事力が自国に向けられるのではないかと懸念して、軍備増強を図り、それによってもとの国は一層脅威を感じるという悪循環が生じるのである。国家はどのくらいの軍備増強のレベルが安全なのか知る術はないからである。これが「安全保障のジレンマ」であり、無政府状態がもたらす必然であり、国際政治のエッセンスなのである。ここで、要となるのは、各々のアクターは合理的に行動しているということである。安全レベルを向上させることは、不合理な脅威を感じて盲目的に行ったことではなく、脅威を認知してのことであるから、合理性に適っている。しかし、各々のアクターが合理的に行動することによって全体としては不合理な結果が生じる、すなわち、アクターの安全感は逆に低下する。スタグハントで見た「部分」と「全体」のギャップがここでも起こるのである。

安全保障のジレンマ
Security Dilemma

　アナーキカルな社会においては、常に、人間、集団、もしくはその指導者たちに「安全保障のジレンマ」と呼ばれるものが生じる。無政府状態にある集団や個人は、自らの安全が他の集団や個人によって攻撃、従属、支配、殲滅の危険にさらされる懸念を持たざるを得ない。そういった危険から安全を守ろうとする集団や個人は、他者のパワーを逃れるために、より多くのパワーを獲得するよう駆り立てられる。これが逆に他者をより不安にし、最悪の事態に備えることを余儀なくさせる。アクターが競争する世界においては、誰も完全に安全を感じることができないため、パワーをめぐる競争は続き、安全とパワー蓄積の悪循環が続くのである。

（ジョン・ハーツ）[6]

6）John Hertz, *Political Realism and Political Idealism*, University of Chicago Press, 1951.

安全保障のジレンマを定義すると、以下のとおりである：

> 「自らの安全のレベルを向上させようとする各々の国家の行動が、すべての国家の安全保障のレベルを低下させる可能性があること」。

すなわち、ある国の安全保障の努力が同時に他国の脅威となる結果に終わるジレンマと悪循環、これが安全保障のジレンマである。この言葉を最初に用いたのは、ジョン・ハーツという国際政治学者であった。

5. 共有地の悲劇

1968年、イギリスの生物学者ガレット・ハーディンは、*Science* という雑誌に、以下のような問いかけから始まる論文を載せた。

> アダム・スミスの「神の見えざる手」という考え方によって、個人が合理的に利益を追求することによって社会に調和が保たれるという考え方が広まっているが、それは正しいのか？

社会的な状況が変化すれば、これは当てはまらなくなるというのがハーディンの見解であった。このことをハーディンは次のような例を挙げて論じている。

> 牧草地がある、各々の牧夫（牧畜業者）はできるだけ多くの牛を飼おうとする。部族戦争や病気、密漁によって、人や牛の数が一定レベルに保たれている場合は問題ないが、（公衆衛生や医療の向上によって）社会的安定の目標が達成されると、共有地のロジックは、悲劇を生む。

人間と牛の数が土地の許容量以下に保たれている限りは、問題は生じない。ところが、各々の人間が利得を極大化しようとする場合、合理的な人間はもう一頭を共有地に加えることだと結論し、それがやがて限界に近づく。過度の放

牧の効果は共有地の人間全員によって負担されるため、マイナスはさほど認識されないのである。

　　そこで、合理的な牧夫は、もう1頭の牛を増やすことが自分にとって最も賢明なやり方であると結論づける。こうして、もう1頭、もう1頭と彼は牛の数を増やしていく。しかし、他の牧夫も皆、このような計算のもとで行動するため、悲劇が起こる。牧草は食い荒らされ、雑草がはびこってついに牧草地は破滅する。

　自由に利用してよい共有地をもつ共同体において、各人が自分の最善の利益を追求している時に、実は、全員が破滅に向かって突き進んでいるのである。人口密度が低い状況においては共有地は正当化される。しかし、人口が増加するにつれて、共有地における自由がすべての者に破滅をもたらし、共有地は次々に放棄されることになる。このように各人の自制を強制する主体がいない場合、解決法は何か？　もちろん相互規制の制度化が望ましいが、それは簡単ではない。

　　各々の牧夫は自分の利得を最大化しようとし、「もう1頭の牛を加えることで自分の効用はどれだけあるか？」と考える。効用には正のものと負のものとがある。1頭増やすことによって得られる利益すべてをその人は得られるため、正の効用は1である。負の効用とは、1頭牛が増えることによる過放牧（すなわち放牧によって牧草が足りなくなったり、雑草がはびこったりすること）であるが、過放牧の効果は牧夫全員によって分割されるため、非常に少ない。

　ハーディン自身が述べているように、この共有地の悲劇の話は、環境問題を考える際によく用いられる。例えば、皆で共有している土地で、山菜や果物や、木材等の資源を自由に使ってよいとする。資源を利用する人々が限度を守って利用している場合には問題はないが、自分ひとりくらい問題はないと、抜け駆

けして極端に多くの資源を使い始める行動が多数の人の間に広がってしまえば、共有資源は枯渇してしまう。このことは、公共財の管理の難しさを表す話として「海洋の自由」の下の魚の乱獲、地下水の枯渇、熱帯雨林の砂漠化、などにも当てはまる。

ハーディンは続ける：

> 公害もこれと似ているが、公害の場合は、公共のものから何かを取るのではなく、公共のものに何かを放り込むことである（下水、化学物質、放射能物質、排水、有害ガスなど）。合理的人間は、廃棄物を捨てるコストのシェアのほうが、廃棄物を自分で処理するコストよりも低いことを知っている。皆がこのように行動するために悲劇が生じる。海、大気の汚染、森林破壊、酸性雨の問題などがこれに当てはまる。これは人口増加によって生じた問題である。

実は、ハーディンの論考の主旨は、出産の自由への反対であった。自由とは必要性に気づくことであり、「共有地の悲劇」を防ぐには、社会の状態変化に応じて出産の自由を放棄することである、とハーディンは述べているのである。「道徳というものは、システム（社会的状況）に敏感である（"Morality is system-sensitive"）ということを今日の我々はあまりに忘れている。今日の複雑で、人口が多く、変化の多い世界において、我々が昔の倫理にしがみついているところが問題である。」

相互規制の制度化によって悲劇を避けるべきであるという話は、スタグハントや囚人のジレンマと同じく、強制力を持つものがいない状況における、個人の利益と集団の利益の乖離をめぐる話であることがわかるだろう。スタグハントや囚人のジレンマとの違いは、共有地の存在である。共有地が集団の利益を象徴し、個人が合理的に行動することによって全体として悲劇が生まれる話がここでは扱われている。つまり、「共有地の悲劇」とは、海洋資源や公共施設などの場合、各アクターが自由にその財やサービスを使用したり、取ったりすると、その資源が社会的に最適な水準よりも過剰に使用されることになること

である。そして、ここで出てくる重要な概念が集合財（公共財）である。共有資源や共有地は一種の集合財である。

6. 集合財とは何か？[7]

　集合財には2つの性質がある。まず1つは「非競合性」、つまり、だれでも享受でき、ある個人が一定の財を消費しても、それが他の人々による同じ財の消費を妨げないことである。もう1つは、「非排他性」、つまり、対価を支払うことなく、誰にもその財が供給され、無限であること、集合財の供給に貢献しようとしまいと、集合財を受け取れることである[8]。集合財は無限に見え、それを使用するコストは最初はゼロに見えるが、社会的に無責任な行動が広がると、そのコストは上がる。集合財の例としては、空気、海、灯台の光、公園、政府が提供する堤防や道路、警察、国防、司法といった公共政策一般、財やサービスがあげられよう。集合行為における集合財供給の問題には、まず誰がそれを提供するかの問題がある。国内では政府がそれを負担するが、国際政治では誰が負担するのか？ また、合理的な人間が公共財供給の負担をできる限り回避して、その便益だけを享受しようとするただ乗り（フリーライド）の発生にどう対応するのかも、集合財をめぐる問題である[9]。

---

7) 集合財は、厳密には公共財（public goods）と区別される。組織成員の行為や実践を強調する概念が集合財であり、組織全体の実践を前提とする概念である。誰もが恩恵を被ることができる点では、公共財も集合財も同じだが、集合財は当該集団のための私的財ということもでき、その財の便益や恩恵を被るのは集合の成員のみである。集団外の成員は排除されることになる。

8) 「非競合性（non-rivalness）」は「共同消費性（jointness of supply; non-appropriateness）」と同じである。「非排他性（non-exclusiveness, non-excludability）」とは、無限性（infiniteness）ともいえる。ただし、この2つの要件を完全に満たす集合財は少なく、部分的に私的財（private goods）、すなわち1人が消費すると他は消費できない財であり、また、対価を支払わなければ消費できない財の性格を持っている場合がほとんどである。

9) 共有地の問題は、フリーライドの問題と多少異なる。フリーライダーの問題は、公共財の提供をせずにそれを享受する行動の問題である。共有地の悲劇においては、公共財（集合財）はすでに存在しており、共有地はその使用レベルが低いままであれば、集合財である。

　集合行為の論理については、マンサー・オルソンの『集合行為論：公共財と集団理論』が経済学、政治学、社会学で高い評価を受けた後、国際政治学では、1980年代に興隆をみた覇権理論の中で、アメリカという圧倒的な強国が戦後提供した国際公共財 [10] の供給維持の問題が取り上げられ、国際政治学に集合財/公共財理論が取り入れられた。集合財の管理は自制が難しく、協力を引き出すのは難しい。集合行為は完全に不可能ではないが、困難であるという前提の下、誰が集合財を供給するか、集合財をどう使うかの問題が生じるのである。

7.「集合行為の論理」は乗り越えられるか？

　ホッブズは、「自然状態」の克服のためには「リヴァイアサン」（強力な政治権力）の設立が必要であると述べている。リヴァイアサンなしには、アナーキーがもたらす悲惨な状況を乗り越えられないというのがホッブズの主張であった。国際政治に絶対強力な中央集権的権威を打ち立てるのは不可能である。しかし、世界政府の設立が不可能であるとしても、国際社会の利害調整メカニズムは全く存在しないのだろうか？　国際政治学のリアリズム（現実主義）と呼ばれる学派は、集合行為の論理の示唆するところを深刻に捉えるため、アクター同士の協力の可能性について悲観的に考える傾向がある。一方、リベラリズム（自由主義）と呼ばれる学派は、集合行為のもたらす帰結を乗り越えて、アクター同士が協力できる可能性を探求しようとする。囚人のジレンマ/安全保障のジレンマや、共有地の悲劇を克服する要因としてやリベラリズムが指摘するものとして、以下が挙げられる。

1）コミュニケーションによる情報交換

　ルソーの鹿狩りは、牡鹿を仕留めようと合意した人間たちが原始的なコミュニケーション能力しか持っていないという前提であった。囚人のジレンマにお

---

10)　例えば、GATT体制（自由貿易システム）、ブレトン・ウッズ体制（国際金融システム）、安全保障同盟（米欧および日米、米韓、他）、国連システムなどは第二次世界大戦後、アメリカ主導で構築された。

いても、それぞれの囚人は独房に入れられており、意思疎通不能な状態になっている。しかし、実際の国際関係や社会生活の中では、アクター同士の間にコミュニケーションがあり、互いの意図や選好、ゲームについての認識、行動についての知識や理由付けなどを意思疎通している場合が多い。アクター同士のコミュニケーションや交流がアナーキカルな状況における集合行為の論理を緩和するという考え方は、リベラリズムの国際政治理論の中でも、相互依存論やグローバリゼーション論に通じるものである。

エリノア・オストロームは、共有地についての事例研究で、共同体が共有地の悲劇の問題をどう解決しているかを調べた[11]。すると、うまく解決している共同体では、参加者/メンバーが誰かについて明確で、メンバー間の意思疎通が活発であることがわかった。つまり、他のメンバーの行動が明確に認知でき、情報の交換が十分に行われていることが集合行為の問題解決に重要であることがオストロームの研究で立証されたのである。

2) 未来の影（Shadow of the Future）

前述のように、ミシガン大学の政治学者ロバート・アクセルロッドは、1980 年に繰り返し型の囚人のジレンマの戦略研究のコンピューターシミュレーションに成功し、生物学や社会学におけるジレンマ状況における「協調」の一般原理の発見に寄与した。1984 年の著作の中[12] で、利己的な人間がなぜ協調するのかの研究をコンピュータートーナメントの形式で分析したのがアクセルロッドの研究である。13 人のゲーム理論の専門家である経済学者、心理学者、社会学者、政治学者らがプログラムした戦略で、繰り返しの囚人のジレンマゲームをしたところ、結果はトロント大学の数学者であり、国際政治学者であるアナトール・ラパポートの勝利であった。ラパポートのやり方は応酬戦略であった。これに基いて、ゲームが繰り返される場合に最も有効なのは「しっぺ返し（tit for tat）」であるという、互恵主義（reciprocity）的協調関係の原理をア

11) Elinor Ostrom, *Governing the Commons: The Evolution of Institutions for Collective Action,* Cambridge University Press, 2015.

12) Robert Axelrod, *Evolution of Cooperation,* Basic Books, 1984.

クセルロッドは提示した。このやり方は、最初はオプティミズムに基いて相手を信頼し、協力的に出、その後は、相手が裏切らない限りは協調する、相手が裏切れば、こちらも裏切り、相手が協調すれば、こちらも協調する、というものである。このやり方によって、(1) 繰り返しの囚人のジレンマ (iterated PD) では、協力が可能であること、(2) 繰り返し囚人のジレンマで最良の戦略は応酬戦略であることをアクセルロッドは証明した。

囚人のジレンマは、1回きりのゲームを想定したものであった。1回限りのゲームであれば、両者とも裏切りを選択する。しかし、繰り返しのゲームでは、互恵的な(相互主義的な)協力をしたほうがよい結果となる。裏切りは短期的利得を生むが、相互の裏切りをもたらし、長期的には両者に悪い結果を生む。協調が進展するのは、プレーヤーが再び出会うという期待である。これを「未来の影」とよぶ。ゲームが1回きりではなく、再び行われることによって、アクターの行動に一定の制約がもたらされるのである。「未来の影」という考え方は、リベラリズムの中でも国際制度論と呼ばれる理論に受け継がれている。これは、制度の存在によって、アクター同士が将来的に再び出会う期待が生じ、それがアクターのエゴイスティックな行動に対する制約となるということ、つまり、制度の存在が国際的評判のコスト、つまり「未来の影」を大きくするという考え方である。

この場合の制度とは、国際機関や、同盟、条約、国際法、国際的なフォーラム、会議、地域的な国際機構など、幅広くとらえることができる。例えば、130カ国以上の国が調印しており、機能的な権威をもっている国連海洋法条約、国際連合や同盟、地域的組織も、国際社会の安定に一定の貢献をしている国際制度である。大国間の関係にも、勢力均衡という暗黙のルールによって、たとえ戦争時でも完全に相手国を滅ぼしてはならないという規範が存在し、国家の独立を維持するメカニズムが働いている。国際政治における大国間の関係は、2極、多極、単極システムにかかわらず、卓越した軍事力や経済力を備えた大国が、他国に代わって安定した国際秩序や開放的な国際経済体制を構築・維持している制度ととらえられよう。

3）アクターの特質

　囚人が裏切り行為を自らに許さない良心や道徳心、プライドを強く持っている場合、裏切りを大きな不名誉と感じている場合、互恵的な社会的価値をアクターが持っている場合も、アクター間の協力は生まれやすい。これはアクターがもつ特定の規範や価値によって協調行動が生まれるという考え方であり、リベラリズムの系譜のひとつである「民主主義による平和」論、すなわち民主主義国家同士は戦争をしないという考え方に通じるところがある。民主的平和論は、民主主義という国家の属性が戦争の蓋然性に影響することを謳う考え方だからである。

　以上、アクター同士の相互作用、将来的にアクター同士が出会う可能性、アクターの特質という、集合行為の難しさを克服する3つの可能性を紹介した。例えば、軍拡という安全保障のジレンマを乗り越える可能性は、国家間のコミュニケーション（シグナリング）に見出せるのか？　あるいは軍縮条約等の制度的制約に見いだせるのか？　もしくは民主主義という政治文化や国内制度に希望を託すべきなのか？　これらについては、第9章～第11章のリベラリズム理論のところで詳述する。

8.　終わりに

　世界政府の構築が不可能な中、国際政治にはどのような安定・調整メカニズムが存在するのだろうか？　ここで詳述した集合行為論は、アナーキーの下でのアクターの行動原理を理解し、国際政治のメカニズムを体系的に理解するためのものである。この章では、集合行為の論理をゲーム理論を通して示すことによって、国際政治のエッセンスを浮かび上がらせ、アナーキーの下でのアクター同士の協力がいかに難しいか、そしてそのジレンマを乗り越える可能性について検討した。

■ 論述問題

1. 国際政治をゲーム理論で考察する場合の利点および欠点は何か？
2. 現実の国際政治において、国家のエゴイスティックな短期的利益を調整し、国家間協力を促しているのは何か？
3. 囚人のジレンマとチキンゲーム（以下のコラムで説明）の違いは何か？

コラム 他のゲーム理論の例：チキンゲーム（弱虫ゲーム）

左右双方から全速力で走ってくる二台の車を想定しよう。そのまままっすぐ進めば、衝突してしまう。衝突を避けて車をよけたら「弱虫」になり、負ける。

チキン・ゲーム
e.g. 瀬戸際政策への応用

	よける Give in	まっすぐ進む stand firm
よける Give in	3/3	2/3
まっすぐ進む stand firm	4/2	1/1

アナトール・ラパポートは、瀬戸際政策 (brinkmanship) の本質的な特徴を明らかに示すものとしてチキンゲームを示した。国際政治における例としては、キューバミサイル危機などに応用できる。囚人のジレンマとの類似点は：

(1) 協調によって両アクターは多くを獲得する（合理的な行為者はチキン＝弱虫の選択をする）。
(2) 背信の誘惑がある。
(3) 裏切らないアクターのほうが処罰される。
(4) 両アクターが裏切れば両方が同時に処罰される。

囚人のジレンマとの相違点は、チキンゲームの場合、DD は次悪ではなく、最悪であり、両者が裏切った場合（=stand firm）の処罰が、どちらかが裏切った場合よりもはるかに厳しい点にある。したがって、チキンゲームの場合は、裏切るインセンティブが弱い。囚人のジレンマの場合は、相手がどう行動しようと裏切ったほうがよいが、チキンゲームの場合は、相手が協調（衝突を避けること）した場合にのみ裏切る価値がある。

第4章 国際政治学の基礎概念②：分析のレベル

「分析のレベルを区別しなければ、理論は発展しない」

——ケネス・ウォルツ

> ── 学習のポイント ──
>
> ① 国際政治学における3つの分析のレベルとは何か理解しよう。
> ②「オッカムの剃刀（かみそり）」は、国際政治事件や事象を分析する上でなぜ重要なのか、考えよう。
> ③ 自分が興味関心を持っている国際政治の事件や事象を、3つの分析のレベルで説明してみよう。

1. 分析のレベルとは

　分析のレベル（levels of analysis）とは、国際政治事象の原因を分析する際の説明のレベルであり、一般的に人間、国家、国際システムの3つのレベルを指す。例えば、戦争がなぜ起こるかを説明する場合、ツキジデスが述べたように、人間の本性である恐怖、名誉、利得に根本的原因があるとすることが可能である。国際政治学者モーゲンソーは、国際政治が絶え間ない権力闘争であり続ける根幹には、人間のパワーへの衝動があると説明した。これに対し、一国の政治体制の在り方が戦争と平和の問題に影響すると考える者もいる。ウッドロウ・ウィルソン大統領は、第一次世界大戦後の国際平和構想のひとつの支柱として、世界の国々が民主主義体制になることを挙げたし、レーニンは、資本主義国の対外行動の必然的帰結として戦争が起こると説いた。また、国際システムの構造による戦争の説明も可能である。ケネス・ウォルツを代表とする、いわゆるネオリアリストたちは、国際システムが構造的に無政府状態であるため

に、国際政治に戦争は繰り返すと考えた。19世紀末にヨーロッパの国際システムがイギリスとドイツそれぞれをブロックとする2極構造に膠着化していったことが、第一次世界大戦につながったとする有力な見方は、国際システムの構造による戦争の説明の例である。分析のレベルは、理論的に物を考える作業と深くかかわっており、国際政治理論を学ぶ上でも重要である。

2. ウォルツの3つのイメージ

　ケネス・ウォルツは、『人間、国家、戦争 *Man, the State and War: A Theoretical Analysis*』という1959年の著作[1] の中で、第1イメージ、第2イメージ、第3イメージという言葉を用いて、戦争の原因についての政治思想を分析した。この本の中で、ウォルツは、分析のレベルを定めなければ理論は発展しないと主張し、国際システムのレベルによる説明の有効性を謳っている。ウォルツのこの著作によって「分析のレベル」という言葉が国際政治学という学問分野で定着

人間、国家、国際システム

ケネス・ウォルツ

---

1) ウォルツがコロンビア大学に提出した博士論文を書き直して出版したものである。Kenneth N. Waltz, *Man, the State and War: A Theoretical Analysis*. Columbia University Press, 1959; ケネス・ウォルツ（渡邉昭夫・岡垣知子訳）『人間・国家・戦争』勁草書房、2013年。

することになった。

　第1イメージとは、国際政治事件や事象の原因を、人間の本性や政治指導者の個性に求める説明である。例えば、第二次世界大戦がヒトラーの戦争と呼ばれるように、政治指導者の野心や領土拡張主義に戦争の原因を見る説明、19世紀初頭のウィーン体制[2] をメッテルニヒやタレーランの正統主義に見る説明、人間の本性に由来するパワーへの飽くなき欲求が国際政治を絶え間ない闘争にしていると述べたモーゲンソーの考え方がその例である。第2イメージとは、原因を国家の属性に求める説明であり、例えば、「民主主義国家同士は戦争をしない」（民主的平和論）というテーゼや、「帝国主義的な対外政策は、資本主義国家の経済構造の産物である」（ホブソン）といった見方がこれにあたる。国家の特徴としては、他に、議会民主制か大統領制か、先進国か後進国か、単一民族国家か多民族国家か、大陸国家か海洋国家か、東洋の国か西洋の国か、統一国家か分裂国家か、夜警国家か福祉国家かなども含まれよう。第3イメージは、国際政治や戦争の原因を国際システムの構造に求める説明である。構造は、2つの観点からとらえられる。ひとつは秩序原理（ordering principle）すなわち、アナーキカルかヒエラーキカルかの問題であり、もうひとつは、国際システムの極の数（polarity）、すなわち大国の数である。

3. ツキジデスと分析のレベル

　先に検討したツキジデスの『ペロポネソス戦史』は、国際政治学を勉強する上での基礎となる重要な概念や視点が多く盛り込まれ、さまざまな洞察と示唆に富んだ古典である。分析のレベルの考え方の原型もすでにこの著作に現れている。

　まずツキジデスは、ペロポネソス戦争の根本的原因として、名誉心、恐怖心、利欲という人間の本性を挙げ、戦争はその当然の帰結であると述べた（第1巻

---

2) フランス革命からナポレオン戦争にかけてヨーロッパに広がっていた自由主義を否定し、元の態勢に戻した体制であり、この体制の下で各国に広まりつつあった自由主義やナショナリズムは弾圧されることになった。

76節で、アテナイの使節がスパルタで行った演説）。

　また、ツキジデスは、人間の本性のみならず、アテネの民主主義とスパルタの専制主義、陸軍に習熟し内陸指向のスパルタと、海軍に習熟し外向き政策で大帝国に発展したアテネといった性格の異なる2つの都市国家の対比も浮き彫りにしている[3]。さらには、国家の財力や市民の気風についての言及もある。そして、ツキジデスが戦争の真の要因と考えたのは、アテネとスパルタのパワーの伸長速度であった。

　ツキジデスによれば、「アテナイの勢力が拡大し、スパルタに恐怖を与えたので、やむなく、スパルタは開戦に踏み切った」。これは、相対的パワーの変化という国際政治構造、すなわち第3イメージの説明に属す。パワーの伸長速度による国際政治事象の説明は、20世紀の国際政治学者オーガンスキーのパワー・トランジション論や、その流れをくむ覇権理論にも受け継がれている。

　国際政治学の3つの分析のレベルについて、以下、例を挙げて検討しよう。

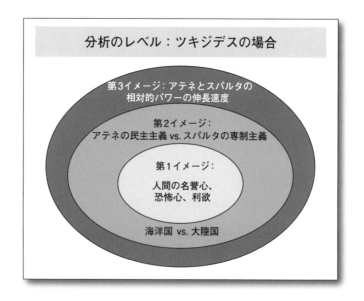

---

3)　当時の政治思想と同様、ツキジデスは、民主政体についてはむしろ不信感を抱き、民主政治が人間の利己心によって衆愚政治に堕する危険を懸念していた。

4. 第1イメージの分析

　第1イメージによる説明は、大きく分けて、政治指導者個人の特性によるものと、人間の本性そのものによるものとがある。

1）個人の特性による説明

　特定の歴史的事件で役割を果たした人物や、ある時代の傑出した個人を思い浮かべてみよう。先に挙げたペロポネソス戦争において卓抜していた政治指導者としては、ペリクレスがあげられる。個人の影響が大きな役割を果たした例として、他には、類まれなる外交手腕を持っていたとされるビスマルク、キューバミサイル危機におけるケネディーとフルシチョフ、小軍備・経済中心という戦後日本の外交路線を形作った吉田茂、第二次世界大戦期のチャーチルやフランスのド・ゴール大統領などがあげられる。一般的に危機的状況においては、強力なリーダーシップが現れることが多い。強烈な個性を持った個人なしにはあの事件は起こりえなかっただろうと思える例の中には歴史上、負の評価を受けざるを得ない政治指導者たちもいる。

第1イメージ：政治指導者の特性

個人の特性：
　　　　リーダーシップ
　　　　信条、経歴、認知など

2) 人間性による説明

　一方、人間の不完全性や人間が本来持っている性質による説明も存在する。そのいくつかをここで紹介しよう。

(1) デズモンド・モリス『裸のサル（*The Naked Ape*）』(1967)[4]

　モリスは動物行動学者であり、動物として人間を見直すことによって、人間性に科学的基礎を与える目的でこの本を著作した。本の冒頭で、彼は、「我々は、我々の動物的本性の前に繰り返し繰り返し頭を下げ、我々の内部でうごめく複雑な野獣の存在を暗黙のうちに認めてきた。……我々の信じられないほど複雑化した文明は、我々がそれを我々の基本的な動物的要求と衝突したり、押さえようとしたりしないようにデザインした時にのみ、繁栄しうるものであろう。」と述べ、動物的本性についてのよりよい理解を提言する。

　本は、肉食動物と霊長類の比較に始まり、人間は霊長類と肉食動物が混合した高等動物として描かれる。第5章の「闘い」についての箇所は、戦争の原因論として国際政治学を学ぶ我々にも示唆するところが多く、興味深い。モリスによれば、肉食動物の要素を取り入れた霊長類である人間の攻撃方法の特徴は、まず、人工的な武器を使用し、それを自分の獲物ではなく、種内のライバルに向けることである。また、時代を経て徐々に、攻撃者と敵との間の距離が増大してきたことであり、これが人間の破滅の原因となろうとしていると、モリスは述べる。

　現代の戦争の特徴は、敵を殺すために敵を憎む必要はない（You don't have to hate anybody in order to kill anybody）という点にある。他者を攻撃する際には元来、生理的変化が伴う。つまり、交感神経の「活動にかかれ」という命令によってアドレナリンが血液中に注がれ、体中の循環器系が活性化され、心臓の拍動が速くなり、皮膚と内臓にあった血液が筋肉と脳に移行する。そして血圧が上昇し、赤血球の生産速度が増加し、消化器系の活動は抑制され、呼吸が荒くなるといった生理学的変化が伴うはずである。しかし実際に身体をぶつけ合ってのかかわりだった闘争の形態は、取っ組み合い→原始的武器→刀→銃→

4)　デズモンド・モリス（日高 敏隆訳）『裸のサル』河出書房新社、1967年。

第1イメージ：人間の本性

フロイト
－破壊本能－

ロレンツ
－攻撃性－

モリス
－霊長類
＋肉食動物－

弓矢→鉄砲→爆撃機→爆撃機＋原子爆弾と武器が発達するにつれ、人間の生理的な変化を前提にしたものではなくなってきた。

　生物学的なレベルにおける種内闘争の目的は、本来、敵を弱体化させ、降参させることであって、殺すことではない。生命の破壊は、敵が逃げるか降参することによって避けられるが、攻撃が遠距離から行われるようになると、敗北者の発するなだめの信号は勝利者に読まれることがない。そこで猛烈な攻撃と殺りくが続けられるようになるのである。

　さらに人間の攻撃方法の特徴としては、仲間同士の協調性が他への攻撃性となって現れることも挙げられる。仲間を助けようとする根強い衝動の進化が虐殺行為につながることがあり、戦争という大惨事もこの例といえる。

(2)コンラート・ロレンツ『攻撃性について(*On Aggression*)』(1963)[5]

　『ソロモンの指輪』等で有名なオーストリアの動物学者コンラッド・ロレンツ

5）コンラート・ロレンツ（日高 敏隆・久保 和彦訳）『攻撃：悪の自然誌』みすず書房、1985 年。

も、集団の敵対心や戦争について考察している。モリスの場合と同じく、ロレンツも、集団の結びつきや団結が、他者への攻撃性と緊密な関係にあることを指摘する。今日の中国や韓国のナショナリズムが反日教育に結びついているように、人間にとっても動物にとっても、仲間意識は、憎むべき敵の存在によって促進され、他者への攻撃性は仲間意識によって増幅する。人々を団結させるには、抽象的な思想よりも具体的な共通の対象があったほうがよいからである。

　ロレンツは、攻撃性を無害な形で放出する効果的な方法は、代替物にそれを向けることであると述べている。集団内での戦いを避けるために、ほかのグループに攻撃性を向けることは、人類の永い歴史の中でしばしば行われてきた。ロレンツは、フロイトの心理分析の影響を受け、多くの褒め称えられるべき行動が、攻撃性や性本能を「昇華」させることによってなされることを指摘している。

(3) ジグムント・フロイト『精神分析入門』(1917)；『夢分析』(1899)[6]

　マルクス、ヴェーバーと並び、20世紀の社会科学に影響を与えた3人の偉人のひとりとされるフロイトは、無意識の衝動に基いて、特に性本能を重視した夢分析と臨床による精神分析をおこなった。ウィーンで人生の大半を過ごした後、1938年にナチスに追われてロンドンへ移住し、その1年後に亡くなっている。

　フロイトは、人間の本能を保存・融合本能(性と愛の本能＝エロス)と破壊本能（死と攻撃性の本能＝タナトス）に分け、人間行動にこの2つが潜んでいると考えている。これらは善と悪ではなく、両方とも大切であると同時に、その両本能は常に共存している。自己保存目的を達成するために攻撃的行動が必要となることもあるからである。破壊本能は内向きに向けられない場合は、外に向けられねばならず、その一例が戦争である。また、死の本能を内に向けず、外に向けるということは、ある意味ではよいことであるとフロイトは言う。

　フロイトは、1930年代には戦争心理に興味を持ち、アインシュタインと興

---

6) フロイト（高橋義孝・下坂幸三訳）『精神分析入門』（上・下）新潮文庫、1977年。
　　フロイト（高橋義孝訳）『夢判断』（上・下）新潮文庫、1969年。

味深い手紙のやり取りをしている ⁷⁾。アインシュタインが、戦争撲滅のために
国際司法裁判所のような何らかの司法機関を設立する必要性を謳い、すべての
国家がある程度行動の自由や主権を放棄しない限り、戦争はなくならないと述
べ、フロイトに自身の専門の立場から戦争についての見解を請うと、フロイト
は以下のように述べている。「そもそもなぜそれほど激しく戦争に反対するの
か？ なぜ人生に執拗に付きまとういやなものの1つとしてそれを受けいれな
いのか？」フロイトにとっては、破壊本能が抑圧することができないものであ
る以上、戦争は生物学的に健全であり、実際に避けられないものなのである。
また、すべての人間には自己を守る権利があり、コミュニティーには、その構
成員を保護する権利があるため、すべての戦争をとがめるわけにはいかないと
フロイトは考えていた。

　戦争によって帝国が築かれ、国内が統一され、その中で平和維持が達成され
る場合のように、戦争が平和への道を切り開くこともあれば、ボルシェビキ革
命のように、人間の物質的必要を満たし、人々を平等に扱うことで人間の攻撃
性に対処しようとしても、成功しないこともある。フロイトは、ソ連の例から、
「残酷な力を理想によって置き換えても必然的に失敗する。正しいとされている
ものも、残酷な力によって成り立っているからだ。」と述べている。

　　　我々の邪悪な性質も生物学的には正当化できる。人間の攻撃的性格を
　　抑圧することはできない。我々にできるのはそれを戦争以外のものに向
　　けることである。しかし、破壊本能は抑圧できないものの、エロスもし
　　くは愛によって中和することができる。破壊本能をなくすことが問題な
　　のではなく、それを戦争以外のものに振り向けるようにすること、すな
　　わち昇華(sublimation)⁸⁾が大切なのである。

第
4
章

国際政治学の基礎概念②：分析のレベル

7）"Open Letter to Albert Einstein," *Why War?* New Commonwealth, 1933 (translated by
　Stuart Gilbert, International Institute of Intellectual Cooperation, League of Nations,
　1933)『人はなぜ戦争をするのか』（光文社）。
8）社会的に認められない欲求や無意識的な性的エネルギーを芸術活動、宗教的活動など、
　社会的に価値あるものに置き換えること。

（4）モーゲンソー他、古典的現実主義者

　国際政治学者の中にも、戦争の原因を人間の本性に求める者はいる。特に、古典的な現実主義者は、国家間の対立や戦争を、人間本来の性質に由来するものとして捉えることが多かった。

　モーゲンソーは、あらゆる人間に共通の、パワーを求める衝動・欲求があること、そしてそれは人間の本性についての客観的法則であり、人間の意志では支配できない不変の人間性であると指摘する。このパワーについての真理が政治学の真理であり、国際政治も政治一般と同様のパワー・ポリティクスであるため、パワーを求める国家の欲求・衝動が国際政治を絶え間ない権力闘争にしていると、モーゲンソーは述べる。モーゲンソーについては、第7章の古典的リアリズムの章で詳しく検討する。

5. 第2イメージの分析

　第2イメージとは、国家の属性に戦争の原因があるとする見方である。以下、第2イメージに基く戦争原因分析として帝国主義論と民主的平和論を紹介する。

1）帝国主義論

　イギリスの経済学者であり、ジャーナリストでもあったジョン・ホブソンの『帝国主義論』は、レーニンやケインズにも影響を与えたといわれている。マルクス主義者にとって戦争の原因は、資本主義である。ホブソンによると、資本主義は、寡占・独占を生む。少数に富が集中すると、消費は生産力の増加の速度についていけなくなり、やがて商品が売れなくなると利潤率が低下する。すると、企業家はよりよい機会を外国に求めるようになる。資本が欠乏しているところでは、資本は最高の価値を持つため、資本が欠如している低開発国に投資の機会を見出すのである。産業革命初期には自国内に利潤を得る機会が多くあるが、経済発展に伴い、産業発展度が低い外国に投資した方がより多くの利潤を得ることができるようになる。例えば、鉄道はイギリスの多くの都市を結んでいたため、鉄道建設は競争の激しい、利潤の多いビジネスだったが、未開

の土地であれば、さらに鉄道建設の利潤は多い。また、投資を安全に行うには、現地を植民地化して政治支配のもとにおいたほうがよい。他国も同じような衝動を持つと、国家間競争が起こり、戦争になる。つまり、国内における消費の低迷に起因する圧力（プッシュ）と外国投資によるより高い利潤という魅惑が引き寄せる力（プル）が合わさったものが帝国主義なのである。

　レーニンはホブソンを多々引用しながら、マルクス主義に合うよう、それを作り変えた。帝国主義が必然的に独占段階にある資本主義国家の政策であると考えていた点はホブソンと異なるが [9]、ホブソンの理論の重要な部分は取り入れていた。マルクスが予測したプロレタリア革命がなぜヨーロッパで起こらなかったのかを、レーニンは帝国主義論によって説明した。つまり、帝国主義は第3世界を搾取することによって、一時的にヨーロッパのプロレタリアートの物的要求を満たした。そのために革命が遅れ、一方、海外市場獲得の競争は、資本主義諸国に国内的安定性をもたらしたという説明である。

　資本主義社会には必然的に、①生産過剰、②消費の低迷（生産に消費が追いつかない）、③資本家による過剰貯蓄が生じるため、これらの問題解決のために、資本主義国は第3世界に投資する。資本の余剰は社会に益する形では用いられず、更なる利潤を求めて海外に輸出され、政府が植民地に投資することで資本家は益々富み、植民地も独占されていく。これが、資本主義が帝国主義を生み、それが必然的に植民地獲得をめぐっての争奪戦となって資本主義国家間の戦争を生むメカニズムである。つまり、帝国主義は経済的力によって起こるものなので、避けられず、政策として選択の余地のあるものではないとレーニンは考えた。

　さらにレーニンは、帝国主義が、一方では先進国のエネルギーを吸い取り、先進国間の対立を先鋭化することによって、また一方では後進国の経済発展を促進することによって資本主義世界の衰亡をもたらすという、弁証法の一部である点が気に入っていた。マルクス主義の考え方にぴったりあてはまるからである。レーニンの著作は、理論として重要であったばかりでなく、社会主義革

9）ホブソンは、帝国主義的拡張を不可避とは考えておらず、政府の再分配政策や国内市場の拡大によって帝国主義は制限できると考えていた。

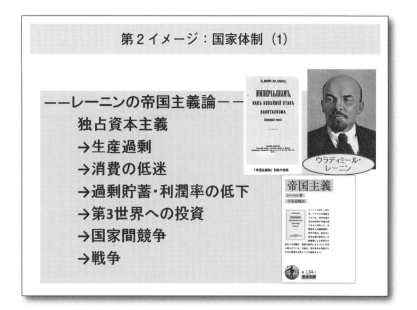

命への支持を動員する目的で書かれたものであり、第3世界の革命家に大きな影響を与えた。

　同じ第2イメージの分析に属しながらも、19世紀の古典的リベラルは、マルクス主義の考え方とは逆に、資本主義は平和を導くと考えている。例えばリチャード・コブデンは、資本主義国家が国を富ませ、市民の福利を向上させることに関心を集中させるならば、平和が達成されるとしている。マルクス主義者と19世紀のリベラルは、戦争と資本主義との関係について正反対の見解を述べているにもかかわらず、両者とも戦争の原因を国内政治、とりわけ経済体制の特徴に置いている点では同じなのである。

2）「民主主義による平和」論（Democratic Peace）

　第2イメージの説明で冷戦終焉後とりわけ注目されるようになったのが「民主主義による平和」論（民主的平和論）である。「民主主義による平和」論は、1）民主主義国家同士は戦争をしない、2）民主主義国は武力に訴えることなく問題解決を図る、という2つのテーゼに基くものである。

　その理由は、ひとつには 1) 民主主義という規範（政治文化）であり、もうひとつには 2) 政治構造（政治指導者に対する制度的制約）である。「民主主義による平和」論は、ブルース・ラセットらを中心とする規範論から発展し、民主主義という政治制度による制約、すなわち、大衆に対するアカウンタビリティー、意思決定の透明性、いったん戦争開始となった場合の資源動員力、等の観点から様々な議論が展開されている。

　規範による説明は、低強度の危機や紛争を含んだ戦争回避を説明するうえで有用であるとされている。民主主義国の政治指導者たちが、武力に訴えるよりも交渉や仲介（adjudications）という方法を好み、軍事力使用を軽蔑する傾向があることから、こういった国内の紛争解決の規範が外面化して対外行動となるというのが説明の基底をなしている。

　一方、政治制度による説明、すなわち、民主主義制度が持つ抑制と均衡のメカニズムに基く説明によると、民主主義政治システムにおいては政治指導者に対する歯止めがかかる。民主主義国では、有権者が選挙を通して、政策の失敗やコストのかかる政策に対して指導者に制裁を科すため、独裁政体の場合よりも、悪いリーダーへの抑制が効果的に働くという論拠である。「政治的リスク」

第2イメージ：国家体制（2）

・民主的平和論（Democratic Peace Theory）

INTERNATIONAL WARS 1816-2005

BELLIGERENTS	WARS*
democracies vs. democracies	0
democracies vs. nondemcracies	166
nondemocraacies vs. nondemocra	205

民主主義国家同士は戦争をしない？

*At least 1,000killed
Sources: MelvinSmall and J. david Singer, SIPRI, PRIO,
Monty Marshall, R. J. Rummel

つまり「政治的説明能力（political accountability）」や「観衆費用（audience cost）」によって戦争遂行への歯止めがかかる上、民主主義国の指導者は互いに相手が制約されていることを知っているため、民主主義国は先制攻撃をしにくいことになる。端的に言えば、民主主義政体では、軍事力使用の国内政治コストが高いのである。

6. 第3イメージの分析

　18世紀の思想家ジャン＝ジャック・ルソーは、国際政治を国際システムのレベルで捉えた最初の思想家だったと思われる。ルソー以前の思想家は、国家を擬人化して捉え、人間の持つ性質や本性がそのまま、国家の特質に投影されるものと考えることが多かった。それは、当時の国際関係が君主間同士の関係によって定義される、いわゆる王朝際的なものであったからであろう。例えば17世紀の思想家ホッブズの時代には、国際関係をひとつの独立した体系として捉える考え方は見られない。ホッブズは国際政治思想の中でも、とりわけリアリズムの先駆者として引き合いに出されるが、著作の中に国際政治についての言及は実はほとんどないのである。ホッブズの課題は、いかにして国内に秩序と安定をもたらすリヴァイアサンを構築するかであった。国際関係が独立したシステムとして考察の対象となるまで発達するには、ルソーの時代まで待たねばならなかったのである。

　よく知られているように、ルソーは人間の本性についてのホッブズの考え方を痛烈に批判している。『エミール』に描かれている社会が成立する以前の自然状態の人間は、善でも悪でもなく、何の社会的結合も持っていない。自然状態の人間は、自己保存のための自尊心と憐憫の情を持っており、臆病で平和的である。しかし、社会の発展と同時に、他者との関係が生まれ、所有権が確立し、技術発見と共に人間の利己心が生まれ、人間関係に支配と隷従が生まれる。文明を知った人間に貪欲さや野心が生まれることによって、人間社会は「戦争状態」に陥るのである。ルソーは、各々の国家がたとえ平和的であっても、国際システムは戦争のシステムであると述べ、国家の属性と、システム全体として

の特性を明確に区別して考えた。社会というシステムが持つ独特のロジックについて考察したルソーにとって、戦争は社会的な現象である。社会的な現象であるということは、長期的利益（真の利益、集団の利益）と見かけの利益（短期的利益、個人的利益）の間にはギャップが存在するということである。このことをルソーは『人間不平等起源論』の鹿狩りの逸話の中で示した。そしてサン＝ピエールという思想家のヨーロッパ連邦構想[10]に対する反論として、国際関係思想をいくつかの著作で発表している。ウォルツは、第3イメージの思想家としてのルソーに言及し、彼の鹿狩りの逸話を紹介し、その示唆するところの深遠さを強調している。国際システムの構造的要因にはじめて触れた思想家であるところが、ルソーの画期的なところである。

　システムとは、相互に関連した単位の総体のことである。システム一般が単位とその関係性からなっているように、国際システムは単位である国家と国家間関係からなっている。システムについて重要なのは、単位および単位の属性

---

10) サン＝ピエールはスペイン継承戦争の悲惨さに幻滅し、キリスト教に基いたヨーロッパ共通の伝統を基礎に連邦を作ることを提案した。そこには、軍隊の廃止、総会による紛争解決など、20世紀の国際連盟や国際連合に通じる考え方が含まれていた。

は、システム全体とは関係がないということ、システムは単位の単なる総和や集積ではなく、独立したひとつの「全体」であるということである。したがって、システムにおいては、その中の単位が意図せざる結果や、意図と正反対の結果が起こる事もあるのである。一番わかりやすいのが経済の例である。市場というシステムにおいては、すべての単位すなわち個人や企業が利潤の最大化を目指して行動する。しかし、市場は競争を通して利潤を一定レベルまで下げ、消費者を利することになる。ルソーの例では、各々の国家が平和的であっても国際システムは必然的に戦争のシステムとなることが示された。アクターが社会の中に置かれると、社会全体のロジックがアクターを支配し、そのエゴイズムが先鋭化するのは国際システムも同じである。

　他のシステムと同様、国際システムにも構造がある。構造には2つの意味があり、1つは、国際政治におけるアクターの秩序原理（ordering principle）、もうひとつはアクターの配置パターン (power configuration) である。国際政治におけるアクターの秩序原理は、アクター間の関係が上下関係か水平的関係か、すなわちヒエラルキーかアナーキーかということである。国際政治の構造はまず、その秩序原理がアナーキーであることによって特徴付けられる。アクターの配置パターンとは、極（大国）の数、例えば、国際政治が2極、多極、あるいは単極のシステムかといった問題である。国際事象を第3イメージで説明するとは、国際システムの構造のこういった特性から説明することである。アナーキーという国際政治特有の構造がもたらす帰結については、第1章および集合行為の論理のところで詳説した。パワー分布についての話は次章に譲る。

7. オッカムの法則

　以上、分析のレベルの考え方に基いて、個人レベル、国家レベル、国際システムレベルに分けて国際政治事象を考察することについて論じてきた。それでは、いったいどのレベルから始めるべきであろうか？　一般的には、第3イメージから始め、それで説明できない部分を、第2イメージ、第1イメージで説明する方法が王道である。

　14 世紀の哲学者ウィリアム・オッカムは、「優れた説明は不必要な詳細を削り取る。より少ないものでなし得ることを、より多くのものでなすのは空しい。」と唱えた。これを「節約の原理（オッカムの剃刀）」という[11]。理論のエレガンス（厳密性、簡潔性）、とは、少しの独立変数で多くの事象を説明することである。第 1 章で、理論とは、変数間の因果関係を論理的に説明することによって、世界もしくはその一部をよりわかりやすくするものであると述べた。理論が究極的に目指すのは what ではなくで、why であることも述べた。理論はシンプルでなくてはならない。独立変数は少なければ少ないほどよく、従属変数は大きければ大きいほどよい。例えば、ニュートンの万有引力の法則は、少ない独立変数（万有引力）で天体の運行も含む多くの事象を説明した強力な理論の例である。

　システムレベルの説明は、最も単純なものなので、そこを出発点として、可能な限りそれで包括的・全体的なパターンを説明し、不十分なところを国家レベルや人間主体の要因によって説明に複雑さを加えていくのがオーソドックス

11）「パーシモニーの原則」とも呼ばれる。説明理論の厳密さは、parsimony, elegance, simplicity, rigor, terseness といった言葉で表現される。

なやり方である。戦争がいつ、どこでどういう形で起こるかを考察する場合も、システムレベルの単純な説明から始めてその説明力を吟味し、国家、個人レベルまで降りてさらに必要な詳細を加えていく。なぜ逆はまずいのか？ 全体像、事象についての大まかな位置付けが最初に必要であり、木をみて森を見なかったり、花だけを眺めて庭全体を見ないのでは元も子もないからである。分析のレベルを明確にする意義をまとめると、以下になる。

1) どのような説明が何を分析する上で役立つかを考察する助けになる。

2) 理論としてのパーシモニーの重要性を認識する。

3) 理論と現実とのギャップに敏感になり、簡潔で厳密な理論で説明できない部分をどういう部分理論で補っていくのかを考える助けにもなる。

■ 論述問題

「分析のレベル」を用いて、以下の国際事象（事件）を説明せよ。

1. 第二次世界大戦
2. アパルトヘイトの撤廃（南アフリカ）
3. 日韓の歴史問題
4. 北朝鮮の核問題
5. イギリスの EU 離脱

コラム　以下の文章は「分析のレベル」の第1イメージ、第2イメージ、第3イメージのうちどれに属すか？

① 戦争は人の心の中で生れるものであるから、人の心の中に平和のとりでを築かなければならない。相互の風習と生活を知らないことは、人類の歴史を通じて世界の諸人民の間に疑惑と不信を起こした共通の原因であり、この疑惑と不信のために、諸人民の不一致があまりにもしばしば戦争となった。……政府の政治的および経済的取極のみに基く平和は、世界の諸人民の、一致した、しかも永続する誠実な支持を確保できる平和ではない。よつて、平和は、失われないためには、人類の知的及び精神的連帯の上に築かなければならない。

（ユネスコ憲章の前文）

② 「専制国家はほろびる」というただ1つの理由を持って、この戦争の勝敗の予想において日本の勝利の方にかけたのは、アメリカ合衆国の大統領セオドル・ルーズヴェルトであった。

　その理由は、簡単である。

　二流もしくは三流の人物（皇帝）に絶対権力をもたせるのが、専制国家である。その人物が、英雄的自己肥大の妄想を持つ時、何人といえどもそれにブレーキをかけることができない。制度上の制御装置を持たないのである。

　ロシア帝国は、立憲国家である日本帝国と同様、内閣は持っていた。しかし日本の内閣とは違い、独裁皇帝の補佐機関、もしくは厳密には側近であるに過ぎない。

　……

　一方、日本軍の各将軍はその背後にロシア皇帝のような絶対的独裁権力者を持たなかったために、振り向く必要がなく、敵をつぶすことにのみ専念することができた。

（司馬遼太郎『坂の上の雲(6)』文春文庫、2000年、pp.82-83。）

第5章 国際政治学の基礎概念③：
国際政治の構造

学習のポイント

① 構造とは何か？ 国際システムの構造とは何か？ 理解しよう。
② 勢力均衡論と勢力階層論のロジックを比較検討しよう。
③ 単極（1極）システム、双極（2極）システム、多極システムが国際政治の安定性に対して持つメリットとデメリットを整理しよう。

どのような国際システムのときに平和が達成されやすいかは、国際政治学における長年の議論の対象であった。国際システムの構造と安定性についてのいくつかの考え方をここでは検討する。まず「構造」と「安定性」の意味を考えよう。

1. 国際政治構造の意味

国際政治の構造とは何か？ 「構造」という言葉から、人はいったいどういうイメージを持つであろうか？ 何かが「構造的」であるという場合、それはものごとの基幹となる部分に組み込まれ、定着しており、なかなか変化しにくいという意味である。構造とは、容易に変わらないもの、特定の組織や文化、制度に深く根付いているものを指すことが多い。

システム論一般において、構造とは、システムを構成する部分とその関係性からなるものとして定義される。構造は部分からなっているが、単なる部分の集合体や総和ではない。個々の部分の属性から独立した「全体」としてのロジックを持っている。前章で述べたように、ジャン＝ジャック・ルソーは、「戦争

状態 *State of War*」という論考において、各々の国家が平和を志向していても、それらの国家からなる国際システム自体は、必然的に戦争のシステムになると述べた。第2章の集合行為論では、個々のアクターの合理性が全体としての合理性につながらないこと、個々のロジックと異なる独立した全体としての帰結を生むことを学んだ。国際政治の構造について最初に厳密に考えたのは、ケネス・ウォルツである。ウォルツは、国際システムの構造を、「秩序原理」と「極の数」の2点から捉えた。

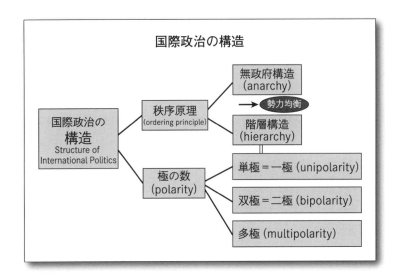

1) 秩序原理

ウォルツは、構造を考える上では、(1)秩序原理（ordering principle）、(2)単位[1]の機能の特定化、(3)単位の能力分配、に注目する必要があると述べている。まず第1に、構造は秩序原理によって定義される。秩序原理とは、アナーキー（すなわち水平的な構造）かヒエラルキー（すなわち階層構造）かということである。言うまでもなく、国際政治の構造は中央政府が存在しないアナーキカルな構造である。これに対し、国内社会はヒエラーキカルな構造である。

---

1) 単位（ユニット）とは、国際政治の文脈では国家にあたると考えてよい。Waltz, *Theory of International Politics.*

　ヒエラーキカルな構造では、単位はそれぞれ異なる機能をもち、単位間で分業が行われる。国内政治は中央集権的な階層秩序原理に基いたものであり、その単位である制度や組織は互いに上下関係にある。ある者は命令し、別のものはそれに従う義務がある。この場合、アクターは機能別に区別され、特定化される。例えば、国内政治においては、立法府と行政府と裁判所という具合に、アクターの機能は分化し、役割分担がある。これは中央の権威が存在するからこそ生じる現象である。国内政治においては、分業が行われ、アクターの機能がそれぞれ専門化されるのである。

　これに対し、国際政治は非中央集権的であり、アナーキカルである。国際システム全体に及ぶ権威をもつ機関はないため、上下関係が存在しない。上下関係がないため、国際政治システムの単位である国家は、機能的に分化することはない。つまり国家同士の間に分業は起こらず、どの国も安全保障の役割を担い、どの国も経済的繁栄や教育、文化の伝統を守る必要がある。それぞれの国家が法律や規則を作り、執行し、それを解釈する機関、歳入を調整する機関、国家防衛の機関を持ち、自国の資源の中から、交通、アメニティー、住宅、衣類、食料等を独自の方法で供給する。世界の国家が多様であるにもかかわらず、各々の国家が自立した政治単位であり、その機能が皆同じであるという意味で、国家は似通った単位なのである。つまり、アナーキカルな構造では単位は機能的に同じであり、単位はその能力によってのみ分類される。従って、アナーキカルな構造において問題となるのは、秩序原理と単位間の能力分配のみであり、単位の機能分化は階層構造の下でのみ問題となることになる。

　国内政治においては、各々のアクターは、自分に与えられた専門的役割を果たせばよいが、国際政治においては、各々のアクターは自分自身で生き延びる戦略を練り、進路を定め、決定する。このことは小国から超大国まで皆、同じである。りんごとみかんは異なるが、果物であるという点においては同じであるように、国際システムにおける国家もその伝統文化、歴史、政治体制、イデオロギー、経済力、軍事力等において異なっていても、主権を持った独立の政治体であるという点では同じなのである。主権を持っているということは、国内外の問題にどう対処するかを独力で決めることである。今日の国々の経済的

格差、伝統・文化の違い等を考えると、すべての国家が同じ職務を遂行しているというのは、驚きであるともいえる。このように、国家が直面する職務の機能は同じであるため、国家間の区別は、主に、同じ仕事を遂行する際の能力の大小から生じることになる。

2) 極の数

　国際政治の構造を定義するもう1つの要件は、単位間の能力分布つまり大国（極）の数（polarity）である。先に述べたように、単位の機能の差異は国内の文脈でのみ問題となるため、国際政治構造を考える場合には関係ない。極の数は国家の能力を見ることで、見分けられる。それでは、能力とは何か？　なぜ能力だけを取り上げるのか？　国際政治構造を語る場合に、イデオロギー、政府形体、各国の好戦性等の特徴が考慮に入れられないのはなぜか？　能力は単位について何を語るのか？

　ウォルツによれば、単位間の能力分配はシステム全体にかかわる概念であるから、構造を考える場合には、伝統、習慣、国家目標、政府形態といった、能力以外の国家の属性をすべて捨象して考えなければならない。これによって浮かびあがるのは、単位同士の能力関係の観点から描かれた全体的配置の構図である。

　能力は総合的に捉える必要があると、ウォルツは言う。世界を描写する時、軍事的にはアメリカ1国による単極構造（冷戦下では2極構造）、経済的には、日本、ヨーロッパ、アメリカの3極構造、人口では中国とインド……などと能力を分野別に分けることはナンセンスであるとウォルツは述べる。国家がトップランクに位置づけられるのは1つもしくは別の方法で国家が秀でているからではない。国家の地位は、人口と領土の大きさ、資源の豊富さ、経済力、軍事力、政治的安定性すべてにおいて、国家が「総合的に」どのくらい点数を持っているかによる。国家の能力やパワーは比較が難しく、また時の経過と共に変化するため、測定は難しいが、どの時代においても、どの国が大国であるかについては、一般的な合意があったと、ウォルツは指摘する。

　世界には200近い国の数があるが、国際政治において問題となる国の数は、

ウェストファリア条約以降、今日まで、多くても 10 カ国以下であった。国際政治は歴史的にも、少数の強国による政治なのである。国家間に行き渡っている秩序原理と国際システムの能力分配を見るだけで、国際政治の動向をどのくらい理解し、予測できるかが問題である。

2. 国際政治の安定性とは？

　ドイッチュとシンガーは、1964 年の論文の中で、国際政治の安定性を以下のように定義している[2]。
　　(1) 大戦争が起こらないこと
　　(2) いかなる国も支配的にならないこと
　　(3) システムの主要なメンバーが変化しないこと
　ウォルツの「安定性」の定義もこれと似ている。(1) 無政府状態のままであること、つまり秩序原理が変わらないこと、(2) 主要当事者（大国）の数が大きく変化しないこと、である。たとえ大国の地位から転落する国があっても他国にとって変わられれば数は変化しない。ウェストファリア以降、多極システムが 3 世紀続いたのは、トップランクからある国が落ちると、他国が相対的能力を増加させて大国にのし上がったからである。つまり、どの大国がトップランクになるかが問題ではなく、大国の数が重要なのである。
　一般的に国家の序列はゆっくりと変化する。大戦争の場合を除いては、大国の数やランキングが変わることはあまりない。例えば、ナポレオン戦争におけるフランスとその対抗国は、1 世紀経た後の第一次世界大戦においても主要な参加国であった。ナポレオン支配下のフランスや、プロシアにとってかわったドイツが敗北しても、それらが大国の地位から外されることはなかった。
　以上の国際政治構造の定義および国際政治の安定性の定義を踏まえて、異なる国際政治構造の安定性について検討しよう。まず、勢力均衡システムと勢力階層システムではどちらが安定しているか？　これは秩序原理に関係する問題

---

2) Karl Deutsch and David Singer, "Multipolar Systems and International Stability," *World Politics,* Vol.16, No.3, 1964.

である。そして、大国の数がいくつの時に、国際システムは安定するか？　これは極の数に関係する問題である。

3. 勢力均衡と勢力階層（アナーキー vs. ヒエラルキー）

1）勢力均衡論

(1)勢力均衡論（balance of power theory）とは？

　勢力均衡とは、同等の国力を有する複数（通常は5カ国以上）の大国が均衡し合うことによって国際政治の安定が保たれるとする考え方である。この考え方によれば、パワーの不均衡は、パワーを有する国家の支配力拡大の野望を肥やし、危険な冒険的行動を促す可能性が高い。国家の安全が国家同士のパワーの均衡維持にかかっていることから、ヒューム、モンテスキュー、カントら18世紀の思想家たちは、勢力均衡の重要性を謳ったのである。現代国際政治学における代表的勢力均衡論者としては、ハンス・モーゲンソー、リチャード・エルロッド、エドワード・ギューリック、ヘンリー・キッシンジャーなどが挙げられる。

　勢力均衡論は、自然科学および、他の社会科学で取り入れられている均衡（equilibrium）理論を政治学に応用したものである。勢力均衡論は、勢力均衡が国際政治に繰り返し生じる現象であると論じるとともに、勢力均衡が達成された時が、国際政治が最も平和的かつ安定的であると主張する。この場合の均衡とはむろん、大国間のパワーの均衡であり、大国と小国との不平等性を国際政治から除去できないという前提での議論である。

　勢力均衡論は、国際政治に繰り返し起こるパターンを説明する理論であると同時に、国際政治場裡におけるパワー分布の描写や、国家が採用すべき政策としても使われ、その概念の曖昧さがしばしば批判の対象となってきた。政策としての勢力均衡論は、1つのアクターによる他国に対する支配、即ち世界帝国や覇権国に反対する考え方であり、圧倒的優位に立つ国の出現を阻止し、国際システムの多元性の維持を意図する政策である。

　勢力均衡論がその概念の不透明さにもかかわらず、長く国際政治学史上、最

も重要な概念のひとつであり、理論でありつづけたのは、それが国際政治学という学問そのものの存在意義、すなわち、中央政府が存在しない中でどうやって国際社会のミニマムな安定性を保つかの問題と深くかかわり、国際政治そのものを映し出す鏡であったからであろう。

(2)勢力均衡論の論理

　勢力均衡論は国際政治およびそのアクターについてのいくつかの前提に基いたものである。まず第1に、アナーキーが国際システムの決定的な構造的特徴である。この中で各国は、最低限自国の独立と存続を維持しようとし、場合によっては、自国のパワーを最大化しようとして行動する。第2に、各国のパワーは所与の固定されたものであり、同盟を形成したり、再編することによってのみ、国際政治におけるパワーの分配を操作できる。

　勢力が均衡しているときに国際システムに平和がもたらされるとするロジックは、各国のパワーが同等である時には、戦争に容易に勝てる見込みがないため、各国が危険を冒す可能性は低いということである。均衡が崩れると、パワーを持つものに、パワーを最大化して戦争を起こし、他国を支配するインセンティブが生まれる。このロジックには、西洋思想に典型的な性悪説が反映されている。

　勢力均衡の考え方を理解するには、それと対峙する考え方を検討するとわかりやすい。例えば、ナポレオンが謳った人民主権の考え方は、古典的勢力均衡の考え方とは反対である。勢力均衡は国家の独立を維持するための保守的システムであり、目指すのは必要最低限の平和であるため、人民主権、ナショナリズム、民主化、ラディカリズム、全面戦争、総力戦、国家総動員、徴兵制、大衆参加の戦争、といった概念とは相容れないものである。勢力均衡は、世界支配や完全な世界平和を目指すものではなく、どちらかといえば国家目標も手段も制限されている時代にのみ通用するものである。また、国際連盟規約によって初めて盛り込まれた集団安全保障の考え方も、自助やバランスではなく、共同で侵略者に対処することで安全保障のジレンマを解決しようとしている点で[3]、勢力均衡の考え方とは逆である。一般的にリアリストの国際政治学者た

---

3) 国際連盟規約の第10条、および国際連合憲章の7章。

ちは、勢力均衡論を支持することが多く、例えば第二次世界大戦の要因も、戦間期に勢力均衡が欠如していた点に見ている。

(3)勢力均衡の例

勢力均衡のシステムは、古くは、ツキジデスの著作の中のアテネとスパルタの関係にみられるような、紀元前4、5世紀の都市国家時代のギリシャ、戦国時代の中国、古代インド、近代初頭の14、15世紀のイタリアにも存在したとされている。勢力均衡という概念自体は、ルネサンス時代に最初に意識され、グチリアルディーニの『イタリアの歴史』によって初めて体系的に扱われた。近代以降の歴史においては、1648 - 1789年、および1815 - 1914年は勢力均衡の時代、1789 - 1815年はフランスのラディカリズムの時代とされている。

条約としては、スペイン継承戦争(アン女王戦争：1701 - 1713)の後の1713年のユトレヒト条約において、初めて勢力均衡の考え方が明記された。スペイン継承戦争においては、フランスの勢力がスペインに及ぶのを恐れたイギリス、オーストリア、オランダ等が連合してフランスと戦い、スペイン、フランス両国が合同しない条件でブルボン家のスペインの王位継承が認められることにな

勢力均衡論 Balance of Power Theory	勢力階層論 Power Transition Theory
・同等の国力を有する複数の大国の均衡（Power Parity）→国際政治の安定 ・パワーの不均衡→支配力拡大の野望↑	・圧倒的な力を持つ大国の存在（Power Preponderance）→国際政治の安定
前提： 1）国際システム＝アナーキー 2）パワーは固定されている 3）同盟の組み替えは柔軟	前提： 1）国際システム＝階層構造 2）パワーは変化する 3）同盟は固定化

った。このような背景の下で、ヨーロッパ平和のために勢力均衡を維持することが不可欠であるという考え方が盛り込まれた条約がユトレヒト条約であった。

　続くオーストリア継承戦争（ジョージ王戦争；1740 - 1748）は、マリア・テレジアのオーストリア対シュレジェンを占領しようとするフリードリヒ2世のプロイセンとフランス、バイエルンの図式で戦われ、新大陸におけるイギリスの覇権が確定した。七年戦争（フレンチ＝インディアン戦争；1756 - 1763）は、オーストリア、フランス、ロシア対プロイセンとイギリスの図式で戦われたが、いずれの場合も戦争の後で新しい勢力均衡システムが形成された。国民国家の概念が誕生する以前の18世紀においては、王権神授説に基く君主国の正統性のルールに基き、フランス、プロシア、オーストリア、ロシア、イギリスの5大国が、イギリスをバランサーとして勢力均衡を維持した時代であった。イギリスは当時大陸への領土的野心を持っていなかったため、勢力均衡が崩れそうになると、バランサーとして介入することができたのである。

　1815年から1914年までの100年間は、典型的な勢力均衡による平和の時代とされている。今から約200年余り前、ナポレオンはヨーロッパにフランスの覇権を確立しようとしていたが、1815年にナポレオンが敗北した後、ウィーン会議によって、オーストリア、イギリス、プロシア、ロシア、フランスが多極国際システムに基く旧秩序の回復を目指して勢力均衡が生まれた。勢力均衡は、複数の国家の独立を維持するメカニズムであり、帝国や支配的国家の台頭を阻止する政策として認識されていた。その後、1871年のドイツ統一によってヨーロッパの勢力分布に大きな変化が生じ、20世紀初頭のイギリス、フランス、ロシアの対独三国協商によって、国際システムは2極化していくことになる。

2) 勢力階層論

(1) 勢力階層論 (power transition theory) とは

　「勢力階層論」という言葉は国際政治学においてあまり聞かれず、パワー・トランジション論、覇権理論といった言葉で表現されることが多いが、国際政治のアクター同士の関係を垂直的に捉える見方の総称としてここでは用いること

とする。圧倒的な力をもつ大国が存在する国際構造こそ平和を導くとするこの考え方は、勢力均衡という国際政治の安定性についての伝統的考え方と逆である。

(2)勢力階層の論理

　勢力階層論によれば、戦争は勢力均衡の時に最も起こりやすく、覇権国が存在している時は平和的である。圧倒的な強国が存在する場合は、他国が抵抗しても無駄になるため、強国に従いやすい。一方、勢力均衡の状態においては、パワー分布が明確でないため、戦争が起こりやすい。勢力階層論においては、同盟は固定化されたものとして捉えられ、国家間の相対的パワーの変化が国際政治の変動をもたらす。勢力均衡論が国家のパワーを固定化されたものとみなし、同盟の柔軟性によって国際政治の安定を保つ考え方であるのと対照的である。

　後発国の成長率の方が先進国のそれよりも早いため、後発国が国際秩序の現状に不満な挑戦国である場合、現状打破の戦争がおこる。勢力均衡論が、国際政治に階層構造が生じるときに最も戦争がおこりやすいとするのに対し、勢力階層論においては、国際政治において誰が圧倒的に強いかが明確な場合には、他国の抵抗意図が削がれるため、平和が生まれやすく、逆に勢力が均衡している時には、相対的パワーが不明確なために戦争がおこりやすいと論じる。したがって、戦争は「パワーの均衡（power parity）」に原因し、平和は「パワーの優勢（power preponderance）の下で生じることになる[4]。

　この理論の前提となっているのは、まず第1に、勢力均衡論とは逆に、国際システムは階層構造であり、そのトップに、公式・非公式の国際的ルールを形成する支配的な国が存在するということである。また、国際システムは支配的な国にとって有利に出来上がっているため、支配国はその階層構造の維持に努めようとする。第2に、同盟の操作ではなく、国内的なパワーの変化が、国際システムに大きな変動をもたらす根本的な要因であるということである。ここでは、同盟は比較的固定され、硬直したものとして理解されている。国際システムにおける国家は、①強国と弱国および②現状満足国と現状不満足国に

4)　A.F.K. Organski, *World Politics,* Alfred. A. Knopf, 1958.

分けられ、現状満足国は支配国家に味方する。国際システムにとって不安定要
因となるのは、現状に満足していない強国である。つまり、階層構造における
パワー・トランジションにおいて重要な2つの独立変数は、①パワーの分配と、
②国家の満足・不満足度である。前者がシステムレベルの変数であるのに対し、
後者はアクターの属性である。パワー・トランジション理論については、オー
ガンスキーとクグラーの著作に詳しくそのロジック、とりわけ国内レベルにお
けるパワーの変化が対外行動に転換する論理について述べられている[5]。オー

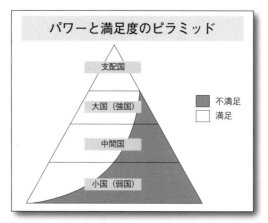

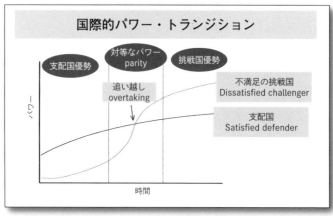

---

5) A.F.K. Organski and Jacek Kugler, *The War Ledger*, University of Chicago Press, 1980. また、
Douglas Lemke and Jack Kugler, *Parity and War,* University of Michigan Press, 1996. も参照。

ガンスキーは、他の学問分野で有効な理論をそのまま国際政治学に応用するのは間違っているとして、勢力均衡論を批判した。パワー・トランジションはまず国内で起こる。オーガンスキーは人口の変化に基いた国内のパワー・トランジションの3段階のモデルを提示した。（1）潜在的パワーの段階、（2）パワーの成長段階、（3）パワーの成熟段階、である。続いて、不満足な強国である挑戦国によって支配国との戦争が起こり、支配国が交替する。これが国際的なパワー・トランジションである。

　国際的パワー・トランジションは、各国レベルのパワーの成長率の不均衡によって、大きな国際戦争がおこることを説明するものであり、その前提は以下のとおりである：
① 国際システムの構造は階層的である。
② 支配国が構築し、維持する国際的ルールがあり、これは、支配国の国内政治を反映している。
③ 国際システムには2つの国家連合がある。満足国（satisfied）と不満足国（dissatisfied）である。また、国家は強国と弱国に分かれる。満足している強国、満足している弱国、不満足な弱国は平和的であるが、不満足な強国はシステムを不安定に導く。

4. 極の数をめぐる議論

　勢力均衡構造と階層構造のどちらの国際システムが安定的であるかの他に、国際政治構造についてもうひとつ重要なのは、極の数である。いかなる大国の数が国際政治の安定にむすびつくかは、多極安定論（multipolar stability）と2極安定論（bipolar stability）の議論を通して、しばしば論じられてきた。

1）多極安定論

　勢力均衡という言葉を聞くと、国際政治学者は通常、18 ～ 19 世紀の国際関係を思い浮かべる。それは、5 カ国程度の大国が同盟を柔軟に操作して隣国を操り、自国に有利な方向に外交を策略した世界であった。ウェストファリア以

降 1945 年まで、多極の世界は続いた。一般的には、2 極システムは不安定であり、国際システムがうまく機能するには、4 カ国が必要であると言われ、バランサーとしての役目を果たす 5 番目の国によってシステムはさらにうまく調整され、洗練されると考えられている。

　ドイッチュとシンガーは、先にあげた論文の中で、多極の国際政治システムの安定性について論じた [6]。彼らは、国際システムのアクターが増えると、量的にも質的にも相互作用の機会が拡大するため、システムが安定しやすいと述べている。2 人はさらに、実証研究を通して、3 ないし 5 カ国の国際システムが最も安定するという結論に至った。また、国際政治の安定性は、国際政治の構造要因のみならず、各国の政策や国内政治にも起因すると結論づけている。

　勢力均衡論者の大多数は、歴史的事例を念頭に置き、多極システムの安定性を支持することが多い。ギューリック、エルロッド、キッシンジャー、ジャービス、モーゲンソーら多極安定論者に共通するのは、相互依存と共通の文化・言語が国際平和の前提であると考えていること、また勢力均衡は自然発生的にではなく、外交官の手腕や能力によって意識的に作られるものと捉えていることである [7]。ヨーロッパの勢力均衡は、経済交流、文化交流、人的交流に基く「道徳的共感」（モーゲンソーの言葉）によって成り立ち、国家間の円滑なコミュニケーションのために、敵意を表さないよう努力して、国家間の取引を可能にしたといわれている。歴史的事例としてよく引き合いに出されるのは、自制と均衡を重んじる 18 世紀ヨーロッパの外交文化や、19 世紀初頭のウィーン体制である。

　多極といっても、どういった数が好ましいのだろうか？　3 と 4 の差は重要であると一般的に言われている。3 極では、そのうちの 2 カ国がぐるになって、残りの 1 国をいじめ、戦利品を分け、システムを 2 極に戻す傾向があると指摘する者がいる。4 はかなり安定する数といわれ、5 はさらに安定的であると

6) Deutsch and Singer, "Multipolar Systems and International Stability."

7) E.V. Gulick, *Europe's Classical Balance of Power;* R. Elrod, "The Concert of Europe,"; Henry A. Kissinger, *A World Restored: The Politics of Conservatism in a Revolutionary Age,* Grosset & Dunlap, 1964; Robert Jervis, "From Balance of Power to Concert: A Study of International Security Cooperation," *World Politics,* Vol.38, October, 1985.

考えられている。そして 5 を越えると、システムの複雑さが増し、安定性の確保が難しくなるとされている。

多極システムにおけるバランサーについての考え方は、歴史的な一般化であり、18、19 世紀のイギリスの対外行動をもとにしたものであるが、実際にバランサーが存在することは、国際システムにおいてあまりない。なぜなら、バランサーが役割を果たすためには、(1) 攻撃国側と同等のパワーをバランサーが持っていること、(2) バランサーが領土拡張等、野心的な目標を画策しておらず、国際システム全体を考えていること、が必要であるが、これらは非常に特別な条件である。こういった能力と意図を持ったバランサーが存在することはほぼないといってよい。

また、ヨーロッパを歴史的事例とする勢力均衡は、戦争をヨーロッパ外の地域に輸出することによって成り立っていたことを忘れてはならない。19 世紀的な勢力均衡の考え方は、(1) 統一ドイツの出現、(2) ナショナリズムの勃興、(3) 産業化と技術革新、等の要因によって、限定戦争の規範が崩れたために崩壊した。

2) 2 極安定論

ウォルツは、大国の数が少ないほど、国際システムが安定することを、経済における市場と企業のアナロジーを使って論じている。経済において、寡占セクターが縮小することによって価格戦争の可能性は減り、競争企業の関係管理もより簡単になる。当事者である企業の数が減少するにつれて、交渉も容易になる。その理由としてウォルツがあげるのは、以下である：

(1) 大企業は自分自身の面倒を見る可能性が大きい。

(2) 企業の数がより少ないということは、それらがより大きい企業であることを意味し、大企業であるということは、寡占セクターへの他企業の参入の障害が高いということである。従って、寡占市場は安定する。

(3) 交渉のコストは、当事者の数が増えるに連れて、加速度的に増加する。当事者の数が増加すると、それぞれのアクターが多くの者と交渉しなければならなくなり、複雑さも急速に増す。例えば、2 当事者の組み合わ

せは1つだが、3当事者の組み合わせは4つとなり、4当事者の場合は……と数が増大していく。

(4) 集団が大きくなると、それぞれの当事者が交渉のコストを負う動機づけが少なくなり、フリーライドの問題が生じる。交渉の利益は、2人の場合は2分の1、3人の場合は3分の1と、逆に減っていく。また、合意を強制するコスト、合意の利益を得るコストは集団が大きくなると増加する。

(5) 集団が小さくなると、当事者のシステムに対する関与が高まり、システムを維持しようとする動機づけがより生まれる。

(6) 当事者の数が多いと、誰と取引するかの決定が難しい。合意にも到達しにくい。

(7) 当事者の数が多いほど、合意事項についての履行を監視したり、他の当事者の行動を予測するのも難しい。

　これらの理由のため、当事者数が少ないことによって、システムは安定し、メンバーは相互利益を目標に、物事をうまく管理できるとウォルツは述べる。他の当事者の合意を取り付け、監視をすることが容易になると、安定したシステムは自己強化的にもなる。ウェストファリア以降、300年間の多極の勢力均衡の世界の後、国際政治は米ソ2極システムを経験した。それが短かったにもかかわらず、安定的なシステムであったのは、以上のような理由からである。

　2極システムは3カ国以上の大国からなるシステムとは全く異なり、勢力均衡も全く異なる方法で行われるとウォルツは述べている。3カ国以上のシステムの場合は、同盟のシフトによって、システムに柔軟性と調整手段が与えられるが、2極システムにおいては、勢力の不均衡は国内的努力によってのみ是正できる。これが決定的に重要な差異であるとウォルツは言う。3カ国以上のシステムにおいては、国際政治は同盟形成、維持、破壊の政治になる。同盟の柔軟性は、同盟相手が離反する可能性を意味するため、政策の選択肢を狭くするからである。同盟戦略は常に妥協の産物である。同盟の柔軟性によって国家間関係が流動的になるため、何が起こっているのか、何が今後起こるのかを正確

に見極めることが難しい。国際政治学者は、同盟の柔軟性からくる不確定性によって、国家の外交政策に健全な警戒心が生まれると考えてきた。しかし、これは間違っているとウォルツは言う。2極システムにおいては、2つの大国が、同盟国の能力ではなく、自国の能力に頼り、対外的手段ではなく、対内的手段によって互いと均衡する。そのため、不確定性は減り、予測は容易なのである。

多極システムにおける同等の国家間の同盟においては、ある当事者の背信は他国の安全保障を脅かす。しかし、2極システムにおいては、同盟国の貢献は役には立つが、必要不可欠ではない。従って、2大国の計算と利害によって政策と戦略が作られ、同盟国の意見を回避できる。2極の場合は、第三者が同盟から離反したり、他の同盟に参加することによって勢力均衡を崩すことはできない。例えば、中国の共産化は、米ソの均衡をゆがめることはなかった。フランスのNATOからの脱退も同じである。つまり、多極システムにおける同盟の柔軟性は、戦略の膠着性や政策決定における自由の制限につながったが、2極システムにおいては逆が真なのである。2極世界における同盟の硬直性は、戦略の柔軟性と政策決定における自由の拡大を促すため、米ソは同盟国のご機嫌を取って戦略を変えたりはしなかった。自分にとって最良の形で長期計画を作成し、政策を遂行したのである。多極システムにおいては、敵国からのみならず、提携国からも制約を受けるが、2極システムにおいては、敵に対処するためだけに戦略が作られることになる。

『長い平和』で有名になったジョン・ルイス・ガディスは、その最終章において、ケネス・ウォルツの理論を引用して、米ソ2極システム安定の構造的要因を論じている[8]。ドイッチュとシンガーの見解と著しく異なるのは、国際システムの構造そのものに安定性の要因を見い出し、国内要因や国家行動による説明を否定しているところである。また、相互依存ではなく、相互独立の関係こそが国家間関係の安定を招くと述べている点である。さらに、勢力均衡を、国家行動や対外政策としてではなく、国際政治の帰結（outcome）として捉えて

---

8) John Lewis Gaddis, "Long Peace: Elements of Stability in the Postwar International System," Gaddis, *The Long Peace: Inquiries into the History of the Cold War,* Oxford University Press, 1987, ch.8.

いること、すなわち、勢力均衡は意図的に作られるものではないと考えているところも特徴的である。

　2極の国際システムが安定する理由として、ウォルツはさらに以下を挙げている。まず第1に、どのアクターとどのアクターが対立しているかが明確でシンプルなため、どこから脅威がくるかがわかりやすい。多極世界においては誰が誰にとって危険であり、誰が脅威や問題に対処できるかが不確定だが、2極世界では誰が誰に対して危険であるかは疑いの余地もない。また、同盟関係も単純であるがゆえ、安定しやすい。

　第2に、脅威の源が明確な場合は、敵に対する緊張感が高いため、アクターが行動に注意深くなる。キューバミサイル危機の場合のように、致命的に重要な事件の場合には、大国は必ず慎重に警戒し、注意深く、柔軟かつ辛抱強く行動する。また、2大国は相対的利得に敏感になる。一方の損失が他方の利得になることが認識されやすいため、システムの動揺に迅速に反応するのである。従って、多極世界では誤算と誤認（miscalculation）が危険の源であったが、2極世界の危険は、過剰反応（overreaction）である。誤算と過剰反応ではどちらが悪いか？　誤算は、事件をエスカレートさせて戦争に導きやすい。過剰反応はお金がかかるだけであり、戦われる戦争も限定的であるため、害はより少ないと、ウォルツは述べる。

　第3に、地理的にも経済的にも互いに相互独立の関係にあった米ソ関係が安定したように、2極システムはアクター同士に相互接触があまりないため、摩擦が起こる機会も少なく、互いを尊重し合うことができる。相互依存は敵対心と恐怖心を生むが、2極世界の大国は自給自足であり、2国間の相互依存度は低い。冷戦下のアメリカとソ連は、以前の大国よりも際立って経済的相互依存度が低く、両国とも、国内資源を平和的に発展させることによって得るところが多いことを認識していた。そして軍事的には他のいかなる大国とも連携できないため、相互依存度はさらに低くなった[9]。

---

9) Kenneth N. Waltz, "The Stability of Bipolar World," *Daedalus,* Summer, 1964; Kenneth Waltz, "The Myth of National Interdependence," in Charles P. Kindleberger, ed., *The Internaitonal Corporation*, MIT Press, 1970.

第4に、米ソと他国とのパワー格差が大きいため、「超大国クラブ」に参入する障壁が高い。すなわち、大国の数が長期にわたって2カ国のままである可能性が高く、安定しやすい。核兵器、戦略、戦術あらゆるレベルのあらゆる種類のパワーを持ち、維持する巨大な資源をもつ米ソの「超大国クラブ」は、これまでで最も排他的であり、安定していたのである。

一方、冷戦下の米ソ2極の安定に関しては、ガディスも指摘するように、極の数という構造的要因のみならず、核兵器の存在、テクノロジーやイデオロギーが果たした役割が考慮に入れられなければならないことは言うまでもない。冷戦下の米ソ関係においては、とりわけ核兵器の登場により、核戦争の高い危険性が認識され、警戒と自制の意識がいっそう強くなった。ウォルツも、2極という構造によってすべてが説明できるわけでなく、核兵器を持つ国家が通常兵器を持つ国家よりも戦争を避ける動機づけを強く持っていることを指摘している。

3) 単極安定論（覇権理論）

安全保障の分野においては、多極システムと2極システムのどちらが安定するかの議論はなされても、1極システムについての議論はあまりなされてこなかった。中央政府が存在しない構造を持つ国際システムは、複数のアクター間の水平的な関係を前提としており、一国が突出したパワーを持ち、支配的な地位を占める単極構造は、そもそも国際政治の原理と相いれないからである。歴史的に見て、国際システムが大きく単極に傾いた事例としては、15、16世紀のスペインとポルトガル、17世紀のオランダ、19世紀のイギリス、20世紀前半のアメリカなどがあげられよう。1極システムという国際政治の構造をその安定と結び付けて議論したのは、1976年のクラズナーの論文「国力と国際貿易の構造」[10] をきっかけに1980年代を通して国際関係の研究者の関心を強くひきつけた覇権理論であった。

第5章　国際政治学の基礎概念③：国際政治の構造

---

10) Stephen Krasner, "State Power and the Structure of International Trade," *World Politics*, 1976.

「国際政治学の研究は知識のインクレメンタルな蓄積によってではなく、大きな想像力とそれが生み出す批判的で弁証法的な対話を通して進歩するものである」[11] という言葉で、R・O・コヘインがその国際政治学における貢献を大きく評価したスティーヴン・クラズナーの論文の主要な論点は、国際経済の開放性は、覇権国がそのパワーを拡大しつつあるときに最も達成されやすく、逆に、覇権国のパワーが相対的に低下するときに、世界経済は閉鎖的になり、不安定化するというものであった。覇権国は、国際経済の開放性によって、自国が技術的に進んでいる産業の製品に対して市場が拡大されると認知している。他の弱小国にとっては覇権国に協力しないコストのほうが高くなるため、覇権国は、そのパワーを用いて自国が作るレジームに従うよう、他国を同意させるというのがそのロジックであった。1960 年代〜 1970 年代の相互依存論や超国家主義理論に批判的であったリアリストのクラズナーは、国益とパワーこそが国際貿易の構造を決定する上で重要であることを強調した[12]。この論点から明らかなように、覇権理論における独立変数は、国際システムの構造（単極構造）であり、従属変数は、①世界経済の安定と開放性、および②国家間協力の度合いである。パワーが経済を定義するのであり、その逆ではないという点において、覇権理論は国際経済学におけるリアリズムの理論であった[13]。また、

11）Robert Keohane, "Problematic Lucidity: Stephen Krasner's 'State Power and the Structure of International Trade'," *World Politics*, Vol.50, October, 1997, pp.150-170.

12）このため、クラズナーは、覇権理論の始祖であるばかりでなく、1980 年代に国家主義およびリアリズムを復活させたといわれている。Stephen Krasner, *Defending the National Interest*, Princeton University Press, 1978; *Idem, Structural Conflict: the Third World Against Global Liberalism*, University of California Press, 1985. も参照。

13）覇権理論を論じた学者には、チャールズ・キンドルバーガー、ロバート・ギルピン、ジョン・コニビアー、マイケル・ウェブ、ティモシー・マケウン、エドワード・マンスフィールドらがいる。Charles Kindleberger, "Dominance and Leadership in the International Economy," *International Studies Quarterly*, 1981; *Idem, The World in Depression*, 1929-1939, University of California Press, 1973; Krasner, "State Power,"; Edward Mansfield, "The Concentration of Capabilities and Internaitonal Trade," *International Organization*, Vol.46, No.3, 1992, pp.731-763; Timothy McKeown, "A Liberal Trade Order? The Long-Run Pattern of Imports to the Advanced Capitalist Statees," *International Studies Quarterly*, Vol.35, 1991, pp.151-172; Robert Gilpin, *War and Change in International Politics*, Cambridge

国際システムの構造が国際政治の在り方を決定するという意味で、覇権理論は構造主義の理論である。パワーの階層構造が国際政治の安定を導くというテーゼは、勢力階層論のところで述べたオーガンスキーの理論と同じであるが、国際政治を階層構造としてみる学者の間でも、覇権国の性質や覇権の生成・維持条件について、見方は異なっている。オーガンスキーに最も近いのは、パワーの成長率の不均衡から覇権循環論を唱えたロバート・ギルピンである[14]。

(1)覇権についての異なる見解

　覇権理論において、覇権国のイメージは大きく2つに分かれている。ひとつは、ギルピンやクラズナーらに典型的な威圧的な (coercive)覇権国である[15]。覇権国は自国のパワーを用いてその国益を他国に押し付けるように行動する「悪意」の (malign, malevolent) 存在として理解される。この見解では、覇権国が存在する国際システムにおいて自由解放的な世界経済が生じるのは、覇権国が自国の国益を伸長できるようなレジームを設立するからであり、経済の開放性を保つことがまさに覇権国の利益にかなっているからである。

　もうひとつは、キンドルバーガーらに代表されるように、覇権国を、国際公共財 (international public goods) を提供する善意の (benign, benevolent) リーダーとして理解するものである。キンドルバーガーは、「支配」と「リーダーシップ」を区別し、リーダーシップの重要な機能は公共財を提供することにあると述べる。国際経済における公共財である国際通貨や流動性の供給が低下すると、多くのフリーライダーが生まれ、国際協調の障害となる。1930 年代の大恐慌の研究を通して、キンドルバーガーは、リーダーシップの欠如が国際経済の崩壊を導いたこと、特にアメリカが国際社会のリーダーとしての役割を積極的に

第5章　国際政治学の基礎概念③：国際政治の構造

University Press, 1981; Michael C. Webb and Stephen D. Krasner," Hegemonic Stability Theory: An Empirical Assessment," *Review of International Studies*, Vol.15, April, 1989, p.184; John Conybeare, "Public Goods, Prisoners' Dilemmas and the International Political Economy, *International Studies Quarterly*. Vol.28, March, 1984.

14) Gilpin, *War and Change*, pp.93−94.
15) *Ibid.*; Krasner, "State Power."

担おうとしなかったことがその原因であったことを論じている[16]。

　この2つのイメージは、今日のアメリカの対外行動においても共存している。同盟や多国間の国際機構を通して国際公共財を提供するのもアメリカ外交のひとつの側面であれば、圧倒的な軍事力を背景に自国の国益と脅威認識に基いて実力を行使するのもまた別の側面である。

(2)覇権理論の残した問題

　覇権理論の隆盛は、第二次世界大戦後、世界の GNP の半分以上を占めていたアメリカの国力低下に対する懸念を映し出すものであったと同時に、グランド・セオリーが支配的であった 1980 年代の国際政治学における知的風土を反映したものでもあった。1990 年代以降は、グランド・セオリーよりも、国際交渉や地域統合をめぐる、国際政治と国内政治の相互作用に焦点を当てた研究が増え[17]、覇権理論は他の国際政治経済理論にとって代わられることになった。しかし、覇権理論の衰退は、こういった一般的な知的風土の変化だけでなく、覇権理論そのものが持っていた弱さにも起因している。

　ひとつは実証面における矛盾であった。覇権理論の実証は、主に、19 世紀半ばのイギリスと第二次世界大戦後のアメリカの経験を基に行われたが、そのほとんどは理論の唱えるところと矛盾していた。また、ビジネスサイクルや、国家の発展の度合いが、国際経済の開放性と安定を説明する独立変数として、国力よりも重要であることが指摘された。とりわけ実証面で批判されたのは、第二次世界大戦後のアメリカの覇権が衰退したにもかかわらず、国家間協力は持続しているという点であった。この矛盾から生まれたのが、コヘインらを中心とする国際レジーム論であり、国際制度論であった。コヘインは、覇権国の存在は国家間協力を促すのには重要な要因であっても、その持続にはさほど役割を果たさないと論じた。国際制度（レジーム）が情報を提供し、国家行動

---

16) Kindleberger, *World in Depression*.
17) 例えば、Peter Evans, Harold Jacobson, and Robert Putnam, *Double-Edged Diplomacy*, University of California Press, 1993; Robert Keohane and Helen Milner, *Internationalization and Domestic Politics*, Cambridge University Press, 1996.

の透明性を増加させ、取引費用を削減する機能を持つため、アクターが制度を維持するインセンティブが生まれるというロジックによって、国家間協力を説明したのである。国際制度が持つ独自のダイナミクスによって国家行動は変化し、国家間協力は促されるというのがコヘインの主張であった[18]。

覇権理論への第2の批判は、それが西側資本主義諸国の関係に焦点を当てており、それと敵対しているソビエトブロックの存在を無視して理論が展開された点にある。覇権理論が語る「覇権」は、あくまでも西側ブロックにおけるアメリカの覇権であり、その上部構造である米ソの敵対構造が考慮に入れられていなかったという点では、戦後の国際システムの重要な側面を無視していたことになる。さらには、米ソ対立という要因があったからこそ、西側諸国の協調が生まれたという単純かつ強力な説明が成り立つことによって、覇権理論の影は薄くなってしまった。

第3は、主にアメリカの覇権を公共財理論の立場から説明することへの批判である。そもそも国際政治において公共財の2つの基準に完全にかなう財は存在しない。また、アメリカが国際社会に提供したのは、必ずしも公共財ではなく、アメリカ自身に利益をもたらす私的財の性格が強いことが指摘された[19]。例えば、コニビアは、覇権国は公共財の提供者ではなく、独占的な捕食者（predator）であると述べている[20]。そして最後に、覇権理論は絶対的利得にのみ焦点を当て、相対的利得を無視したことによって、安全保障分析の要の部分が無視されているという点も批判された。これらの弱点のため、今日、国際政治経済学における覇権理論はほぼ完全に衰退したといってよい[21]。しかし、覇権理論のレガシーが今日の国際政治において全く消え去ったわけではな

18) Robert Keohane, *After Hegemony: Cooperation and Discord in the World Political Economy,* Princeton University Press, 1984. コヘインは、協力とは、紛争の欠如ではなく、不協和を相互調整の方向に変えていくプロセスであるとしている。

19) 例えば、Bruce Russett, "Mysterious Case of Vanishing Hegemony: Or, Is Mark Twain Really Dead?," *International Organization*, Vol.39, No.2, Spring, 1985, pp.207‒231.

20) Conybeare, "Public Goods."

21) その例外として、Robert Pahre, *Leading Questions: How Hegemony Affects the International Political Economy*, The University of Michigan Press, 1999.

い。覇権理論が扱ったパワーの分配と国際政治の安定および国家間協力の関係は、依然として重要な国際政治学のテーマである。世界の安全保障と国際経済の安定を担う超大国の対外行動の源泉についての議論も活発化しつつある。今日のアメリカ外交の変遷と、国際環境の変化をめぐって新しい理論が模索される中で、覇権理論が示した洞察は繰り返し発見されているといえよう。

5. 終わりに

　いかなる国際システムが国際社会の安定を招くかは、極の数や、構造がアナーキーかヒエラルキーかのみならず、軍事技術発展の度合いや、地理的空間の意味およびそれに伴う安全保障概念の変化、とりわけ脅威の源泉についての認識変化、グローバリゼーションの深化の度合い、といった時代的要素からも大きな影響を受ける。また、国際政治の極となる国の国内政治や理念が国際システムに与える影響も考慮されるべきであろう。さらには、世界秩序の安定を担う大国のパワーについては、物質的側面だけでなく、文化的・精神的側面も重要な要素となりつつある[22]。

　分析のレベルの視点から考えると、システムレベルの要因によってどの程度説明が可能で、どの程度国家レベルや個人レベルの要因で補わなければならないか、システムレベルの要因と国家レベル、個人レベルの要因がどのように呼応し合うかを検討する必要がある。「オッカムの剃刀」の手法に従って、国際システムの構造からまず始め、構造によって説明できない部分は他の要因によって補っていかねばならない。

---

22) Russet, "Mysterious Case", 1985. Keohane, *After Hegemony*. コヘインは、イデオロギー的な側面から覇権を論じたマルクス主義者、とりわけグラムシの概念を評価し、取り入れている。

■ 論述問題

1. 勢力均衡論と勢力階層論は、国力（パワー）や同盟についてのいかなる前提に基いて国際政治の安定性を議論しているか？

2. 単極国際システム、双極国際システム、多極国際システムが生じたのは、それぞれ歴史上いつの時代か？

3. ウォルツは国際政治の秩序原理はアナーキーであり、国際政治の単位は機能的に同じであるという。この見方に賛成か、反対か？

第6章 国際政治学の基礎概念④：
国家概念とその変遷
―"*de jure*"と"*de facto*"の対話 ―

学習のポイント

① 「国家」とは何か？ 異なる定義を比較しよう。

② 「主権」が国内社会および国際社会に対して持つ意味を理解しよう。

③ ウェストファリア条約が国際政治に持った意味は何か、検討しよう。

④ 西ヨーロッパの国家建設と、第二次世界大戦後独立を遂げた国々の国家建設の在り方の違いを考察しよう。

⑤ 国家は国際政治の主要アクターとして存続し続けるだろうか？ 国際社会の変化に照らし合わせて、今日の国家の役割と重要性を評価しよう。

　国際関係（international relations）は、文字どおりに解釈すれば、国家（nation）の間（inter）の関係（relations）である。国家間の相互作用を国際システムの文脈で研究するのが、国際政治学である。国内社会では個人や個人からなる団体が行為主体（アクター）であるのに対して、国際社会では国家が行為主体として一般的に考えられている。国際政治の基本的特質は、国際社会の構成単位である国家が、独立した単位として相互作用するところにある。伝統的な国際政治学において、国家は国際政治の主要な行為主体であり、国際政治学を勉強する上で、「国家」という概念を避けて通ることはできない。

　歴史的に見ると、国家は様々な形態をとってきた。原始時代の部族国家に始まり、古代ギリシアの都市国家や、中華帝国、モンゴル帝国、ローマ帝国等の帝国、中世の封建国家、近代の絶対主義国家、市民国家など、様々な形態を経て発展してきたといえる。その生成の仕方も、小規模な共同体が自治的な国家

に発展する場合もあれば、特定の家系や社会階層が支配権を握る過程を通して国家に発展したり、ある共同体からの迫害を逃れて他の土地に移住した人々が、新しい理念の下に人工的に国家を作るケースもある。多くのヨーロッパ諸国や日本が自然に形成された国家であるのに対し、アメリカやイスラエルは人工的に形成された国である。

今日の国際社会は、形式的には14世紀から16世紀にかけて西ヨーロッパで生まれた近代国家の枠組みが地球全体に普及した形で続いている。ウェストファリアシステムと呼ばれる主権と領土に基く国際システムに通じるものは370年余りの歴史しかないが、この間、国際社会は、一貫して国家を基本的な主体として展開してきた。西ヨーロッパにおいて近代国家が形成された時代と比較すると、今日では、(1) 国家の数は著しく増大し、ヨーロッパ中心の世界からグローバルな世界へと国際社会は拡大した。また、(2) 文化、民族構成、政治体制などの国家の性質も多様化し、(3) 国家間の相互作用が緊密になり、複雑化すると同時に、(4) 国際社会のルールとその重要性が規範として定着している。さらには(5)個人や国際機関、NGO（非政府間組織）、多国籍企業などの脱国家的組織(trans-national organizations)、同盟や地域ブロック、国内集団（sub-national groups）、などが果たす役割の重要性も聞かれるようになった。

第6章　国際政治学の基礎概念④：国家概念とその変遷

コラム　国家の多様性

人口の観点から見ると13億を超える中国、インドからバチカン市国（850人）まで様々である。領土については、ロシアが1707万5400平方キロメートル、カナダ997万610平方キロメートル、リヒテンシュタインは160平方キロ、バチカン市国が0.44平方キロである。政府の内容も形態も、民主主義政府、専制主義体制、大統領制、議院内閣制等、様々である。また、20世紀前半までは、国内社会を実効支配できる能力を持った国しか国家として認められなかったが、今日では、政府の能力は国家の要件では必ずしもなくなり、国内社会に対して効果的な管轄権をもたない破綻国家も、国際法上は国家として扱われる。

　1960 年代から 1970 年代にかけて相互依存の深化が強く認識された時代には、国家がもはや重要でなくなったという認識が広まった。しかし、1980 年代にはまた、「国家を取り戻そう Bringing the State Back In」という動きが起こり、国家の役割と機能が見直されるようになった[1]。この章では、前半で国家の定義、および国家に付随する重要概念について検討し、後半で国家概念の変遷について、3 つの歴史段階に分けて検討する。

1. 国家とは？

　今日の多様な国家をひとつにくくる場合の共通項は何か？　国家についての異なる定義を検討してみよう。

1) ラサ・オッペンハイム (Lassa Oppenheim) は、国家を、「人民が自己の主権的政府の下に一定の地域に定住する時、存立する」ものとして定義している。すなわち、この場合、国家の要件は、(1) 人民、(2) 領土、(3) 政府、(4) 主権、である。

2) 1933 年に国家の資格要件、内政不干渉原則、諸国家の平等、武力による領土変更の禁止等を定めた「国家の権利義務に関するモンテヴィデオ条約」では、(1) 永続的人口、(2) 明確な領土、(3) 政府、(4) 他国と関係をもつ能力、が国家の要件とされた。

3) ミシガン大学元教授の故デイヴィッド・シンガーが中心となって行っていた戦争相関変数プロジェクト (Correlates of War Project=COW) においては、国家の定義は、(1) 10 万人以上の人口を持ち、(2) 対外的主権を持ち、(3) 外交的承認を受けている (1816 年から 1919 年は、イギリスかフランスの承認：1919 からは国際連盟もしくは国連の加盟国[2]) 主体である。データを統計的に処理するため、すべての変数が数量化され、操作

---

1) 例えば、Peter Evans, Dietrich Rueschemeyer, Theda Skocpol, *Bringing the State Back In,* Cambridge University Press, 2008.

2) 国連では、新しいメンバーは、安全保障理事会の勧告に基いて総会によって加盟を認められる。安保理事会の常任理事国は、拒否権を使って加盟を拒否できる。

化に便利な要件が定めてあるが、この定義に従えば、バチカン市国やリヒテンシュタインは国家ではないことになる。

　国家の要件として何に重きを置くかは、定義によって異なるが、領土や国際社会からの承認といった形式的側面を強調するか、国内社会に対する管轄能力を重視するかについて、国際法の立場と社会学の立場には、大きな違いがある。これについては、本章後半のステイトとネイションの議論のところで詳しく検討しよう。

2. 国家に付随する要素：主権、パワー、国益

1）主権

　主権とは、最高権力を指す政治概念である。各々の国家が、その領域内では排他的で自由な統治を行い得るという原則が、国際社会の基本的特質でもある。

　国家主権の概念は、中世において支配的であった宗教的権威と教会から国家権力が独立したことによって、近代ヨーロッパで誕生した。16世紀末の時点で、ジャン・ボダンは主権概念によって世俗国家の権力を擁護していた。中世においては、キリスト教を奉じるローマ皇帝の下で政治秩序が保たれていたが、1648年のウェストファリア条約[3]が中世の普遍的宗教権威から独立した世俗的国家の絶対主権を公認したことによって、その後は各国の国王が結ぶ条約によって国際秩序の形成が試みられることになった。つまり、ウェストファリア体制の成立と共に世俗的主権が確立したことによって、主権国家の独立と内政不干渉の原則が規範となったのである。主権概念には対内主権と対外主権の2つの側面がある。

（1）対内主権

　国内政治において、主権とは、その領土と住民に適用される法を定立し、強制する権利を指している。この場合の主権は、国内における国家権力の最高性

3）ミュンスター条約とオスナブリュック条約が合わさったものである。ドイツ語では、ヴェストファーレン条約。

を意味する。つまり、国家は、自国の領域内の統治のあり方について、他の権威からなんらの制約も受けないということである。

ウェストファリア以降、国家は、国内における他の封建諸侯の権力を奪い、それを専制君主の手に集中し、中央集権的な権力を確立した。その後の歴史的経緯を経て、君主専制が廃れ、国民主権による代議制が定着し、今日に至っている。

(2)対外主権

国際政治において重要な意味を持つのが対外主権である。対外主権とは、国際関係において、国家が国外からの干渉を退ける権利を指している。いわゆる「内政不干渉の原則」である。これは同時に、国家が国内外の事項の処理に関して他の国家権力に従属しないこと、対外行動において拘束を受けないこと、他国の国内管轄権に干渉できないことを意味する。国家の他の権力主体に対する独立権と呼んでも差し支えないであろう。ウェストファリア条約によって、中世のローマ法王や神聖ローマ皇帝によって制約されていた専制君主の権力が、近代以降は最高であり、絶対であるとされるようになったのである。

アナーキーを基本的構造とする国際政治においては、各国政府の主権よりも上位のものは存在しない。すると、その帰結として、国内政治に秩序を与える「主権」が、国際関係からは逆に秩序を奪うこともある。つまり、国家よりも上位のものが存在しないということは、対外的主権の行使を制約する権威がいないことであるから、国家と国家のぶつかり合い、すなわち戦争を規制することは不可能である。このため、近代初期の国際関係では、国内的平和と国際的対立が国際政治の典型であった。しかし、対内主権の安定性と対外主権の不安定性という近代初期の図式が、今日では「対外主権の安定と対内主権の不安定（国際的平和と国内的不安定）」へと変わってきている。この現象については後述の疑似国家論のところで詳しく検討する。

中央政府が存在しない状態のもとで、対外主権をどう行使し、どう制約できるかは、多くの政治家や思想家の課題であった。ホッブズにとっては、自然状

態の克服は、強力な政治的権威の設立、すなわち、リヴァイアサンの設立によってのみ、可能であった。リヴァイアサンが存在しない国際政治において、各国の対外主権をどう安定的に管理できるのだろうか？ 大まかに2つの方法が提唱されてきた。1つは勢力均衡である。国際政治史にたびたび現れる勢力均衡、すなわち、ある国が突出しないように、大国間の同盟を柔軟に調整して国家の独立を保つシステムは、主権行使に一定の制約を与える制度であった。もう1つが、アメリカ大統領ウッドロウ・ウィルソンが提唱し、第一次世界大戦後、国際連盟規約に盛り込まれた集団安全保障という考え方である。勢力均衡とは全く異なり、ある国の侵略行為に対して、国際社会が一致団結して対抗するしくみであるが、侵略行為の認定の難しさ、国際社会が一丸となって行動する見込みがないという問題のため、機能したことはこれまで数回しかない。勢力均衡については、第5章で、また、集団安全保障については、第2章で触れた。

2）パワー＝国力

　国家に付随する要素で、国際政治学において重要なものの1つが「パワー（国力）」である。端的に言えば、パワーとは、思想や行動に影響を与える力を意味する。ロバート・ダールはパワーを、「ある人がそれなしではしないであろうことをさせる力」[4]と定義した。衛藤らは、「ある主体が他の主体に働きかけて自己にとって望ましい行動を他者に取らせるか、自己にとって望ましくない行動を他者が取らないようにする能力」と定義する[5]。国際政治の文脈では、パワーは国力である。パワーを持つ国は他国に影響力を持ち、国際政治全体の動向を左右する。単極システム、2極システム、多極システムといった形で国際政治システムの全体像を語るとき、われわれはパワーを持つ国を大国、すなわち国際政治の「極」としてとらえているのである。

　パワーは、モーゲンソーの基礎概念の1つであり、彼はパワーを地理、天

4) Robert A. Dahl, "The Concept of Power," *Behavioral Science* 2, 1957, pp.201‐215.
5) 衛藤瀋吉、公文俊平、渡辺昭夫、平野健一郎『国際関係論』東京大学出版会、1989年、p.59。

然資源、人口、工業力、軍事的備え、国民性、国民の士気、外交の質、政府の質、宣伝力が組み合わさったものとして考えていた。国家が外交目的を追求する場合は、これらのパワーを総合的に用いるのである。先に挙げた COW は、軍人の数、鉄鋼生産、人口、軍事支出、エネルギー消費、都市人口等の数量化されたデータによって国力を測っている。

　どういったパワーが重要であるかは、時代によっても国際環境の変化によっても異なる。例えば、圧倒的な破壊力を持つ核兵器は、通常兵力その他の国力の要素を払拭してパワーについての考え方を変えたであろうか？　グローバリゼーションは一国によるパワーの行使がしにくい世界を生み出したであろうか？　友好国もしくは同盟国のパワーは、自国のパワーの1要素として考えることができるであろうか？　また、パワーの行使の仕方も、強制的であるか説得的であるか、あるいは、敵に対して使われるか味方を守るために使われるか等、状況により異なる。例えば、日本の自衛隊が災害時の救助活動や戦争後の復興支援で活躍してきたように、軍事的手段も常に強制的に使用されるとは限らない。元ハーバード大学のジョセフ・ナイという教授が『不滅の大国アメリカ Bound to Lead』という著作の中で用いた「ソフトパワー」という概念は、強制的な軍事力や経済制裁、すなわち我々が望むことを相手に強制するハードパワーと対比され、「強制ではなく、魅力によって国際関係の望まれる結果を生む能力、他者が我々がしたいことを望むようにする能力」と定義される。ハードパワーとソフトパワーの関係は、イソップ童話の「北風と太陽」の関係に例えられよう。イラク戦争後の国家再建のための日本の自衛隊派遣は、軍事力がソフトパワーとして使われた例である。同じ経済力を行使するにしても、経済制裁の手段として使うか経済援助の手段として使うかにより、ハードパワーにもソフトパワーにもなりうる。このように、パワーの中身、パワー行使の手段や方法は、今日多様化している。

3) 国益

　国益とは、文字通り、国の利益であり、国家目標と関係する概念である。モーゲンソーは、対外政策の遂行にあたって、抽象的な道徳的原則や理想主義的

な観念ではなく、「現実の条件から生まれる国家的利益」を原則とすべきである
と主張した。国益は彼にとって国家が従うべき「1つの指針であり、思考基準
であり、行動規範」であった。日本では、特に冷戦終焉後、積極的な国際貢献
の必要性が叫ばれ始めた中、国益についての議論が活性化した。国益について
検討すべき事項として、国益の客観性、国益の種類、国益の変遷について以下、
考察しよう。

(1)国益の客観性

　ある国にとって何が国益であるかは客観的にわかるのだろうか？　時間と空
間を超えて、客観的な基準によって明確に規定できるような国益、どの国にと
ってもどの時代においても重要な国益は存在するのだろうか。領土保全、安全
保障、国民生活・福祉の向上、市場および重要資源の確保、イデオロギー的価
値の維持、文化価値の創設維持等の国益の重要性は、時代によって、あるいは
その国が置かれた地政学的条件や人的・物的資源の有無によって異なるはずで
ある。例えば、日本が北朝鮮や中国と地理的に近い位置にあるということ、エ
ネルギー・資源小国であること、第二次世界大戦の敗戦国であることなどは、
今日の日本の国益に大きくかかわる問題である。不凍港の獲得がロシアの対外
行動の動機づけとなってきたり、ロシアが温暖化の問題にあまり積極的でない
のは、地理・自然環境のためである。オランダや日本のような資源のない工業
国にとって、海外資源と市場へのアクセスが死活的国益となるのも、国益が社
会的・自然的条件によって左右される例である。グローバリゼーションの時代
において、国益の定義は難しくなった。これは、交通手段と通信技術の発達が
もたらした地理的概念の変遷によるところが大きい。従来、地理的条件に規定
されてきた国益は、遠い国の出来事に影響を受けることはあまりなかった。自
国に隣接する国や地域との関係にこそ、国益はかかっていた。しかし、近年の
交通・通信手段の発達に伴い、地理的な距離が持つ意味は大きく変化した。空
間を克服するスピードと量が増したことで、自国と遠くはなれた場所で起こる
事件でさえ、自国の国益に大きくかかわる事態が生じるようになったからであ
る。2001年に起こった9.11事件がその典型である。世界の遠く離れたところ

から、コンピューターネットワークを駆使して、大きな軍事行動を起こすような事態が生じるようになると、国家の安全はもはや地理的に定義できなくなる。この結果、例えばアメリカは、アフガニスタンやイラクのような、従来は国益と関係のなかった国々にさえ近年介入する結果になったが生じたのである。9.11事件はこの意味で地理的概念の変化に伴う国益概念の変化を人の意識に上らせる出来事であった。

　また、誰が国益をどう決めるのかの問題もある。国益は政策決定者が国益と考えることであり、その際、政策形成過程に参加して影響を及ぼすことができる個人や集団や組織の間の相互作用の諸産物として生まれるものである。例えば、自由貿易協定を外国と結ぶ際の国内農業セクターとの交渉のように、国内的要求を満足させることが最優先となることもあれば、石油危機や同時多発テロ事件の場合のように、対外環境に国益が強く支配されることもある。このように国益を客観的に考えることはしばしば困難である。

(2)国益の種類

　国家にとって国益は1つではなく、複数の国益を同時に追求するのが普通である。その中でも、領土保全、安全保障、国民生活の向上、重要資源の確保等は最優先される国益である。「大砲かバターか」という言葉は、国家予算が限られている中で、軍事力の増大と福祉の実現という大きな国家目標をめぐる資源配分をいかに考えるかの問題を象徴している。

　さらに、国益の中には、長期的国益、中期的国益、短期的国益がある。例えば、幕末の日本では、長期的国益は、日本が将来的に西洋に対抗しうるような国になること、そしてヨーロッパ主導の国際政治に参入することであったが、中期的には、不平等条約の撤廃という課題があった。短期的国益は、攘夷と開国であり、そのために文明国標準に見合うような国内制度を整えること、国際法の導入、民法・刑法の整備などが必要となった。長期的国益は国家的危機の際に顕著に意識され、中期、短期的国益は、しばしば長期的国益を達成する手段をめぐる問題であることが多い。現在の日本の安全保障に関して言えば、長期的国益は日本の平和と安定、中期的国益は、日米安保同盟の堅持、短期的国

益は、例えば沖縄の米軍再編問題の解決ということもできよう。

(3)国益の変遷

　国家にとっての核心的価値と呼ばれるものでさえ、時代を経るに従い、変化する。例えば、一般的に、ナショナリズムの勃興期では、民族統一や民族自決がしばしば核心的な価値とみなされるが、時間が経つと、忘れられる。イギリスはかつてブルターニュをイギリスの存続のために必要不可欠とみなして百年戦争を戦ったが、それを失った後は、海洋国家として栄えることに国益を見出した。そのために、大陸国家間の争いに巻き込まれるのを避けることも、イギリスの国益となり、ヨーロッパの勢力均衡に積極的に貢献した。

　日本では、戦後長きにわたって自国にとっての死活的国益や安全保障にかかわる問題が議論されることはほとんどなかったが、今日では、国際社会に対して日本がいかなる役割を果たすべきかという問いかけと共に、国益議論を真正面から行う姿勢が以前よりも強くなった。1980年代後半頃から日米同盟を「同盟」という言葉で表現することがようやく受け入れられるようになり、安全保障分野における日本の国際貢献の在り方も人々の意識にのぼるようになった。

3. 近代ヨーロッパの国家概念とその変遷

　以上、国家の定義、および国家に付随する重要概念を検討してきた。次に、国際システムの変遷とともに国家概念が歴史的にどう変化してきたかを考えよう。1648年に近代国際システムが誕生して以降、国際社会は国家概念の根本的変化を促すような分水嶺を何度か経験してきた。ヘッドリー・ブルはその名著『アナーキカル・ソサイエティ』の中で、近代国際社会を3つの歴史的類型に分類して考察している。(1)1648年のウェストファリア条約を契機とする近代国家システム、(2) 実定国際法に基くヨーロッパ中心の国際システム、(3) 今日のグローバルな国際システム、である。ここでは、ウェストファリア以降の国際社会の変遷を「ステイト」と「ネイション」という2つの国家概念の理念型に沿ってみていきたい。

1) 国家の法的側面と社会学的側面

　国家の定義の代表的なもののいくつかを先に紹介したが、国家の要件として強調されるものは、国際法学者と社会学者の間で大きな違いがある。一般的に国際法学者は、国家の領土的枠組みや統治枠組みを国家の重要な要件とみている。例えば、国際法学者ブラウンリーは、国家を ① 特定の領土と ② 国際社会からの承認という、法的側面を強調して定義づけている。一方、社会学者が定義するところの国家の典型として、マックス・ヴェーバーは、「国家とは、強制的な管轄権を持ち、持続的に機構を運営し、一定の領土とその人口に対して暴力の独占を主張する共同体である」と定義している。この定義の中には、ブラウンリーの要件に含まれていない「強制的な」「持続的な」「暴力の独占」といった言葉が出てくる。これらは、国家の国内社会に対する統治能力や管轄権を表現する言葉である。国際法学者の定義と異なり、社会学者マックス・ヴェーバーの定義では、国家の内実、つまり国家のまとまりや統制力が重要な要件とされているのである。ロバート・ジャクソンは、純粋に法的側面を強調する国際法学者の定義を、「消極的主権（negative sovereignty）」に基く法的意味の国家（*de jure* / legal statehood）、社会学者の定義を、「積極的主権（positive sovereignty）」に基く経験的意味の国家（*de facto* / empirical statehood）の国家として分類している。

　ウェストファリア以降の近代国家は、国家のこの2つの側面すなわち、法的側面と社会学的側面の相互作用の観点から見ることができるだろう。この2つの理念型は、「ステイト」と「ネイション」という言葉で表すこともでき、これらは今述べた法的意味の国家と社会学的意味の国家とに呼応する。前者は対外主権に重きを置いた国家の見方であり、後者は、対内主権に重きを置いた考え方である。この2つを少し詳しく検討しよう。

2) ネイション

　ネイション（nation）は、人種、宗教、言語、伝統といった絆によって結合した人々の集団を意味する文化的概念である。この言葉は、「生まれる」という意味のラテン語 *natio* に語源がある自然発生的な種族概念である。*natio* は、も

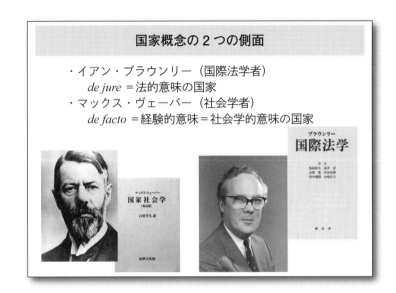

ともと出生地を同じくする一群の人々を指す言葉であったため、中世ヨーロッパの大学では、同一地方からの学生の諸集団がそれぞれネイションと呼ばれていた。したがって、ネイションは、土壌、気候、資源、地形といった地理的要素や、宗教、言語、風習などの文化的要素等、自然的契機を重要視する概念といえる。ドイツ語で言うゲマインシャフト（血縁共同体 blutsgemeinschaft, 地縁共同体 Bodengemeinschaft, 宗教共同体 Religionsgemeinschaft, 言語共同体 Sprachgemeinschaft, 文化共同体 Kulturgemeinshaft）に通じ、ゲゼルシャフト（機能・職業集団）と対比される概念である。

　近代ヨーロッパ史の過程において、この言葉は次第に政治的意味を帯びるようになった。18 世紀のフランス革命の指導者たちが「主権はネーションに属する」と述べた時、ネイションは、一定の形態の政府を自らの意志で選んだ人々の集まりのことを示していた。シェイエス[6]という当時のフランスの政治家によれば、ネイションとは、「1 つの共通の法の下に生き、同一の立法府を代議機関としてもつ人々の集合体」である。運命共同体としての精神性が歴史的に

6）Emmanuel=Joseph Sieyès『第三身分とは何か』において、「フランスにおける第三身分（平民）こそが、国民全体の代表に値する存在である」と述べた革命の指導者。

形成され、政治的な概念に変遷していったことが伺える。

　ネイションは、領土に重きを置いた概念ではないため、同じネイションに属する人々が地理的に同じ場所に住む必要はない。例えば、ユダヤ人、ジプシーなどは、地理的にまとまった民族ではない。先に挙げた国際法学者と社会学者の対比的な国家概念の観点から言えば、ネイションは、社会学的・経験的意味の国家である。

3）ステイト

　「ステイト」は16世紀初めに成立した概念であり、ラテン語の *status* すなわち、君主の地位という意味から来ている。これは、一定の領土に存在し、1つの政府の下に結合された政治社会を意味する領土的・政治的な概念である。ネイションと対照的に、ステイトは、法的意味の国家、つまり国内社会の内実よりも領土と国際社会からの承認という形式的側面に注目した場合の国家といえよう。歴史的には、人種、宗教、言語、伝統の絆によって結合された人々の集団が1つの政府の下に結合された社会を形成してきたため、国家はしばしばネイション・ステイトと呼ばれてきた。とりわけ19世紀のナショナリズムの時代には、ネイションとステイトを一致させようとする動きが広がり、国家と国民とを一体のものとして考える傾向が高まったため、ネイション・ステイトという言葉が普及するようになった。

　近代以降の国家と国家概念の変遷は、ステイトとネイションの相互作用の視点から見ることができる。その視点から近代以降の国家を歴史的に考察したのがF・ハリー・ヒンズレーであった[7]。国家の領土・統治機構がその社会的基準（歴史、伝統、宗教、言語）と重なり合う場合には、1）既存の文化的・言語的な地域が独自の国家を作る（ネイションが先行する場合）か、2）既存の国家が文化的・言語的な同化を完成する（ステイトが先行する場合）かのどちらかが達成されることになる。ヒンズレーは、歴史的には後者の傾向、すなわち、ス

7）　F.H. Hinsley, "Concepts of the Nations," *Nationalism and the International System*, Hodder and Stoughtobn, 1973, ch.4.

テイトが先行するパターンの方が多くみられると述べている。以下、近代国家システムが誕生して以降の国家概念の変遷過程を振り返ってみよう。

4. 国家概念の変遷：3つの分水嶺

1）ウェストファリア条約と近代国家システムの誕生

　中世の社会は、1）上部構造としてのキリスト教世界と、2）下部構造としての封建制度から構成されていた。中世ヨーロッパ社会は、ローマ法王を頂点とするキリスト教会が人々の精神生活の上に君臨し、国王すら法王に対しては自立しておらず、法王の意思に従わない場合には、法王から破門を宣告される立場にあった。また、封建制度においては、自然的な土地経済を基礎として、封建君主が家臣に与える封土に基く主従関係が成立していた。これは、土地を唯一の生産手段とする自給自足の経済社会であった。近代国家システムは、中世社会のこれら2つの構造が崩壊していく過程から成立した。

（1）ウェストファリア条約成立の背景と30年戦争：前史

　15〜16世紀のヨーロッパは宗教改革の時代であった。1517年に修道僧ルターが、ローマ教皇庁が資金集めのための免罪符を発行したことに抗議して「95カ条の論題」を提出し、火あぶりの刑の処せられたことはよく知られている。カトリックとプロテスタントの争いが16世紀初めから繰り広げられた結果、ついに1555年、アウグスブルクの和議がむすばれ、カトリックかルター派のいずれかを選択する権利が領邦君主に認められた。しかし、これは妥協の産物であり、帝国直属の大司教や司教たちが新教に改宗する場合には、領地はカトリック側に保留されるという宗教領保留条項が付与されていたため、新教徒たちの間には大きな不満が残っていた。16世紀末からこの条項の適用を巡って新教派諸侯と旧教派諸侯との間に紛争が相次ぎ、対立が激化するうちに1618年に、30年戦争が始まったのである。

　当時の戦争は商売であり、給料目的でどこにでも雇われていく傭兵の大部隊が、略奪をほしいままにし、残酷な戦争が繰り広げられた。30年戦争では、

大砲とマスケット銃の発明がさらなる追い打ちをかけ、膨大な数の死傷者を出すことになった。プロシアでは、30年戦争がもたらした荒廃によって1700万人の人口が700万人に激減し、第二次世界大戦を除いてドイツ史上最大といわれるほどの惨事がもたらされたと言われている。F・メーリングは、ドイツは、30年戦争の開始時に持っていた経済的水準に立ち返るまで200年を要したと述べている。ワレンシュタイン、グスタフ＝アドルフ、リシュリュー、など、世界史上残る英雄たちを生み出した30年戦争の調印は、ドイツのオスナブリュックとミュンスター（1644 - 1648）で行われた。ウェストファリア条約の調印である。

(2)ウェストファリア条約の意義

　ウェストファリア会議は、66カ国の代表者148人が参会したヨーロッパ最初の国際会議であった。この条約は、ヨーロッパ政治史にとっても国際関係にとっても多くの重要な意味を持っている。

①　まず、この条約は、「神聖ローマ帝国の死亡証書」と呼ばれるように、西ローマ帝国を継承し、オットー1世がローマ教皇から皇帝の冠を授かって、ハプスブルク家からの皇帝による統治が行われていた神聖ローマ帝国（962 〜 1806）が事実上解体したことを意味した。ハプスブルク家[8]によるドイツ統一は完全に阻害され、ドイツの近代化は数百年遅れることとなった。ハプスブルク家のオーストリア・スペインも衰退する一方、ブルボン朝のフランスが台頭し、ライン川まで領土的進出を果たした。また、この会議で主要言語として使用されたフランス語が、それまでのラテン語にとってかわり、その後、300年間、英語が主要な国際語となるまでの外交用言語になった。諸侯が完全な国家主権を獲得したため、神聖ローマ帝国の機能は弱まり、19世紀初頭には、ナポレオン支配のもと、ライン同盟により、消滅することになる。

②　ウェストファリア条約は、フランスと共にスウェーデンの勝利でもあっ

---

8) ブルボン家にとってかわられるまで、神聖ローマ帝国、オーストリア＝ハンガリー、スペイン王家は、すべてハプスブルク家から皇帝がでていた。

た。スウェーデンが西ポンメルンを獲得し、ドイツ北部に進出すること
によって、ハンザ同盟は解体した。そのほかに、オランダとスイスがハ
プスブルク帝国から離脱して独立し、ドイツ 355 諸邦も独立を果たした。
ブランデンブルクは領土拡大し、後のプロイセン王国へ発展するきっか
けとなる。

③ アウブスブルクの和議以降、不利な立場におかれていた新教と旧教が同
等の地位になったことにより、新教国家の国際的地位が承認されること
となった。神聖ローマ皇帝やローマ法王に代表される中世的・普遍的な
権威から独立した世俗的国家の絶対主権が公認されたことは、キリスト
教的統一世界の崩壊を意味したため、ローマ教会にとっては打撃であっ
た。領土国家の成立と「内政不干渉の原則」すなわち対外的主権概念の確
立によって、諸侯は皇帝や帝国に背反しない限り、外国と同盟を結ぶこ
ともできるようになった。

ウェストファリア条約によって確立された近代領土国家は、当初絶対主義の
政治体制をとり、常備軍の設置と官僚制度の確立という形で権力集中を図った。
また、財政収入の基礎として商業貿易を振興する重商主義政策がとられた。ウ
ェストファリア条約によって確立したヨーロッパ国際システムの近代初期は、
国家という中世の封建的宗教的権威に代わって登場した政治体が社会の流動性
を生み、経済活動等を促進する枠組みを作った時代、すなわちステイト優位の
時代であったといえる。国家が新しい国際関係の主体としてカトリック教会に
とって代わった初期の時代においては、国家が必要最小限の秩序をいかに確保
するか、人間個人の安全をいかに確保するかが主要な関心事であり、誕生した
ばかりの主権国家の体裁を維持する担い手としての国家の役割が強調された。
主権は絶対君主と不可分の関係にあり、国家に対する国民の政治的忠誠心はま
だ問題となっていなかった。国家が言語、宗教、文化を共通とする民族からな
る必要はなく、主権者の絶対性によって政治的統一性が確保されるという考え
方は、ジャン・ボダンの思想にもよく表れている。

一方、各国の統治能力は限られており、戦争の準備のための国内資源の確保
は難しかった。戦争遂行に要する財力と国内的に調達可能な財力の間には大き

第2部 基礎概念

なギャップが生じていたため、国家は国際的借入によってその財源を確保した。中世の終わりにヨーロッパで始まった国際金融の対象は、軍事的目的のための財源を求めているヨーロッパの支配者たちであり、証券市場が 17、18 世紀に発達したのは、イギリス、フランス、オランダの国家債務に起因するものであった。

　まとめると、近代初期においては、国家利益は社会利益とは無関係であり、ステイトとネイション、法的意味の国家と経験的意味の国家の間には大きな隔たりと緊張関係があった。国家という外枠ができたばかりの時代においては、社会の忠誠心等はまだ問題ではなかったのである。国王たちが取った重商主義政策も、大部分の国民の富とは関係がなかった。この時期は、カトリック教会

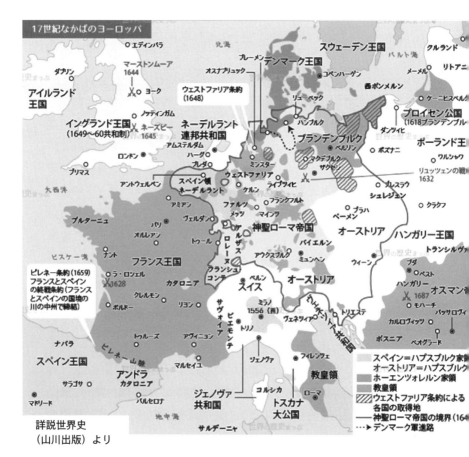

詳説世界史
（山川出版）より

に代わる平和と秩序の担い手として国家が次第に認識されていく過程において、その外的枠組みが強調された時代、すなわち、ステイト優位の時代であったといってよいだろう。

2) ヨーロッパ中心の国際社会と国家概念

18世紀後半頃からは、次第にステイトとネイションが融合して政治的安定を生もうとする動きが現れ、国家は明確に他と区別される文化的・民族的・言語的コミュニティーと重なり合うべきであるという考え方が広まるようになった。フランス革命をその契機とするナショナリズムの時代には、国家を支配する側のみならず、支配される側も、共通の領土的・統治的政府を持つことに同意し、それに加えて民族固有の文化的・法的・言語的習慣や生活様式を持つことが強調されるようになった。国家が時代に制約された具体的・歴史的な現象であり、近代ヨーロッパ独特のものであることを強調するカール・シュミットの国家概念は、まさしくナショナリズムの時代のヨーロッパの諸国を念頭に置いたものである[9]。16〜17世紀における重商主義の時代には、経済は国家の政策としての政治の手段であり、両者は密接に結びついていたが、ナショナリズムの時代には、政治と経済が分離して発展し、世界経済の平和的枠組みの中で、国家は経済社会的な問題から離れ、安全保障の領域にその主な役割を見つけるようになった。

自由主義思想と共に生まれ、民族の固有性、独立性を守ることを最高の価値とするナショナリズムは、必然的に軍事的性格を内包していた。国民の士気そのものが国家の重要な資源であり、パワーとなるからである。民族の独立を守る基礎は安全保障であり、民族の特殊性を強調する上で役立つのは、過去の他民族との戦争・紛争・対立の記憶である。傭兵に代わって国民兵が主要部隊となって戦う他国との戦争を通して、ヨーロッパ諸国は民族国家としての凝集性を高め、領土確定・拡張を進めると同時に、国内の統治能力を高めていった。ステイトとネイションの融合、すなわち、国家と社会の利益の合致がこの過程

第6章　国際政治学の基礎概念④：国家概念とその変遷

---

9) カール・シュミット（新田邦夫訳）『大地のノモス：ヨーロッパ公法という国際法における』福村出版、1984年。

19世紀の国家概念

・ヨーロッパ中心の国際関係
・ナショナリズムの時代
・傭兵から国民兵へ
・国家権力と機能の増大

"War Made the State and the State Made War"
C・ティリー

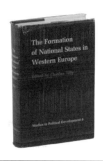

において見られるようになったのである。

　この時代には、国家の権力と機能が飛躍的に増大し、各国が国内資源を確保する能力を身につけたことによって、自国の軍事活動を支えられるようになった。この背景となったのは、ナショナリズムの勃興により国家管理能力、統治能力が向上したこと、および産業革命によって物質的資源が増加し、これによって国際的な借入の必要性が各国で低下したことである。また、国内経済資源の大部分を確保できなかった近代初期と比べ、この時代には金融市場が安定し、税もよりうまく徴収されるようになった。これがまさにチャールズ・ティリーが「戦争が国家を生み、国家が戦争を生んだ（War made the state and the state made war）」と呼ぶ、古典的な安全保障概念が発達した時代である。対外的な戦争を通して、国家は、国家のために忠誠を誓って戦う「国民」の創出に成功し、国力の最大の源といってよい団結への動機づけを強めていったのである。

3) 非植民地化以後の国家概念

　非植民地化も国家概念の大きな分水嶺であった。非植民地化はステイトとネイションの再分離をもたらし、再びステイト優位の時代を招いたといえる。この国家概念の変化を鮮やかに分析したのがロバート・ジャクソンの「擬似国家論」である。擬似国家（quasi-state）とは、実質的な政治・経済的自立性、国家としての統治能力や凝集性を欠く国家のことである。経験的意味の内実を欠く国家については、政府の統治機能が欠如した今日の破綻国家（脆弱国家、失敗国家）や極貧国を思い浮かべるとよい。

　ジャクソンは、第3世界の国々が抱える国家の治安維持や経済発展の問題を、国際政治学の視点から研究した著作の中で、「消極的主権」と「積極的主権」という概念を用いて分析した[10]。「消極的主権」は先に検討した「ステイト」に通じる概念であり、「積極的主権」は「ネイション」にあたるといってよい。ジャクソンは、国家の制度や機構が未発達で独立を遂げて以来、民族紛争や部族紛争が多発し、政治的に不安定なサハラ以南のブラックアフリカの国々において、国家そのものが崩壊したり、破壊されて国境線が大きく変わったりしないのはなぜかという疑問から出発し、アフリカ諸国において、実際上の（empirical）国家の弱さが、法的な（juridical）弱さにつながらない理由を、社会学上の国家概念と法学上の国家概念を用いて説明した。ジャクソンによれば、ブラックアフリカの国家の存続を説明するには、国家の法的側面の方が経験的側面よりも重要である。社会学上の国家概念に当てはまらない国家、つまり、社会・経済的に弱く、近代ヨーロッパの基準から見れば、実際上その資質がない国家が存続する理由は、第二次世界大戦後の非植民地化のプロセスを通して、国家はその内実のいかんにかかわらず、国際社会から保護され、国際社会のメンバーになれるという規範ができ上がったことにある、とジャクソンは説明する。

　国内社会の政治的制度化がほとんど進行していないにも関わらず、戦後の長期にわたって、これらブラックアフリカの国家の外的枠組みが維持され、「ステイト」として存続し続けてきたのは、弱肉強食が国際規範であった19世紀

10）　Robert Jackson, *Quasi-states: Sovereignty, International Relations and the Third World*, Cambridge University Press, 1990.

R・ジャクソンの疑似国家論

問：アフリカの国々の国境線の安定
→経験的意味の国家の弱さが法的弱さに
　つながらないのはなぜか？

消極的主権 negative sovereignty
＝法的意味（*de jure*）の国家

積極的主権 positive sovereignty
＝経験的意味（*de facto*）の国家

戦後の国際社会における法的意味の国家の安定性
＝「地球規模のデモクラシー」

から20世紀にかけての時代と比較すると、驚異的でさえある。今日の国家は、社会学的意味でいかに脆弱であっても、法的に消滅することはない。それは、戦後、とりわけ植民地独立後の国際社会が、国家「国際法的」平等に基いた「地球規模のデモクラシー」になったからである。そして、強国の意のままに国境が変更される時代ではなく、国際社会が高度に組織化され、戦争の違法化、領土不可侵の規範が定着した時代にアフリカの国々が独立したからである。逆に、こういった国家の法的安定性、領土不可侵の規範が安定していることによって、社会学的な意味での対内的不安定性が助長されていることも否めない。今日の第3世界の国々の経済発展や治安維持の苦境は、まさに法的意味の国家が安定していることに起因しているからである。つまり、アフリカの国々は、西ヨーロッパ諸国が国家形成過程で経験したような対外的戦争や強国による領土奪取の時代とは異なる国際規範の下で、対外的脅威に対して国内的凝集性を高めたり、ナショナリズムを高揚させて国家として一致団結する機会を失っているのである。

　バリントン・ムアが、「暴力的に過去と決別しない限り、民主的な近代化は

ありえない」と述べている[11]ように、西ヨーロッパ諸国の国家形成過程は、長期にわたる暴力的なものであった。一方、今日の第3世界の国々は、領土の不可侵性、国家の存続といった国際社会の規範がすでに出来上がった歴史的条件のもとにあるため、平和的かつ短期間に国家建設を成し遂げることを要請されている。「戦争が国家を形成した」ヨーロッパとは逆に、領土の不可侵性と国家の存続という今日の規範によって対外的脅威が緩和されている状況の中で、途上国においては、安全保障の対内的ダイメンション、つまり国内統治能力を高め治安を安定させて経済的凝集力を高めるという、開発や近代化の課題が未解決になっているのである。第3世界の国々の歴史的条件、すなわち歴史的に遅れた国家建設と国際システムへの参入が生んだ安全保障上の苦境[12]がまさにこれである。

　既存の領土枠組みの維持という国際社会の規範が浸透し、再びステイト優位の時代が到来したのが今日である。むろん、非植民地化以前に近代化や民主化を通して国家建設が達成された先進諸国は、今もステイトとネイションが協調関係にあり、安定している。今日の問題のひとつは、植民地支配を経験した多くの非西洋地域の政治エリートが、主権国家という枠組みこそかつての非抑圧民族である自分たちに自由と平等を確保する手段と見ていることである。なぜなら、国家主権は、今日において、小国の独立維持の道具でもあるからである。周恩来とネルーによる平和5原則やバンドン会議における10原則のように、第二次世界大戦後独立した諸国は、かつての宗主国の権力から自立することを最大の目的としてきた。帝国主義の時代と非植民地化を経て、国家主権と内政不干渉の原則は、むしろ途上国において定着することとなった。法的意味の国家は、安定し、強化されると同時に、それは、遅れて国際社会に参入した国々の政治・経済発展を阻む構造的要因でもあるのである。

11）バリントン・ムア『独裁と民主主義の社会的起源：近代世界形成過程における領主と農民』（宮崎隆次他訳）岩波現代選書、1987年。異なる歴史的条件が一定の国家形成・崩壊の舞台を設定するため、デ・ファクトの国家は特定の歴史的・空間的背景に条件づけられる。

12）Mohammed Ayoob, *Third World Security Predicament: State Making, Regional Conflict and International System,* Lynne Rienner, 1995.

5. 国家概念をめぐる論点

1) "*de jure*" と "*de facto*" の対話

　国家概念の変遷は、法的意味の国家と経験的意味の国家との「対話」であることを見てきた。この「対話」は、国際政治の持続性と変化についても示唆するところが大きい。国家概念には、歴史によって規定される部分（*de facto* すなわち経験的意味の国家）と、歴史を越える部分（*de jure* すなわち法的意味の国家）とがある。法的意味の国家すなわちステイトが普遍的で安定している一方、経験的意味の国家すなわちネイションは多様であり、不確定要素をはらんでいる。第3世界の国々の在り方を考える上でも、ステイトとネイションの相互作用および緊張関係、とりわけ国家の存続と安定のためにステイトとネイションの一致が必要かどうかの問題について我々はここで考察する必要がある。

　先に述べたように、ヒンズレーは、国家の文化的・社会的要素よりも国家の統治機構や領土が重要であると指摘し、「ネイションがステイトを作るのではなくて、ステイトがネイションを作る」と、国家建設の法的側面を強調している。同じように、カーネギー国際平和財団のマリナ・オッタウェイは、共通の民族アイデンティティーを持つことは国家建設（state-building）の成功を保証するものではないと主張する。ネイションとステイトを合致させようとする強力なインセンティブが存在していた19世紀は例外として、歴史的には、共通のアイデンティティーや国民意識は、「ステイト」をうまく組織することによって生まれたという。オッタウェイによれば、国家建設の目的は、分裂している人々に共通のアイデンティティーを押し付けることではなく、領土を管理し、異なる人々が共存できるように国家を組織することである。それぞれの国情に合ったステイトの運営の仕方を見極めることが重要であることは、実際に多民族国家であっても安定しているアメリカやマレーシアのような例や、ソマリアのように単一民族国家であっても破綻国家の状態が継続している国があることからもわかる。

　今日、国家を巡る議論は複雑である。一方では、国家主権は様々な形で挑

戦を受けている。国家が国際政治の主要アクターとして廃れてきているとしばしば指摘されるのは、まず第1に、経済的相互依存、貿易や投資や情報などの相互浸透が高まることによって国境の壁がなくなり、物、金、情報の動きに対する国家のコントロール、国家目標達成の自立性が失われているためである。第2に、ヨーロッパ連合のように、地域統合が進展することによって、国家は従来の機能の一部を地域機構に譲り渡し、地域統合加盟国の間では主権の一部が共有される現象も起きているためである。第3に、人権問題、人道的介入、WTO制度の強化など、当事国の意志に反し、国家の自由裁量を狭めるような軍事介入が正当化される動きが多々あるからである。第4に、非国家主体の役割や活動が増大し、国家が唯一の行為者であるとは言えなくなってきているためである。これらの理由で、国家主権は、現代社会を分析するのには役立たず、国家の存在が人類の平和と安定にとって障害になっているとさえ言う人もいる。

　他方では、主権国家の枠組みを維持してこそ、世界の多様性を維持しつつ、公正な世界秩序を作る基礎ができると考える者もいる。実際、国際組織や国際規範と協調できない場合、各国は主権概念を用いてそれに対抗する。国際法が国内に直接適用されることを拒む国は多く、各国の主権を公式に制約できる政治権力はいまだ存在しない。クラズナーが述べるように、今日深化する相互依存は、*de facto* の国家に影響を与えても *de jure* の国家にはさほど影響を与えない。1648年以来、国家が唯一正統な軍事力行使の主体として法秩序維持を最終的に担い、領域内に生きる人々の生存を保障するという国際社会のあり方は、基本的に変わっていない。カトリック教会という最も強力な超国家的組織に対して近代国家システムが勝利して以来、法的意味の国家は安定している。近代国家システム誕生以来の370年間、法的な意味において、主権国家システムにとって代わるものはなかった。一方、経験的意味の国家は、国家建設のタイミングと国際システムへの参入のタイミングによって規定され、歴史を通して変化してきた。

2) 国家の存続性の説明

　なぜ国家は、国際政治の重要な主体でありつづけるのであろうか？　17世紀に近代主権国家が成立して以来、国家は、フランスのような絶対主義国家やイギリスを典型とする立憲主義国家、ナショナリズム時代の国民国家等、様々な形態を経ながらも、正当な暴力を独占し、領域内の人々の生存を保障する主体として基本的枠組みを維持してきた。では、その生成と存続性はどう説明できるのだろうか？

　近代国家の成立要因は、多くの国際政治学者や比較政治学者が研究対象としてきたところであったが、社会学者チャールズ・ティリーやヘンドリック・スプライトは、国家がもつ機能、すなわち強制力の使用や社会の活力強化における効率性によって国家生成を説明する。どちらも合理的選択理論に基く考え方であるが、ティリーは軍事的効率性によって、スプライトは経済的効率性によって国家の生成と存続性を説明している。

（1）ティリー

　ティリーは、1990年の著作の中で、歴史の分水嶺を990年、1490年、1990年と、500年ごとに区切り、ヨーロッパにおける国家建設を、中世末期の軍事革命によってもたらされた軍事的競争力の増加によって説明する。西ヨーロッパでは、1400年頃から大砲、近代的要塞、歩兵、等が発明されたことによって、政治体が安全保障維持のために社会から歳入を確保する必要が生じた。軍事的競争が熾烈になっていく中、異なる政治体は、軍事的ロジックと経済的ロジックをどのように組み合わせて問題に対処するかについて、それぞれの方法で向き合うことになった。この結果、軍事的方法と経済的方法を効果的に用いた政治体は、戦争にうまく対処できることになり、より貧しく、都市化されていないヨーロッパの小国よりも勝ることになった。これは彼の有名なテーゼ「戦争が国家を生み、国家が戦争を生んだ」に沿った説明である。つまり、国家が戦争に必要な歳入を得、その資源を動員する能力を発達させることによって西ヨーロッパ諸国の国家建設は行われた。ティリーによれば、戦争のために国家が社会から歳入を得る力が国家の主要な活動であり、国家建設の重要な

要因であったのである¹³⁾。

(2) スプライト

　一方、スプライトは、1000 年から 1648 年までの国家と国家システムの誕生を、ティリーの議論を洗練する形で、経済的効率性の観点から説明した。彼は、主権国家誕生の契機を、中世末期に進展した経済的相互依存と商業発展に対応する国家の機能的能力に見ている。11 世紀から 13 世紀に起こった経済的変化が社会集団における権力関係を変え、国家という形態が最も効率よく、そういった変化に対応したというのである。軍事的競争を強調したティリーとは異なり、スプライトは、経済的競争が、他の政治体である都市国家や都市同盟といった形態に対して主権国家を勝利に導いたと述べる。つまり主権国家は、中央集権的権威を打ち立てることによって、フリーライドを避け、取引費用を削減し、度量衡を統一し、社会資源を動員して、経済を合理化することに他の政治体よりも成功したのである¹⁴⁾。

(3)国際システム存続の説明

　ティリーやスプライトの国家生成の説明は、歴史上早い段階で国家建設が行われた西ヨーロッパ諸国を対象としているが、国際社会に遅れて参入したヨーロッパの周辺国や非ヨーロッパ諸国の国家建設の場合はどうなのだろうか？歴史的に早い段階で国家が形成された国々と異なり、国際社会に遅れて参入した国家の場合には、国内政治プロセスのみならず国際社会の規範に制約される部分が大きくなる。「国家建設が遅くなればなるほど、国家形成、国家の存続、成長や発展が国内の政治プロセスでは説明できなくなる」と、ティリーは述べた。第 3 世界の国々の国家建設が今日の戦争を違法とする国際規範に強く影響されていることは、疑似国家論のところで見てきた通りである。

　近代国家建設が西ヨーロッパ諸国と第 3 世界の国々の中間の歴史的段階に

第6章｜国際政治学の基礎概念④：国家概念とその変遷

---

13) Charles Tilly, *Coercion, Capital, and European States, A.D. 990-1990*, Blackwell, 1990.
14) Hendrik Spruyt, *The Sovereign State and Its Competitors*, Princeton University Press, 1994.

行われたドイツや日本の場合はどうか？　国際規範と国内政治プロセス両方の相互作用による説明が有効であると思われる。例えば、明治日本は、「文明国水準」というヨーロッパ中心の国際規範に見合った国内法整備を行い、戦争法を中心とする国際法を学び、それを遵守する姿を国際社会に示すことによって、治外法権の撤廃と、関税自主権の獲得を実現して国際社会に参入した[15]。日本の識字率は 17 世紀半ばの時点でヨーロッパ諸国に匹敵しており、江戸は世界一の大都市であり、通貨経済も発達していたが、それらをヨーロッパ中心の国際社会の規範にかみ合うよう作りかえ、国内社会のインフラを整えて、ヨーロッパの文明水準を満たしていることを国際社会に認知される必要があった。ドイツと日本の近代国家建設は、他国に対する領土侵略を不当とする規範が出来上がりつつあったタイミング、すなわち弱肉強食の帝国主義時代の末期に行われ、バリントン・ムアが指摘したように、西ヨーロッパ諸国の場合より短期間で平和的なプロセスではあったが、前近代的な要素を多く残していたために、より人工的にナショナリズムを盛り上げ、恣意的に対外的脅威を強調する方法をとることになった。このように、世界各国の国家建設がステイトとネイションの歴史的対話において、どこに位置付けられるのかは興味深い考察となる。

6. 終わりに：国家の強靭性

ウェストファリア以降、近代主権国家システムの枠組みは普遍的となったが、実態においては、近代西ヨーロッパが経験したよりもはるかに多様な歴史的・文化的背景の下で各々の国家は発展してきた。国民国家の数はウェストファリア条約以降、著しく増大し、その性質も多様化しているのみならず、その相互作用も緊密化し、複雑である。国際法の国内法に対する優位を受け入れる国家も増え、国際世論も重要になり、国家以外のアクターも国際政治に影響を与えている。しかし、こういった国際政治の経験的複雑性にもかかわらず、国家主権に基く国際政治の基本的枠組みは維持されてきた。国家の強靭性をどう説明

---

15) Tomoko T. Okagaki, *The Logic of Conformity: Japan's Entry into International Society*, University of Toronto Press, 2013.

するのか？　それを考える上での材料を提供するのが本章の目的であった。

■ 論述問題

1. 日本にとっての短期的国益、長期的国益は何か？　死活的国益は何か？
2. 対内主権と対外主権を説明せよ。
3. ウェストファリア条約が国際政治にもたらした変化は何か？
4. 西ヨーロッパ諸国と今日のグローバル・サウスの国々の国家建設における歴史的条件の違いを説明せよ。

第3部
国際政治の理論

第7章 | 古典的リアリズム
ーカー、ニーバー、モーゲンソーー

学習のポイント

① リアリズムの理論が、国際政治のアクター、イシュー、イメージについてどういう前提に立っているかを考えよう。
② 理論としてのリアリズムの強みと弱みを整理しよう。
③ リアリズムは今日の国際政治におけるどのような事象や事件を説明するのに有用か考えよう。

　リアリズムは国際政治学理論において、なぜ支配的な地位を占めてきたのだろうか？ 理論として優れているとすればどういう点においてなのか？ 本章では、古典的なリアリストとして代表的な3人の学者の国際政治理論を紹介する。国際政治学史の講義の中で、すでに登場したエドワード・ハレット・カー、ラインホールド・ニーバー、ハンズ・モーゲンソーである。ほかにも、レイモン・アロン、フレデリック・シューマン、ゲオルグ・シュワルツェンバーガー、ニコラス・スパイクマン、アーノルド・ウォルファーズ、ジョージ・ケナン、ヘンリー・キッシンジャーら多くの古典的リアリストがいる中、なぜこの3人に注目するのか？ カーは、第一次世界大戦後の自由主義的色彩が強かった国際関係論に初めて警告を発し、「リアリズム（realism）」と「ユートピアニズム（utopianism）」という、それ以後の国際政治学の基調となる2つの理論的源流を作った。また、多くの学者が「リアリズムの父」と呼んだニーバーの人間についての考察は、ほぼすべての初期のリアリストたちが理論の前提とするところであり、リアリズムのエッセンスが凝縮されたものといえ

る。ニーバーの理論は、モーゲンソーと並んで、戦後アメリカのリアリズムの二大支柱と言われてきた。そしてモーゲンソーは、「パワー」と「国益」に基くリアリズムを提唱し、国際政治学を政治学の一分野として体系化した国際政治学者である。以下、これら3人の思想・理論の内容と、それが今日の国際政治学にいかなる意義を持っているかを検討する。

1．E・H・カー（Edward Hallett Carr, 1892 – 1982）

1）著作の背景

　カーの著作を理解するには1930年代の国際政治の文脈を把握しておく必要がある。カーは、1936年にウェールズ大学のウッドロー・ウィルソン国際政治学講座の教授に任命されるまでイギリスの外交官であった。彼は、この後で説明するニーバーの現実主義に加えて、マンハイム[1]の社会学から強い影響を受けていた。とりわけ、社会のあり方を規定するのが物質的欠乏状態であり、そのために持てるものと持たざるものとの対立が必然的に生じること、また、法や道徳は、社会における支配的グループを利するものでしかないという点である。カーは、「持たざる者」の同意を基に「持てる者」が支配するのが理想と考えていたため、国際政治においては、力を十分に有している支配国家が存在し、その道義的基盤が被支配国家に受け入れられている場合こそ、国際秩序は安定的であるとした。リベラリズムの特徴である利益調和の考え方とは逆に、カーは、資源が有限であるゼロサム状態における国家間対立を国際政治の本質と捉えていた。

　カーは、エストニアの外交官時代にロシア文学に目を開かれ、14巻にもわたる壮大なソ連史を著した歴史家でもある。晩年の著作『歴史とは何か』において、「歴史とは、過去と現在の対話である」、つまり歴史は、単に客観的事実の積み重ねではなく、主観的解釈によって変わっていくという趣旨の言葉

1）Karl Mannheim（1893 – 1947）はハンガリー生まれの社会学者である。有名な著作として『イデオロギーとユートピア』がある。カール・マンハイム『イデオロギーとユートピア』中央公論新社、2006年。

を残したことで有名である。親ソビエトの立場に立つ彼は、伝統的なリベラ
リズムや功利主義思想に裏付けられたイギリスの外交政策に批判的であった。
戦後ヨーロッパの経済復興のために、アメリカが施行したマーシャル・プラ
ンは、イギリスの独立を阻害するものであるとして非難し、米ソ冷戦におい
てイギリスは中立であるべきだと唱えていた。

　第一次世界大戦後のベルサイユ体制は、ドイツに対する懲罰的処遇があま
りに厳しすぎるとして、体制成立の当初から非難の対象となっていたが、特
に世論が親独であったイギリスでは、ベルサイユ体制がドイツに課した返済
不能な多額の賠償金や、ドイツとオーストリアの併合禁止に対して反対が強
かった。1930 年代になると、世界恐慌の影響や列強による植民地侵略等の国
際的危機が生じ、ベルサイユ体制の支柱の１つであった国際連盟の構造的欠
陥、とりわけ新しい安全保障体制としてウッドロウ・ウィルソンが提唱した
集団安全保障システムの欠陥が明らかになっていく中、イギリスのパワーは
弱体化していった。一方、ドイツ、日本が台頭し、ソ連も目覚ましい工業化
を遂げつつあった。カーの著作『危機の二十年』[2] は、このような時代を背景
に第一次世界大戦後から 1939 年までの 20 年間を、人々の思考が過度なユー
トピアニズムに傾き、現実的思考が無視された「危機の二十年」であったとし、
理想主義に傾きすぎていた第一次世界大戦後の願望や不戦思想に警告を発し
たものであった。

2) カーの思想内容と特徴

(1)ユートピアニズム批判

　1939 年に初版が出版された『危機の二十年』は、前半と後半とで議論のトー
ンがかなり異なっている。前半において、カーは、19 世紀的なユートピアニ
ズムや利益調和の考え方に対する鋭い批判を行っているが、後半では、国際関
係の平和的変革やリアリズムの限界についても議論し、ユートピアニズムとリ
アリズムの総合説、つまり、「健全な政治思想はリアリズムとユートピアニズ

---

2) Edward Hallett Carr, *The Twenty Years' Crisis, 1919-1939*, Harper & Row, Publishers, 1939, p.5.

ム、すなわちパワーと道徳的価値観を両方備えた形で築かれなければならない」という、元外交官らしいバランスの取れた議論を行っている。カーがリアリズムの先駆者として考えられているのは、主に著作の前半部分の内容によるものである。第2章の終わりで紹介した、「……原始的段階の政治学はユートピア的であり、願望型思考と客観的正当性とが分離されていない。……願望に対して思考分析が台頭すると、初めて近代的科学としての学問という名に値する段階に入る。」という『危機の二十年』の一節に、カーの国際政治学という学問についての考え方、そしてリアリストとしてのカーの思想の真髄が表われているといえよう。

カーは著作の中で、ユートピアニズムの系譜として3つを挙げている。まず1つ目は、18世紀的啓蒙知識人の楽観主義である。啓蒙主義は、enlightenment という英語の語源が、「光を入れる」という意味であることからも分かるように、正しい立法と教育で無知蒙昧な人間を啓発し、文明化することによって、人間生活の進歩、改善、幸福を増進するという考え方である。啓蒙主義はオランダ、イギリス、フランス、ドイツで特に広まり、フランス革命を擁護する思想にもなった。代表的な思想家として、ロック、ヒューム、モンテスキュー、ヴォルテール、カントらがいる。

ユートピアニズムの2つ目の流れは、19世紀の進歩的自由思想にある。民主主義に基く公開討議や、理性によって問題解決を図ることを強調するジョン・スチュアート・ミルの考え方に表れているように、企業の経済活動の自由や議会制度、また個人の権利を擁護するものであった。3番目の流れは、20世紀初頭のウッドロウ・ウィルソンの自由主義的国際主義である。

カーは、以下のようにユートピアニズムを批判し、リアリズムを提唱している。

　　……ユートピアニズムは本質的に主意主義（人間の意志や意図を重んじる考え方）であり、「べき」型の先見的思考法に従って描いた青写真の実現が意志と努力によって可能と信じる人々である。その3つの前提は、①世論の正義、②民主主義、③利益調和の原理である。しかし、これら3つの前提はすでに崩壊している。一方、リアリズムは、過去に根をおろ

して因果関係を考え、自分の意志ではどうにもならない歴史発展過程の分析に従う。

　……リベラルの原則である利益調和（harmony of interests）は、国際関係における「持てるもの」と「持たざるもの」の実際の対立をぼやかしている。世界の特徴は欠乏（scarcity）である。「持てるもの」はそれを維持しようとして法と秩序を促進しようとするが、「持たざるもの」にとって法や秩序は彼らの状況を改善するものではない。政治はこの状況、すなわち、ゼロサム的状況を理解することから始まらねばならない。「持てるもの」と「持たざるもの」との対立をうまく調整する必要性に気づくことこそ現実的である。国際連盟のような国際機構が真のパワーを持つと考えるのは理想主義的である。

(2)国際政治を規定する物質的価値の配分

　カーは、物質的な価値配分の差が国家の対立の根源にあると考えて、「持てる国」と「持たざる国」とに国家を区別した。例えば、カーが1937年にフォートナイトリー・レヴューに書いた論文には、「……現在のイデオロギー上の対立区分は非常に聞こえのよい、そして人々を過度に熱狂させるものであるが、中身のないものである。………基本的な対立区分は……利益の配分によってほぼ満たされた人々と国家、そして……そうではない人々と国家の間の対立である。」[3] と書かれている。カーにとっては、民主主義国と共産主義国やファシズム国家の差は明確なものでも、大きなものでもなかった。どちらの例もプロパガンダを用い、そのプロパガンダには物質的パワーの裏付けがあると考えていたのである。イデオロギーよりパワーを重視するカーは、軍事力、経済力、世論力をパワーの3要素とし、特に国家安全保障の手段としての軍事力を保持する必要性を主張した。

---

3) *Fortnightly Review*, November, 1937. イデオロギー上の対立区分とは、この場合、ファシストのドイツ、イタリア、日本と、左翼勢力であるフランスとソヴィエトのことである。

（3）イギリスの対ヒトラー宥和政策を擁護

　1938 年 9 月、イギリス、フランス、ドイツ、イタリアの 4 カ国代表団によるミュンヘン会談において、イギリスの首相ジョゼフ・チェンバレンは、ヒトラーにチェコスロバキアのズデーテン地方の割譲を認めた。「ミュンヘン宥和」は、今日では外交政策の失敗であり、独裁者に妥協してならないという教訓を残した歴史的事件とされているところである。しかし、当時、ミュンヘン会談を終えてイギリスに戻ったチェンバレンは、交渉によってドイツとの対決を回避できたことを大きな外交的成果として評価され、賞賛の拍手でもって迎えられた。カーにとってのミュンヘン宥和は、「平和的変革」という章の中で、まさにそれを擁護する趣旨で語られている。すなわち、カーの解釈では、チェコはどのみち犠牲にならざるを得なかったのだから、少なくとも戦争を避け、ドイツのパワーを「現実」として受け入れ、平和的にヒトラーに割譲を認めたのは賢明であったのである。平和は、まずパワーを持っているものが誰なのかを正確に認識することに始まるという意味で、ドイツのパワーを認め、国際危機を回避したミュンヘン会談をカーは評価していた。ヒトラーがその後、拡張主義に走り、次々に隣国を侵略していったのは、むろん周知の事実である。そのため、1946 年出版の『危機の二十年』第 2 版以降は、ミュンヘン宥和についての言及は著作から削除されることになった。

3）カーの意義と評価

　カーの国際政治思想は、この後説明するモーゲンソーらの単純明快な議論よりも複雑で機微に飛んでおり、解釈も様々であるが [4]、カーの国際政治学への最も大きな貢献は、「理想主義（ユートピアニズム）」と「現実主義（リアリズム）」という 2 つの考え方を導入し、その後の国際政治のディスコースの種をまいたことにあるといえよう。カーの『危機の二十年』によって、第一次世界大戦終結以降、支配的であった自由主義的国際主義に終止符が打たれ、「リアリズムの 20 年」が始まったといってよい。少なくとも 1960 年ころまで、リアリズム

---

[4]　Helen Carr, "History According to E.H. Carr," *New Statesman*, May 8, 2019; "E.H. Carr and the Truth," *New Statesman*, May 10 - 16, 2019.

は国際政治学の中で、支配的な地位を占めることとなった。国際政治学における いわゆる第1論争は、カーが唱えたリアリズムと理想主義との間の論争であり、軍配はリアリズムに上がったといえよう。リアリズム対ユートピアニズムの論争は、リアリズム対相互依存論、ネオリアリズム対ネオリベラリズム、と形を変化させながら、国際政治学における理論的対話の中心となって今日に至っている。

2. ラインホールド・ニーバー (Reinhold Niebuhr, 1892 – 1971)

　ニーバーは、ドイツ系アメリカ人のプロテスタントの牧師であり、晩年はエール大学副学長兼キリスト教倫理学の教授を務めた文明批評家および神学者であった。ニーバーは、30歳代であった1920年代は、楽観的自由主義の立場に立つ社会改革論者であり、国際連盟に賛同する立場をとっていたが、フォード社における労働者の悲惨な就労状況を見たのがきっかけで、マルクス主義思想を学び、1930年代には労働運動や社会主義活動に参加するようになった。さらにその後、ソ連の社会主義政権に批判的になると、キリスト教社会倫理の確立により社会正義を目指す立場から、人間の原罪に基くリアリストの国際政治観を唱えるようになった。つまりニーバーは、リベラリズム、マルクス主義、リアリズムすべてを経験した学者である。

　政治経済や社会問題に幅広く発言したニーバーには、著作として17冊の本と1500本の論文がある。そのなかでも有名なのが『道徳的人間と非道徳的社会』(1932)、『ある時代の終焉についての省察』(1934)、『キリスト教と権力政治』(1940)、『人間の本性と運命』(1941 ～ 43)、『光の子と闇の子』(1944)、『キリスト教倫理の一解釈』(1935)、『アメリカ史の皮肉』(1952)、『国家と帝国の構造』(1958)等である 5)。

---

5) Reinhold Niebuhr, *Moral Man and Immoral Society: A Study in Ethics and Politics,* C. Scribner's Sons, 1932; *Reflections on the End of an Era,* Scribner's Sons, 1934 ; *Christianity and Power Politics,* C. Scribner's Sons, 1940; *Nature and Destiny of Man: A Christian Interpretation,* C. Scribner's Sons, 1941; *The Children of Light and the Children of Darkness; An Interpretation of Christian Ethics*, C. Scribner's Sons, 1944; *The Irony*

　しかし、カーやモーゲンソーと違って、もともと国際政治学者ではないニーバーには、国際政治についてのまとまった著作がない。著作数は非常に多いが、国際政治については、神学や道徳関係の本の中で散発的に述べられているのみで、体系的に国際政治を論じたわけではない。宗教的で予言的なニーバーの思想は複雑かつ深遠でわかりにくく、抽象的な言い回しも多い。リベラリズム、マルキシズムを含む様々な思想を取り入れている上、生涯を通して柔軟に考えを変える人でもあったため、ニーバーの思想に一貫性を見出すのはむずかしく、解釈も様々である。

1) ニーバーの思想内容と特徴

(1) リベラル批判

　初期のニーバーは国際連盟を支持し、リベラルの考え方に傾倒していたが、次第に世界政府批判を行うようになり、1930 年代には国際連盟非難の口火を切った。『道徳的人間と非道徳的社会』では、国際政治学において、ナイーブな理想主義が支配的であり、個人の権利を主張する哲学に基く間違った道徳主義を通して国家間関係が捉えられていること、道徳と政治が混同されていることを批判している。ニーバーは、『ある時代の終焉についての省察』において、以下のようにリベラリズムを特徴付けている。

　① 不正義は、教育と知性の発達によって克服できる。

　② 文明は進歩する。世界は道徳的になってきている。

　③ 社会システムではなく、個人によって正義は達成される。

　④ 友愛と善意が最後には勝つ。

　⑤ 人間の利己心は容易に克服される。

　ニーバーの批判は、リベラリズムが人類の進歩を確信し、人間の意志と善意を信じることに終始し、人間の存在の悲劇、非合理性、人間の歴史の残酷さを理解していない点にある。さらに、『人間の本性と運命』の中では、16 世紀の宗教改革の中心であったルターの言葉「人間の究極的な原罪は、自分が原罪を

of American History, University of Chicago Press, 1952; _The Structure of Nations and Empires,_ Scribner's Sons, 1959.

持つ者であることを認めないことにある」を紹介して、人間の本性についての理想主義の代表である合理主義、ロマン主義、ルネサンス、ブルジョワ個人主義、自然主義すべてが、人間の良心や善を頑なに信じすぎていると述べている。

(2)キリスト教的人間理解

　ニーバーの思想の特徴は、現代世界に直面する社会問題にキリスト教を関連させた点にある。キリスト教の人間理解を通してのみ、現代の人間社会の問題が理解でき、社会の混乱が解決されるという立場から西洋文明における人間の本性についての思想を研究したニーバーは、人間の本性の二面性をとなえ、人間の完全性を否定した。人間は善の可能性も持っているが、それは人間性に潜む原罪、攻撃性、欲情と対立している。人間は、絶えず、羨望、嫉妬、傲慢、頑迷、そして貪欲の衝動におぼれるものであるのに加えて、想像する動物でもあるため、その想像力にものろわれている。すなわち、今日得た富や安全が明日も保障されるとは限らないため、人間の欲求は満たされることはない[6]。

　ニーバーの原罪についての分析は、聖書にある蛇の誘惑の話（アダムとイヴ）から来ており、人間が自由でありながらも制約されている立場から、不安定、不安、誘惑が生じると論じている。不安は原罪そのものでもあるが、創造性の基礎でもある点で、人間の本性のもつ二面性の議論へとつながっている。

(3)個人と集団の違い

　初期のニーバーは、人間個人の行動と集団における人間行動を区別し、人間は社会すなわち集団において顕著な利己主義を示すと考えていた。個人は利他的な動機づけで行動することもできるが、人間社会や社会集団にはできないため、人間の原罪が社会（国家）規模で投影されるのである。「社会は個人のエゴ

第**7**章　古典的リアリズム

6）ホッブズの『リヴァイアサン』11章にこれと同じ考え方がでてくる。「……人間の欲求の目的はただ1度だけ、あるいはただ1分間の享楽ではなく、将来の欲求への道を永遠に確保することにある。……あらゆる人間に見られる死に至るまでやむことのない権力への不断のやみがたい欲求の原因は、……生きていくために現在所有している力や手段を維持しようと思えば、人はさらに多くの力や手段を獲得しなければならないという点にある。」モーゲンソーはこれを安全のマージン（margin of safety）と呼んだ。

イズムを最高度に高め、個人の利己主義を集団的エゴイズムに変える。した
がって、集団のエゴイズムには2倍の圧力がかかっている。いかなる集団も
利害にとらわれず純粋に行動することはないため、政治は権力闘争になる運命
にある」[7] とニーバーは述べる。ただしこの後、ニーバーは人間個人と集団の
エゴイズムを質的に区別することは次第になくなり、単なる程度の差という見
解を持つようになった。また、すべての国家（集団）が同じように邪悪であるの
ではなく、ある集団が別の集団よりも邪悪である場合があると考えるようにな
り、この観点から、アメリカの民主主義を擁護し、ソ連を批判するようになっ
た。

(4)「光の子」と「闇の子」

　『光の子と闇の子』は、社会倫理についての体系的な研究である。「光の子」
と「闇の子」という言葉は、人間の二面性を表す比喩的な言葉として使われて
いる。ニーバーは述べる：

　　「光の子は普遍的な法則と普遍的善と調和する形で自己利益を抑えよう
　　とするが、闇の子はより道徳的なシニックである。闇の子は彼らの意志
　　と利害を超える法則を知らない。バカな光の子は近代的民主的文明を築
　　いたが、人間の本性についての真実に気づかなかったため、その文明は、
　　闇の子からの攻撃によって崩壊する。光の子が築き上げたものを維持し
　　たいならば、彼らは闇の子の知恵を持ちつつ、かつ、彼らの邪悪さから
　　自由でなくてはならない。光の子は人間社会の利己心を道徳的に正当化
　　することなく、その力を知らねばならない。」

　ニーバーはここで、現実を知りつつもシニックであってはならないし、善
を知りつつも馬鹿であってはならないと述べている。この比喩は国際政治に
も当てはまる。国際法や世界政府によって純粋な世界共同体が構築できると

---

7) "Human Nature and Social Change," *Christian Century*（ニーバーが創刊した雑誌）,
　1933.

考えるのが光の子である。アメリカ人は特にこういった幻想を抱きがちであるが、国際政治に望めるのは、せいぜい大国間の安定的な取り決めくらいである。センチメンタルな理想主義の象徴である光の子も、シニカルな現実主義の闇の子も、人間の能力の幅を正当に評価するには十分でないとニーバーは主張する。

(5)アメリカの外交政策への示唆

　ニーバーは、第二次世界大戦後、人間についての洞察を国際政治に当てはめて、米ソ関係を考察した。自由主義的幻想を否定し、道徳主義がアメリカ外交の根本的問題であると考えていたため、ソ連の拡張主義に対して、アメリカは道徳主義やセンチメンタルな幻想で臨んではならず、パワーにはパワーで対抗すべきであること、戦争において問題となるのは物質的力のみであることを説いた。当時の別のリアリストであるフレデリック・シューマンが、ソ連の政治指導者たちは現実主義者であるがゆえ、拡張はしないと述べていたのに対し、ニーバーは、ソ連はマルクス主義の信条により、拡張すると考えていた。そのため、ソ連に対する宥和に反対し、アメリカは積極的に堅固な戦略と経済再建に従事すべきであると説いたのである。

　ニーバーが対ソ強硬路線を支持したのは、国内体制の観点からみて、ソ連はより罪が重く、アメリカはより正当であるという理由によるものであった。アメリカは多元社会・民主主義社会であるため、集団的プライドを抑え、正義の追求を促す仕組みを持っているが、ソ連はそうではない。ソ連に支配的なマルクス主義は、西側の多元主義を侮辱する嫉妬深い信条であり、そのドグマに服しない者に対し、あらゆる文化的・科学的・宗教的利害を抹殺しようとするものであるとニーバーは批判した。自由主義対ファシズムや自由主義対共産主義の観点から国際関係をとらえず、持てるものと持たざる者とのパワー関係でとらえていたカーと異なるのは、ニーバーがイデオロギーの差が重要と考えていた点である。

　国益を外交政策の唯一の指針とするモーゲンソーやジョージ・ケナンの考え方に対し、ニーバーは、自己の知識とパワーの限界をつつましく認め、国益の

みに基く過度な政策を避ける外交政策を提唱した。リアリストの思想に典型的な慎重さ（prudence）と中庸（moderation）の考え方がここに認められる。エドモンド・バークの影響を受け、政治理論を実践と結び付けるには慎重さが必要であると考えていたニーバーは、純粋な国益、パワー等の概念のみに頼って外交政策を展開することに反対であった。人間集団の道徳性を強調しすぎるものとしてリベラリズムを批判する一方、国家利益の排他的追求が道徳的シニシズムを永遠に生み出すことも懸念していたのである。

コラム　ニーバーの祈り

　ニーバーがマサチューセッツ州西部の山村の小さな教会で、1943年の夏に説教した時の以下の祈りは有名である。

The Serenity Prayer

*God, give us grace to accept
with serenity
the things that cannot be changed,
Courage to change the things
which should be changed,
and the Wisdom to distinguish
the one from the other.*

神よ
変えることのできないものについては、
それを静かに受け入れる優雅な潔さを与えたまえ。
変えるべきものについては、
それを変える勇気をわれらに与えたまえ。
そして、両者を、識別する知恵を与えたまえ。

（C.W. Kegley and R.W. Buell, eds., *Reinhold Niebuhr*, New York: Mackmiolan, 1956.）

2) ニーバーの意義

　ジョージ・ケナンは、ニーバーを「我々すべての父」と呼んでいる。カー、シュワルツェンバーガー、モーゲンソーらも、ニーバーの人間の本性とその社会についての洞察から大きな影響を受けている。ニーバーの悲観主義的な人間理解、他の社会集団との対立、集団間の相互作用において永遠に続く紛争、国家中心の国際政治、擬人化した国家のイメージは、国際政治における現実主義アプローチの道徳的・倫理的基礎を末永く提供することとなった。ニーバーの思想は、人間の本性と原罪、強引さのない合理的一貫性、慎重さと実際的道徳を兼ね備え、リアリスト以外の国際政治学者にも大きな影響を与えてきた。

3. ハンズ・モーゲンソー（Hans J. Morgenthau, 1904 – 1983）

　モーゲンソーは、ナチスの迫害を逃れて第二次世界大戦中にアメリカに移民してきたユダヤ系ドイツ人である。モーゲンソーは、カーのリアリズムとユートピアニズムの総合説を批判して、ユートピアニズムとリアリズムは本質的に異なる思想であるとし、徹底的リアリズムを説いた国際政治学者である。代表的著作としては、進歩的改革主義に反対した、『科学的人間と権力政治』(1946)、『国際政治』(1948) がある[8]。

1) モーゲンソーの理論の内容

(1) 不可避の人間性：パワーの追求

　モーゲンソーは、ニーバーの影響から、人間の原罪がリアリズムの源であるとし、人間の本性に基いて、攻撃的でパワーを追求する国家のイメージを構築した。モーゲンソーにとってパワーとは、「他の人間の心と行動に対するある人間の支配 (Man's control over the minds and actions of other men)」であり、政治的パワーとは、公的な権威の所有者間の相互的支配関係、または彼らと一般大衆の間の相互的支配関係である。これは、物理的暴力とは区別される心理

<small>第7章　古典的リアリズム</small>

---

8) Hans Morgenthau, *Scientific Man versus Power Politics*, Latimer House, 1947;, *Politics among Nations: The Struggle for Power and Peace*, Alfred A. Knopf, 1948.

> **コラム**　国際政治学とユダヤ人
>
> 　ナチスの迫害を逃れて1930年代から1940年代にかけてアメリカ
> に渡ったユダヤ系学者の国際政治学への貢献は大きい。モーゲンソーの
> ほか、ハーツ、ウォルファーズ、ドイッチュ、ハースらがその例である。
> しかし、彼らの国際政治思想には想定されるほどの類似性はなく、現実
> 主義から理想主義まで、また伝統主義から行動科学主義まで様々である。
> 国際政治学におけるユダヤ人の貢献は興味深いテーマであるが、このテー
> マについていまだまとまった論考が出されていないのは、この多様性の
> ためであろう。

的関係である。モーゲンソーは、パワーの根拠を、あらゆる人間に共通の、パ
ワーを求める衝動・欲求に見出している。つまり、パワーは人間の本性につい
ての客観的法則とも言える、人間の意志では制御できない不可避の人間性なの
である。「生きる衝動、繁殖の衝動、そして支配する衝動は、すべての人間に
共通するものであり、まさしくそれゆえに、権力政治（パワーポリティクス）
は社会生活と不可分なのである」と、モーゲンソーは述べる。彼によれば、パ
ワーはそれ自体が目的であり、パワー追求の必要性が国際システムを必然的に
無政府状態にしている。国益はパワーの観点から定義されるため、その内容は、
歴史・政治・文化的文脈に応じて可変的である。国際政治学を「パワーで定義
される国益を追求する国家についての学問」と定義したモーゲンソーのパワー
についての鋭い洞察は、政治学として国際政治学を体系的に発達させる契機と
なった。具体的には、モーゲンソーは、パワーを地理、天然資源、工業力、軍
事力、人口、国民性、国民の士気、外交の性質、政府の性質等から検討してい
る。

(2)国益の適応過程としての国際政治

　モーゲンソーの理論において、「パワー」と並んで鍵となる概念は、「国益」で
ある。政治行動を「パワー」と「国益」という分析道具を用いることによって、時

間と空間を超える一貫した統一的観点の下に置き、政治を合理的に理解しようとしたのがモーゲンソーであった。国際政治においては、国家が主要アクターとなるため、パワーの観点から生まれる国益が国際政治の本質となる。パワーから定義される国益は、最低限のものとして、物理的・政治的・同一性の保持である。国家は、絶え間ない対立と戦争の脅威を想定して、アクター間の利害関係を調整し、対立と戦争を最小限に食いとどめることを前提に行動する。この意味で、国際政治は国益の適応過程である。より具体的には、モーゲンソーは、国益を死活的国益と他の国益に分けて考察している。前者は歴史を通じて不変の、政治的・文化的統一体としての国家の領土、政治組織、および文化の保全と安全保障であり、後者は政策決定者の個人的性格、世論などによって決定される可変のものである。

(3)政治の本質

　政治学の基礎はパワーであり、パワーこそ政治学を独立した学問領域たらしめるものであるとモーゲンソーは考えている。政治はパワーをめぐる闘争であり、このパワーについての真理は国際政治にも当てはまる。そして、国際政治も政治一般と同様、パワーの獲得を直接の目的とする権力闘争の政治である。モーゲンソーにとって、パワーについてのこういった考え方から導き出される政治学の本質は、最小悪を目指すことである。利害対立や競争の行われている世界では、道徳原理の完全実現は不可能である。したがって、世界の進歩は絶対的善を目指すことによってではなく、人間の本性を受け入れて、「最小悪」を目指すことにおいてのみ可能であることになる。1954年の『国際政治』第2版で、モーゲンソーは、政治的リアリズムの6原則を掲げている：

① 人間の本性に由来する客観的法則に政治は支配される。
② パワーの観点から定義づけられる国益が国家行動を規定する。
③ パワーの概念は状況と場所によって異なる。
④ 道徳性と、取るべき政治行動は緊張関係にある。
⑤ すべての国家はパワーによって定義される国益を追求する政治的アクターである。

⑥　リアリズムは法的・道徳的アプローチとは全く異なる。政治は他の人間
　　行動の分野から独立している。
　人間のパワーを求める欲求・衝動が国際政治を絶え間ない権力闘争にしてい
るというモーゲンソーの考え方は、ホッブズやマキアヴェッリやルソーより
も 19 世紀末のダーウィン、ヘーゲル、ニーチェらの思想の影響を受けたもの
である。国際政治の世界を、政治一般と同じく、権力闘争の世界として特徴づ
けたモーゲンソーが、国際社会における本質的な安定要因として考えていたの

コラム　悲劇学派と邪悪学派

　アーノルド・ウォルファーズは、リアリズムを悲劇学派（tragedy
school）と邪悪学派（evil school）の 2 つに分類した。前者は、国際政治の
独立変数として、「アナーキー」という国際システム要因を重視し、運命
論（決定論）主義の見方をとる。ジョン・ハーツやケネス・ウォルツ、ツ
キジデス、マーティン・ワイトらがこれに含まれる。後者には、人間の
本性の邪悪性に国際政治の根本的原因を求めるニーバーやモーゲンソー
らが含まれる。

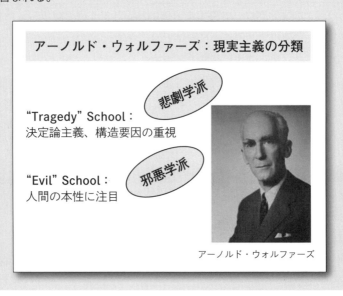

アーノルド・ウォルファーズ：現実主義の分類

悲劇学派

"Tragedy" School：
決定論主義、構造要因の重視

邪悪学派

"Evil" School：
人間の本性に注目

アーノルド・ウォルファーズ

は勢力均衡であった。また、その実現が各々の国家の政治家の能力にかかっていると考えていた。その他、外交交渉、道徳、世論といった要素についても、モーゲンソーは国際秩序安定の条件として検討し、理論的要素と規範的色彩の両方を含む政治的リアリズムを構築したのである。

2) モーゲンソーの意義

　モーゲンソーの理論は、まず第1に、実際的意義において評価されよう。すなわちそれは、冷戦の文脈に沿ったものであり、アメリカの覇権を正当化するものであった。アメリカ国民にソ連との対決が人間的本性に基く永久・不可避の権力闘争の1つであることを説得する内容を持っていたのである。

　第2に、モーゲンソーは、パワー、国益といった、政治学の一形態として国際政治学を位置づけるような中心的概念、分析の道具を提示し、従来、歴史や国際法の観点から論じられていた国際事象を政治学の立場から分析し、リアリズムを体系化した。彼の理論がそれ以前のものと比べると、すっきりとして明確であり、わかりやすかったことは、リアリズムが戦後の国際政治学において支配的地位を占めるに至ったひとつの理由である。

　第3に、モーゲンソーが明確な概念を使って、それまでの国際関係論との違いを打ち出したことによって、国際政治学のアプローチや理論のありかたについてのその後の議論へとつながった。

　第4に、モーゲンソーの理論は、事実に基いた、説明的理論を構築しながらも、規範的要素も内包していた。彼の理論の中にしばしば処方箋が描かれ、理論と規範の区別がなされていないところは、理想主義者たちと共通している。モーゲンソーは、道徳と世論と法律という3つの規範が権力闘争に対して一定の制御をもたらすと考えていた。理論としてのリアリズムと政策としてのリアリズムの区別がなされていない点については批判も集中する。こういった主意主義（voluntarism）は、モーゲンソーひいては古典的リアリストに共通する特徴である。

4.　古典的リアリズムの特徴

　古典的リアリストの国際政治分析は、第１イメージに属すことが多い。国際政治を持てる国と持たざる国の対立として見ていたカーを除いて、ほぼすべての初期のリアリストたちは、戦争の原因を人間の本性、とりわけ欲望や原罪といった邪悪な性質に見ていた。リアリストたちに共通の国際政治のイメージは、自律的な政治単位間の抗争の図式であり、弱肉強食の世界である。無政府構造の国際システムにおいて国家間の共通利益は見つけにくいという前提に立ち、戦争の必然性、国際政治に繰り返し起こる戦争と勢力均衡のパターンの中に国際政治の本質を見ていた。このことは、「国際政治の本質は権力政治であり、勢力均衡が国際政治の基本原理である」というアーノルド・トインビーの言葉に凝縮されている。

　古典的リアリストたちはまた、のちのネオリアリストたちと異なって、国際政治学を科学的に研究するよりも、現実の国際関係事象、歴史的文脈から強い影響を受け、問題解決の処方箋を描こうとする傾向が強かった。カーは第一次世界大戦後蔓延していた過度な楽観主義・理想主義に警告を発するべく『危機の二十年』を執筆した。また、ニーバーはミュンヘン融和を批判し、モーゲンソーと共に冷戦下の国際政治におけるアメリカの位置づけを意識して規範的議論を展開した。

　国際政治学を学ぶにあたっても、変化するものと変化しないものを識別する力、つまり、何が時代を超えて不変であり、何が人間の意志や努力によって変化していくのかを見分ける冷徹な目が必要である。おそらく、リアリズムが国際政治学において支配的であり続けた理由のひとつは、国際政治に繰り返し起こるパターンや持続性に注目することによって、時代を超越する要素 —— それが人間の本性であれ、システムの特徴であれ —— を真正面から扱い、国際政治の核心に迫ったところにあるのだろう。時代を超えて変わらないものには、しばしば物事の本質が表れるからである。ツキジデスが人間を動機づけるものとして、恐怖、利得、名誉を挙げたのを思い出そう。『ペロポネソス戦史』（紀元前５世紀）を読むと、人間の営みがいかに変化していないかが実感できる。

　リアリズムのエッセンスとは何か？　それは、人間の傲慢さ（hubris）に対する戒めであり、過度のオプティミズムに対する慎重さ、完璧よりも中庸と最小悪を目指す謙虚さ（humility）に集約できるであろう。こういったリアリズムのエッセンスは、ヘロドトスやツキジデスの時代から脈々と受け継がれてきたのである。

■ 論述問題

1. モーゲンソー、ウォルツ、ウォルト、ミアシャイマー、リップマンといった国際政治学のリアリストたちは、ベトナム戦争やイラク戦争に反対してきた。その理由はなぜなのか、リアリズムの思想に照らし合わせて論じよ。
2. カー、ニーバー、モーゲンソーの国際政治思想を比較し、類似点、相違点を整理せよ。

第8章 ネオリアリズム
―ケネス・ウォルツの国際政治理論―

学習のポイント

① 古典的リアリズムとネオリアリズムの違いを理解しよう。

② ケネス・ウォルツの国際政治理論が国際政治学の学問的発展に持った意味を考えよう。

③ ネオリアリズムをめぐって、どのような論争が起こったか、整理しよう。

ネオリアリズム、すなわち、国際政治学における構造主義的現実主義を理解するには、もともと生物学の概念であったシステムの理論や、1970年代に一

構造主義の思想家たち

レヴィ＝ストロース　ソシュール　ラカン　フーコー　アルチュセール

世を風靡したソシュール、レヴィ＝ストロース、ラカン、フーコー、アルチュ
セール、デリダらに代表される構造主義思想について知る必要がある。この章
では、構造という概念、および構造主義思想一般を概観した上で、国際政治学
に構造主義の方法論を応用したケネス・ウォルツのネオリアリズムについて学
ぶ。また、ネオリアリズムが国際政治理論として達成したもの、しえなかった
ものを踏まえて、日本においてウォルツの理論がどう受容されてきたかについ
て検討したい。日本におけるネオリアリズムの受容の仕方には、日本独特の学
問風土が反映されているからである。

1. 構造主義とシステム論

　構造主義とは、ある事件や事象を説明しようとする場合に、主体の意識を超
えたところで働く無意識の構造を解明しようとする科学的認識の方法であり、
言語学の方法を通じて人文・社会科学に取り入れられたものである。構造主義
は、「主体」を社会構造の産物であるとして、主体の意図とは関係なく偶然に生
じた事象に注目し、経験的なリアリティーの背後にある長期的なシステムの構
造に目を向ける。

　西洋近代は、芸術、学問、ありとあらゆる人間の生活に主体主義的な考え
方が浸透していた時代であった。デカルトの「我思う故に我あり（*Cogito ergo
sum*）」という有名な言葉には、西洋近代の人間主体概念が集約されている。ル
ネサンス以降、発達した遠近法（パースペクティブ）という、物を見るひとつの
制度も、近代ヨーロッパの知のシステムの特徴をよくあらわしている。遠近法
は、目に見えるありのままを描く方法であり、画面をリアルに見せるための工
夫として絵画の制度となって定着したものであるが、これは、中世的な権威か
ら解放された自由な視点を持った近代的人間のものの視方の前提でもあった。
つまり、世界がどう見えるかは、いつどこからそれを視るかに左右されるため、
視る主体の時間と場所がはっきり意識される。特に場所、すなわちこの世界を
視ることを自覚した人間の視点は、一点にしっかり固定されていなければなら
ず、ひとつに固定された視点とは、世界を視る私という主体の視点である。

　ヨーロッパ近代の産物としての歴史主義、人間中心主義が最高潮に達したのが実存主義[1]であった。それが崩壊し始めるのが1970年代頃であり、遠近法解体の過程と構造主義登場の過程は平行していた。構造主義が唱えたのは、主体の死であり、主体的人間の終焉であった。人間が歴史や社会を作るのではなく、社会構造が人間を作るのであり、物事やその意味を決定するのは、個人的な意思や努力ではなく、不可視の構造であるという立場をとるところに構造主義の特徴がある。「構造」とは科学的な概念であり、構造主義は実存主義に対抗することによって、西洋近代を一言で集約してきた「主体」を終焉させたといえる。近代ヨーロッパ文化の支柱ともいえる「主体」の概念を根本からゆるがし、ある事象が人間の意志を越えた長期的な力や偶然によって起こるという新しい視点を知の領域に提供した構造主義の視点は、多くの人文・社会科学分野に波及することとなった。

2.　ケネス・ウォルツの理論

　ケネス・ウォルツの『国際政治の理論 *Theory of International Politics*』(1979)は、モーゲンソーの『国際政治』(1948)によるリアリズムの体系化以来、最も重要なリアリズムの著作として考えられている。1959年の『人間、国家、戦争 *Man, the State, and War*』で、ウォルツは、分析のレベルを決めなければ理論は発展しないという立場から、国際政治事象を説明する3つの分析イメージを提示した。第1イメージすなわち人間、第2イメージすなわち国家、第3イメージすなわち国際システムである。この著作中には、ウォルツがその20年後に発展させる国際政治理論についての考え方の基本がすでに表れている。

　ウォルツは、異なる政治指導者や異なる政治システムを持つ国も、似たような対外政策をとる結果に終わることを指摘し、個人レベルや国内体制レベル以外の要因が国際政治に繰り返し生じるパターンを生むと考える。なぜか？　その根本的要因が国際システムレベルにあるからである。国内政治システムや国

---

[1]　例えば、サルトルとボーヴォワール、カミュ、キュルケゴール、ティーリッヒ、フロム、ニーチェらの思想を参照。

『国際政治の理論』（1979）

ケネス・ウォルツ

家の指導者は、アナーキカルな国際システムの構造によって制約されるため、国家行動は似たものとなるというのが、1950年代から一貫したウォルツの主張である。ウォルツがライフワークとしたのは学問としての歴史も浅く、未発達であった国際政治学を体系化することであった。数学と経済学の学問的背景を持ち、論理的にものを考える訓練を受けていたウォルツは、『国際政治の理論』において、ミクロ経済学を応用した社会科学指向の強い国際政治理論を構築した。1980年代のアメリカの国際政治理論はウォルツとの対話一色であったといってよい。ウォルツの理論をめぐる論争によって、国際政治学は学問としての成熟を見たといっても過言ではないであろう。

1）厳密な理論の定義

　『国際政治の理論』の著作目的は、厳密な国際政治理論を発展させることであった。ウォルツは、従来の国際政治学は理論からかけ離れすぎていたとして、まず既存の国際政治理論を批判することから始めた。例えばモーゲンソーが「理論」という言葉を緩く用いていたのに対し、ウォルツにとって、理論は特にイムレ・ラカトシュの科学的手法を用いて正確に定義づけられている。

　『国際政治の理論』第1章でウォルツは、法則と理論という2つの概念に照

らし合わせて理論について議論している。理論は1）物事が生じるパターン、すなわち法則と、2）法則を説明するもの、という2つの意味がある。法則とは、変数の間に関係を構築するものであり、If ~ then ~で表されるパターンである。理論とは、ひとつには、「ある特定の行動や現象に関する法則の集合あるいは束」であり、別の定義では、「法則を説明するもの」である。第2の定義において、理論は質的に法則とは異なっている。法則は普遍の関係性、もしくはその関係の可能性を明らかにするが、理論はこれらの関係がなぜ起こるのかを示すものである。一方、法則はある関係がなぜ成り立つのかを述べることはない。つまり、法則は相関関係（correlation）を示すものであり、理論は因果関係（causation）を示すものなのである。

　理論について、ウォルツはさらに議論する。まず第1に、理論は帰納法[2]によっては構築できない。レヴィ＝ストロースの帰納主義的錯覚（inductivist illusion）という言葉を用い、ウォルツは、観察や経験が原因を知ることにはつながらないことを主張する。ロス・アシュビーが「大切なのは、役立たない詳細に圧倒されることなく、本当に知りたいのは何なのかを見つけ出すことである」と述べたように、経験的知識は無限の広がりをもっているため、何らかの導きがなければどのような情報を集めるべきか、それらをどう組み合わせてわかりやすくするのかわからないからである。

　第2に、理論的概念は発見されるものではなく、「発明」されることしかできない。「発見」される法則と違って、理論は創造的に作られるのである。したがって、理論は法則を作る努力からは生まれない。どんなに長くつらい試行錯誤の過程を経たとしても、ある時点で明晰な直感がひらめき、創造的な考えが浮かばなければ理論の構築にはつながらないとウォルツは述べる。例えば、レヴィ＝ストロースが親族の構造や神話、食物の原理についての理論を創造したのを思い出してみよう。また、ニュートンが万有引力の法則にどのようにして

---

2) 個々の具体的な事実から一般的な命題や法則を引き出す方法であり、フランシス・ベーコンらが代表的である。これと対称的に演繹とは、経験に頼らずある理論の前提からはじめて、論理によって新しい結論を導く方法であり、ホッブズ、デカルトらに代表される。

至ったか考えてみよう。理論を形成するには、裸眼には何も見えないところにあるパターンを想像することが必要となる。そのパターンとは、日常の世界における実体の総和ではなく、ひとつの独立した全体である。いうなれば、理論構築には想像力（imagination）と創造力（creativity）が必要なのである。

　第3に、洗練された理論は、現実から過度に離れたものとなる。理論は現実の幾つかの部分を説明するものであるため、理論が説明する現実とは異なる。理論は真実の体系でも現実の再現でもなく、ある問題領域の組織構造とその部分同士の関係を描いたものである。つまり、ある要因が他の要因よりも重要であることを示し、それらの間の関係を明らかにしたり、理論がなかったならば共通点のないはずの事実を関係させて示すのである。ある現象の幾つかの変化が必然的に他の現象の変化をどのように伴うかを示すのが理論であるから、理論が現実からかけ離れていてもそれはあたりまえであり、理論化の作業を行う時には、我々が見たり経験したりすることはほとんど脇にやられることになる。

　第4に、理論は1つの問題領域を知的に扱うために、その問題領域を他のすべてから孤立させる。ウォルツが「分析のレベルを区別しなければ理論は発展しない」と述べるのはこのことである。国際システム（第3イメージ）を独立した変数として扱い、第1イメージ、第2イメージの属性を捨象するのは、ウォルツが説明しようとしたのは、戦争がなぜ繰り返し国際政治に起こるかの説明であって、それぞれの戦争がどういう状況の下で起こるかではないからである。アノミー[3] という概念を用いて自殺率が高い状況を説明したエミール・デュルケームの『自殺論』が、どういった個人がどういう環境の下で自殺するのかを説明したものではないのと同じである。理論は理論が説明しようとするものの観点から批判されるべきであり、理論が説明していないものについてその理論を批判するのは間違っているとウォルツは主張する。

　第5に、ウォルツは、「観察される事実」を越えるためには、説明という問題に取り組まなければならないと述べている。第1章で、理論の果たす役割

第**8**章　ネオリアリズム

3）社会に支配的な規範や価値体系が混乱または崩壊した状態、あるいはそういった状態を反映する人間の不安感や自己喪失感、無力感など、行為を規制する共通の価値や道徳的基準を失った混沌状態を指す。

として、①体系的描写（相関関係）、②予測（これもやはり相関関係に基いている）、③説明を挙げたが、ウォルツが重視するのが③であることは言うまでもない。ウォルツにとって洗練された理論とは、説明力が一番高いもののことを指している。

2）国際政治のシステム理論の構築

　ウォルツは、時間と空間を超える普遍的な国際政治理論の構築を試みた。ウォルツによれば、国際政治を理解するには、システミックな理論を通してするしかない。システムの単位の属性にのみ注目することは、還元主義（reductionism）、すなわち国家レベルや個人レベルで国際政治事象を理解しようとする過ちを犯すことになる。還元主義とは、システム理論の対語である。また、システム理論は、システムの変化ではなく、システムの反復と継続を説明する。

　アクターの属性や相互作用が多様であっても国際政治に起こる結果は類似し、繰り返すのはなぜか？　これに答え、観察されるものと生じる結果とのギャップを説明するのが体系理論である。そして、ウォルツの答えは、国際政治の構造にある。国際政治の結果がアクターの意図から独立して生じ、異なるアクターが結果的に似た行動を取ることを説明するには、国際システムに持続的な基本構造を考えなければならない。

　構造には3つの重要な側面があり、それらは、①秩序原理、すなわちシステムにおけるアクター同士の関係が階層的か水平的か、②機能の分化（特定化）、すなわちアクター間の分業、③アクター間の能力分布（大国の数）、である。第5章でみた通り、国際政治は無政府構造であるから、階層構造の場合と異なり、国家は、遂行する機能によって分化されることはない。国際政治において問題となるのは、①の秩序原理と③の単位間の能力分布だけである。

　無政府状態である国際システムは自助システムであり、そこでは国家は、相対的利得に不安を持ち、他国との分業や他国への依存を恐れ、自給自足で自国の存続を図ろうとする。国際政治の単位である国家については、自国の存続を保障しようとして行動すると仮定されているのみである。構造的制約によって

構造の３つの側面

1）秩序原理：
　＝アクター同士の関係が階層的か水平的か

2）機能の分化・特定化
　＝アクター間の分業  国内政治でのみ
　　　　　　　　　　　問題となる

3）アクター間の能力分布
　＝大国の数

国家は一定の行動を促がされ、一定の行動に対して懲罰を受ける。すなわち、自らを効率よく助くる能力を持たないものは繁栄せず、身を危険にさらすことになる。そういった事態への恐れから、国家は結果的に国際政治に勢力均衡をもたらすような形で行動するよう社会化され、このため、単位の行動は似通ってくるのである。

　こうしてウォルツは構造がアクターにもたらす制約を通して、アクターの動機づけとは矛盾する、予期せぬ行動結果が生まれる論理を説明した。ウォルツは、各々のアクターが合理的に行動することによって不合理な結果が生まれるという集合行為の論理を、国際政治の構造的制約として説明したのである。国際政治の構造によって、国際システムの持続的パターンや国家行動の繰り返し、およびすべての国家に課される制約が説明されることをウォルツは示したのである。

　『国際政治の理論』の５章と６章が、「無政府状態」という秩序原理としての構造がアクターをいかに制約するかを論じ、アクターの動機付けと国際政治の帰結との間のギャップを説明する国際政治理論を構築したものであったとすれば、７章、８章、９章は、極の数、すなわちアクター間の能力分布としての構造が、アクターの行動様式や国際政治の帰結にどう影響するかを論じたものである。秩序原理が国際システムの構造を規定する大まかな全体的傾向であるのに対し、極の数は、この全体的傾向を前提とした上で、大国の数と能力の大き

さに応じて具体的に異なる国際システムを特徴付けるものである。つまりウォルツは、「構造」をふたつの意味で用いていることになる。1つは分析（説明）変数としての「構造」（ヒエラルキーかアナーキーか）、もう1つは、叙述概念としての「構造」（単極、2極、多極）である。

　大国の数による議論の中で、ウォルツは2極システムの安定性を説く。多極システムにおいては誤認（miscalculation）が生じやすく、単極システムでは、過剰拡張主義（overextension）が問題となるが、2極システムでは、脅威の源泉もはっきりし、同盟ではなく自国が持つ手段のみによって勢力均衡が保たれるからである。2極システムでは過剰反応（overreaction）は生じやすいものの、誤認の場合のように戦争に導かれる可能性は低い。また、ウォルツは相互依存ではなく、相互独立こそ国際システムの安定の源であり、冷戦期当時の米ソ関係がまさにそれを体現していたことにも触れている。

3.　ネオリアリズムの内容と特徴

1)　国際政治のアクターについて

　ウォルツのネオリアリズムにおいては、国際システムの主要アクターは国家である。国際政治の理論は特に大国中心に書かれる。しかし、古典的リアリストのモーゲンソーらと異なり、国家は自己保存する欲求を持っているのみであり、必ずしも「パワーへの絶えざる欲求」を行動原理とはしてない。国家が自らの安全と自己保存のみに関心を持ち、他国からの潜在的脅威を認識して行動する結果、勢力均衡が生まれる。これが国際政治に繰り返すパターンである。歴史的に生じる勢力均衡システムは、大国の数によって定義づけられる。国際システムの構造は、システムに大きな影響を及ぼす国々によって生成されるため、大国中心になるのである。

2)　還元主義批判

　先に触れたが、ウォルツは、全体システム（国際システムの構造的要素）と下位システム（国家レベル以下の要素）を理論上、区別する。システムの構成要素

である国家がどのような国家であるか、どのように行動するかは、国際政治の帰結とは関係ない。システムの構成要素のみを研究することを「分析の誤謬」といい、このような研究方法を「還元主義」と呼ぶ。例えば、合唱を思い浮かべるとよい。個々人の歌の能力がさほど高くなくても全体として素晴らしい音楽が生まれることがある。逆に個々人が素晴らしい歌唱力を持っていても、全体として美しく響かない合唱もある。この観点から、ウォルツは、モーゲンソー、キッシンジャー、ホフマンらに代表される伝統的歴史主義と、カプランやシンガーらに代表される行動主義を批判する。

3) 構造が果たす役割

　構造は一般的に静的なものとされているが、構造は、たとえ変化しなくても動的であるとウォルツは述べる。なぜなら、構造はアクターの行動や、アクター間の相互作用の結果に影響を及ぼすからである。構造がアクターに影響を及ぼす仕方には2通りある。1つは「補正装置」としての機能であり、アクターを社会化し、同質化する。社会化の結果、どの国家も国家安全保障や国家の経済的繁栄といった同じ目標と機能を果たすようになる。もう1つは「淘汰装置」としての機能である。つまり、構造的制約によって、アクター間には生き延びるための競争が起こるため、アクター間の関係は調整され、秩序がもたらされる。

4) 古典的現実主義とネオリアリズムの相違

　ここで古典的リアリズムとネオリアリズムとの相違点を明確にしておこう。まず、ネオリアリズムは、社会科学の一分野としての国際政治学の科学性を追求することに重きを置いている点で、古典的リアリズムと異なる。科学性を追求し、理論を厳密に捉えるネオリアリズムにおいては、独立変数と従属変数および因果関係の方向性が明確である。国際システムが単位の行動を規定するのであって、その逆ではない。一方、古典的リアリズムや他の国際政治学理論（のちに検討するリベラリズムやコンストラクティヴィズム）においては、因果関係の方向性がさほど明確でない。

　また、ネオリアリズムは、システム論に基く構造主義のリアリズムである。それぞれのアクターが合理的であっても、システム全体としては悪い結果になりうるという、国際システムの独立性が理論の前提となっている。国際政治の単位である国家の扱い方も異なっている。ネオリアリズムにおいて、国家は機能的に同じであり、主要な差異は能力によって定義される。

　さらに、ネオリアリズムと古典的リアリズムでは、パワー、アナーキー、勢力均衡、といった鍵概念の意味が異なっている。例えば、パワーは、古典的リアリズムでは、国際政治を動かす究極的要因としての人間の欲求の源であり、他のアクターとの関係性の文脈で捉えられてはいないが、ネオリアリズムにおいては、パワーは常に他国のパワーとの相対的構図においてとらえられている。また、アナーキーは、古典的リアリズムでは単に中央政府が存在しないシステムの状態であるが、ネオリアリズムでは国際政治の帰結をもたらす独立変数である。そして勢力均衡は、古典的リアリズムでは国際政治の理論としてのみならず、国際政治史の史実描写や政策として用いられる概念であるが、ネオリアリズムでは従属変数であり、国際政治の帰結として繰り返し生じるパターンである。

4. 日本におけるウォルツ理解

　ここで、日本においてケネス・ウォルツの理論がどう受容されてきたかについて、触れておきたい。国際政治学を学ぶ上で日本の国際政治学が世界の学会においてどのような位置にあり、どんな特徴を持っているかを知っておくことにもつながるからである[4]。

　1980年代の終わりから、私が大学院で国際政治学の勉強を本格的に始めた頃、日本の国際政治学をリードする学者たちがことごとくウォルツを誤解した

---

4)　以下は拙稿「ウォルツと日本と国際政治学─『国際政治の理論』を振り返って─」『戦略研究』第5号（2007年11月）からの抜粋を基に加筆・修正したものである。また、岡垣知子「ケネス・ウォルツの日本的受容：見過ごされた「革命」」大矢根聡編『日本の国際関係論』勁草書房、2016年、第7章、pp.155-174も参照。

り、過小評価するのが不思議でならなかった。定評ある国際関係論の教科書の中でウォルツが「古典派」などと言及されたり、「時代遅れ」、「アメリカ中心の議論」といった的外れなコメントがなされるのを多く聞き、日本においてこれほどまでにウォルツが理解されないのを目の当たりにしているうちに、ウォルツの理論はどうも日本の知的風土になじまないのではないかという気がしてきた。なじまないとすれば、それはなぜなのだろう？

　日本の学問的風土には、構造主義よりも主体主義のほうがなじみ、持続性よりも変化が好まれる傾向がある。構造主義が非人間的であり、個人の一回性を無視しているといわれるのに対し、歴史は人間主体の方法であり、変化を語る方法である。感情移入のしやすい方法論を好む日本人に反主体主義、反歴史主義の構造主義はあまりにも非情に映るのではなかろうか。ウォルツの理論が、モラルの欠如や非人間的であること、変化が説明できないこと等の理由で批判されてきたのもそのためであろう。

　構造という概念が日本人になじみにくいためか、日本の国際政治学では、リアリズム、リベラリズム、コンストラクティビズムという分類で理論を分けることは多いが、分析のレベルや、構造主義対主体主義、といった軸で事件や事象が理解されることが少ない。ウォルツの理論は、現実主義の復活として理解されたが、構造主義的な現実主義であるという要の部分は理解されてこなかった。ネオリアリズムは「新現実主義」と呼ばれたが、日本ではそれは、「現実主義の復活」と捉えられた。その「新」、「ネオ」の部分に「構造主義的」という重要な意味が含まれている点を理解している学者は当時ほとんどいなかったのである。

　さらに、日本の知的風土は、方法論上の原理を覆し、学会の潮流を一新する理論よりも、既存の理論の足りない部分を補うような研究の方を好む傾向がある。他の学問分野においても、日本には「近代」がないまま「ポストモダン」に移行したと、しばしば言われるが、国際政治学においても日本は、ウォルツの構造主義という重い課題を与えられたものの、それを避けてポスト構造やと脱構築、構造の理論に走ったのではなかろうか。

　梅棹忠夫氏は、日本の知識人の実践的姿勢の強さについてかつて述べたこと

がある。日本人は、知的好奇心の産物としての理論よりも、実践の指針としての学問に興味を持ち、当為の主張に重きを置く。また、理論についても、日本に関わる部分にとりわけ強い執心ぶりを示し、理論全体についてよりも日本の今後にどういう意味を持つかということにとかく執着する、と梅棹は述べている[5]。日本の知識人の実践的特徴は、日本におけるウォルツの国際政治学に対する反応や無理解と重なる現象なのではないだろうか。

5. ウォルツの理論をめぐる誤解

　ウォルツの理論は、具体的にどういった点が誤解されているだろうか。まず第１に、ウォルツは国内要因を無視しているとしばしば批判されてきた。実際のところ、ウォルツは、国際政治と国内政治は連携しており、国家行動や国際システムに生じる結果を説明するには両方に触れる必要があること、優れた理論は、国際システムレベルの帰結とアクターの行動の両方について示唆できることを、多くの箇所で述べている。

　　　……構造がすべてを説明するわけでは決してない。このことを繰り返して述べるのは、構造決定論主義であると、容易に批判されてしまうからである。国際政治の結果を説明するには、システムの構造と同時に、国家の能力、行動、相互作用を見なければならない。例えば、核兵器を持つ国家は、通常兵器をもつ国家よりも戦争を回避する動機づけが強いかもしれない。また、1940 年代と 1950 年代のアメリカとソ連が共存するのは、より老練でイデオロギー色の少ない国家よりも難しいかもしれない。つまり、国内レベルと国際レベル両方の要因によって世界はより平和的で安定的になったり、ならなかったりするのである。私が国際レベルに注目するのは、構造の影響が通常、無視されたり誤解されているからである。また、私が書いているのは国際政治の理論であって、外交

5)　梅棹忠夫『文明の生態史観』中公文庫、2002 年、pp.177 - 184。

　政策の理論ではないからである[6]。

　ウォルツは、国際政治構造だけでなく、単位レベルの要因も国際関係に影響することを繰り返し述べるだけでなく、単位レベルとシステムレベルの要因の影響を明確に区別することが不可能であることについても言及している。しかし、理論はある対象についてのものである。どの対象を説明するかを定め、それを説明するのが理論であり、ひとつの理論で国際政治・国内政治のすべてを説明することはできないのである。

　構造主義の国際政治理論の立場から言えば、国内要因は確かに重要だが、国内要因の重要性を決めるのは国際政治構造である。そして理論構築のためには、余分な独立変数を切り捨てる必要がある。例えば、核兵器の登場は、米ソ2極体制の安定性に大きく貢献したが、それは核保有という国家レベルの属性の影響力がなくても達成されたであろうとウォルツは考えるのである。理論には大胆な単純化が必要となる。独立変数は少なければ少ないほど理論としては洗練される。ウォルツの理論は、1990年代以降その有効性が盛んに論じられている中・短距離射程の理論が備えている経験的な有効性、正確な予測、処方箋や提言、といった要件を満たすものではないが、理論が説明できないものがあっても、それは理論が悪いことにはならない。

　第2に、ウォルツの理論は、当時の国際環境を直接に反映して生まれたと考えられることが多い。例えば、新冷戦の国際環境によってリアリズムが復活した、あるいはウォルツの理論はアメリカ中心の理論であるという批判である。人々の間には、学問というものが現実の国際情勢や、理論家の個人的経験を必然的に反映するという思い込みがある。学問分野が未熟な段階では確かにそういえるかもしれない。ウィルソンの自由主義的国際主義もE・H・カーの『危機の二十年』もモーゲンソーのパワー・ポリティクスも、相互依存論も、当時の国際政治の現実から強い影響を受けたものであった。しかし、学問分野が成熟するに従って、現実の要請や願望から独立した、純粋に学究的な理論も発達す

---

6) Wolts, *Theory of International Politics.*

る余地が生まれてくる。目先の事件から離れた客観的思考や分析が支配的になり、方法論についての議論も発達する。第2章の終わりで挙げた、「学問の発達の初期段階では、目的論が分析に先行するが、近代的科学として学問が発展する段階に入ると思考分析が台頭する」という、E・H・カーの言葉を思い出そう。

　ウォルツの体系理論は、国際政治学という20世紀に誕生した、比較的若い学問分野が1つの学問分野として成熟してきたことを表している。特定の歴史的背景やアメリカの政策を反映した「願望型思考と客観性が分離されていない」初期段階の国際政治学とは異なり、ウォルツの理論は、純粋な学問的関心から忽然と生まれたと解釈するほうが妥当である。ウォルツの理論には、確かに数学や経済学、政治思想といった彼の学問的背景の痕跡が認められるが、ウォルツが若い頃から培った彼独自の国際政治観は他の学者の理論からも時代的傾向からも独立し、ウォルツはそれを一貫して提示してきた。ウォルツの理論は、時代や時代背景に拘束されることなく、たまたま1979年にウォルツが以前から温めてきた議論を洗練させた形で提示されただけである。

　第3に、ウォルツの理論の中核とその応用部分の区別がなされていないことが多い。この傾向は日本で特に顕著である。上述のように、ウォルツの国際政治学への貢献は、まず秩序原理に基く体系理論構築であった。しかし、日本では、理論についての部分よりも極の数の議論や核拡散に関する議論の方が注目をひいた。日本において、ウォルツは、2極の国際システムの安定性を唱える学者であり、日本の核武装が必至と唱える学者として理解されている。これもやはり、日本知識人の実践指向、すなわち日本のみにかかわる部分や当為の議論に関心を向ける傾向によるものなのだろう。ウォルツは、国際政治構造がアナーキーであるという事実が示唆する意味について、他の誰よりも深い理解と洞察を示した学者であったが、この理論の中核部分に対して日本の学会は十分な関心を示してこなかったのである。

　第4に、ウォルツの理論は変化を説明できない、また将来の予測ができないと批判されてきた。しかし、ウォルツが述べたように、理論はそれが説明しようとするものの観点から評価されるべきであり、理論が説明しようとしてい

ないものの観点から理論を批判するのは間違っている。ウォルツは国際政治に繰り返し生じるパターンを説明しようとしたのであり、変化を説明しようとしたのではなかった。また、ウォルツにとって、予測はできるに越したことはないが、できなくても理論の第一義的価値は失われない。理論の役割は予測よりもまず説明だからである。ウォルツの国際政治の理論は、戦争がなぜ繰り返すのかを説明したのであって、個々の戦争がどういう場合にどのように起こるかを予測するものではない。これは、ソシュールの言語学が、なぜある個人がある時ある特定の言葉を話すか（parole）を説明するのではなく、なぜその言葉の序列がそれが持つ形式と意味を言語体系（langue）に付与するのかを説明するものであるのと同様である。

6. ネオリアリズムの意義

　1970 年代、世界的な知的潮流となったフランスの構造主義の知見を国際政治学に応用したウォルツの理論は、厳密で演繹的な国際政治システム論に基く、リアリズムのリステイトメントであり、社会科学の一分野としての国際政治学の可能性を明確に示すこととなった。1980 年代にはウォルツの『国際政治の理論』をめぐって国際政治学界に大きな議論が巻き起こり、グランド・セオリーをめぐる論争の中で、国際政治学に新しい概念や用語が生まれた。ロバート・コックスは、社会科学の理論を「問題解決型理論（problem-solving theory）」と「批判理論（critical theory）」に分類し、リアリズムやリベラリズムは前者、すなわち、世界がどうなっているかについての解釈を既存の枠組みの中でするのみで、結果として既存の権威に迎合する理論であると批判した。これに対し、批判理論は、大陸ヨーロッパの政治思想の影響を受けた考え方で、既存の知のあり方を批判し、従来の理論を根本から覆し、まったく新しい視点から知を構築しようとするものである[7]。

　時代による拘束性の無視、つまり歴史や時代に拘束される物質的環境や状況

---

7) Robert Cox, "Social Fores, States and World Orders: Beyond International Relations Thory," *Neorealism and Its Critics*, 1981.

を無視していることもウォルツの理論に向けられた大きな批判点の1つであった。また、モラルの問題、つまり、正義、規範の問題等が扱われていない点についての批判もあった。

　最も批判が集中したのは、国際関係の極端な単純化であり、説明能力の低さ、および現実とのギャップであった。学究的意図を持ったグランド・セオリー[8]であったものの、余りにも一般的過ぎるネオリアリズムは、変化の説明や予測に弱く、実際上の助けにはならないと批判された。特に冷戦が終焉すると、純粋な科学的真理の追求に徹した理論よりも、変化を説明する理論に研究者の関心は集まり、民主主義や人権、科学技術や経済力が国際政治に持つ影響など、リベラリズムになじみの深いテーマが人々の関心を集めるようになった。

　以上の代表的な批判は、どちらかといえば、ウォルツが達成したことというよりも、ウォルツがそもそも学問的探究の課題としていなかったことへの批判である。例えば、時代の拘束性を無視しているという点については、構造主義という思想が、そもそも歴史主義に対する批判から、時代を超える科学性を追求したものであったし、厳密に理論を定義するウォルツにとっては、規範的要素の強い批判理論は、理論とは呼べないものであった。

　ウォルツの理論が国際政治学の発展に持った意味は多大である。まず第1に、1960年代から70年代の過度に楽観的で理論的にも洗練されていなかったリベラリズムを、より洗練された理論に発展させる役割を果たした。リベラリズムは、1980〜1990年代には、ネオリアリズムの理論的前提、すなわち国際システムがアナーキーでありエゴイスティックな国家が国際政治の主要アクターであるという合理的選択理論の前提を受け入れたうえで、ネオリベラル・インスティテューショナリズム（新制度論的自由主義）に発展し、リアリズムの伝統との距離を一歩狭めることになった。中でもコヘイン、アクセルロッド、ナイらは、アナーキカルな国際システムの下にあるエゴイストのアクター同士でも相互主義に基いた協力が可能性であることを示そうとした。ナイは、1980年代後半に書いた論文の中で、ネオリアリズムとネオリベラリズムが理

8）国際関係の持続的制約やパターン、傾向を理論的に理解する理論。特定のアクターの特定の行動を予測するものではない。

論的に接近したこと、大きな差は、前者が持続性を強調するのに対し、後者は変化を強調する点であることを述べている[9]。

　第2に、ウォルツが政治のエッセンスを深く認識して国際政治を捉えたことによって、政治学の1分野としての国際政治のアイデンティティーが確立したといってよい。ウォルツは、単位（国家）および単位間関係が国際政治の構造から受ける制約を明示し、アナーキーという国際政治構造の現実が持つ意味を深く吟味した。国際政治学はそもそもアナーキーという現実をどう認識し、それをどのくらい乗り越えられるのかの議論を通して発展してきた学問である。「国内政治は権威、行政、法律の領域である。国際政治はパワー、闘争、妥協の領域であり、顕著に政治的である。」と、ウォルツは述べている[10]。大きさが一定している「パイ」をいかに分けるかという問題、それと関連する相対的利得の問題を深刻に捉え、政治の本質に誰よりもせまったのがウォルツである。冷戦下の米ソ関係が安定していた要因としてウォルツが強調したのも、イデオロギーや新しい軍事技術（核兵器）ではなく、長期的な政治の力であり、国際政治の構造であった。

　第3に、グローバリゼーションについてウォルツが一貫して懐疑的であったのも、彼が政治の原理の重要性を認識していたことと関連している。国家システムがグローバルであるのに対し、経済はあまりにローカルであること（つまり、ほとんどの経済活動が国内で行われていること）、国家システムが根強く、社会・経済・政治的機能を担うアクターとして国家に匹敵するものがいないこと、また、国家の役割はむしろ、増大し、重要になってきていること、国家間の能力分配の不均等性が国際政治を理解する鍵であることをウォルツは繰り返し述べてきた[11]。

第**8**章　ネオリアリズム

9）　ナイは、1970年代のリベラリズムが、あまりにも国家の役割を軽くみすぎたことを批判しながらも、リアリズムの弱さとして、国家が国益をどう定義し、国益がどう変化し、国家がいかに学習するかを考慮に入れていない点、国際経済のプロセスを無視している点を指摘し、構造だけでなく、経済活動や制度も国家行動に大きな影響を与えることを述べている。Joseph Nye, Jr., "Neorealism and Neoliberalism," *International Organization*, 1988.

10）　Waltz, *Theory of International Politics*, 6章。

11）　グローバリゼーション論は、1990年代の流行に過ぎず、アメリカが生んだものであ

　第 4 に、ウォルツは理論やメタ理論についてだけでなく、ショートスパンの国際政治事象や外交政策についても、多くの政策的論考を著し、現代国際政治についても分析し提言を行ってきた。政策については、特に日本で知られている 2 極安定論、核拡散支持論の他、冷戦の終焉、NATO の拡大、グローバリゼーション、アメリカ外交等についても述べている。ウォルツは、著作の数は決して多くはないが、著作物が注目をひく度合いが極端に高い学者である。

　ウォルツは、外交政策におけるリアリズムに典型的な孤立主義に準ずる形で [12]、民主主義等への過度なイデオロギー的コミットや、介入主義、軍備拡張主義を批判し、アメリカ外交の未熟さに対して手厳しい批判を加えてきた。かつて、ウォルツはハンズ・モーゲンソーやウォルター・リップマンら他の現実主義者と同様に、ベトナム戦争に反対しており、2003 年のイラク戦争の際にも反対署名を提出している。

　アメリカ中心の単極システムについて、リベラルの論客が、アメリカ中心の単極システムが、民主主義や法の支配、自由主義といったアメリカの国内政治を反映した平和的なものであるとしばしば論じるのに対し [13]、ウォルツはアメリカも含めて、いかなる大国の善意も自制心も信用しない。政治思想に精通しているウォルツは、フランソワ・フェネロンの「いかなる国であっても、過度なパワーを持てば、少なくとも長期的には、自制して行動することなどありえない」という見解を引用して、圧倒的なパワーをもつ国はそのパワーを濫用する傾向があることを繰り返し述べている。アメリカの軍事介入や国際法違

　　るとウォルツは考える。また、ウォルツは、グローバリゼーションの恩恵を被っているのは、世界のほんの一部の地域であり、アフリカ、ラテンアメリカ、ロシア、中東、アジアが取り残されているばかりか、国家間の能力格差、政治的不平等は大きくなっていること、過去の例からいっても、相互依存がむしろ戦争を導いてきたこと、アメリカとソ連が経済的にほぼ相互独立の関係にありながら、長期にわたって平和を保ったことを指摘する。

12)　国際政治のリアリストは外交政策において一般的に孤立主義的な立場をとる。

13)　例えば、G. John Ikenberry, *American Foreign Policy: Theoretical Essays*, Harper Collins College Publishers, 1996; *Idem, After Victory: Institutions, Strategic Restraint, and the Rebuilding of Order after Major Wars*, Princeton University Press, 2001.

反 14)、単独行動主義を強く批判する中、ウォルツは、アメリカが公正で正当な唯一のリーダーであるというのは、アメリカのみの思い込みであることを指摘し、アメリカが自身をどう評価しようと、他国には傲慢で単独主義にしか映らないと述べる。NATO 拡大についても、ウォルツはやはり、リアリズムならではの孤立主義と不介入主義の立場から政策議論を展開し、勝利したものが驕ることが更なる紛争の火種になることを警告した 15)。

　アメリカの単極体制が長く続かないというウォルツの議論は、日本を含むいくつかの国々の台頭論や日本の核武装論と結びついている。冷戦後間もない時点で、ウォルツはアメリカの単極システムがいずれ多極システムに取って代わられることを述べた。アメリカに対抗しようとする国の候補として第 1 に挙げられているのがロシアであり、第 2 が日本である。日本が能力的に大国としての属性を備えながら大国の役割を果たそうとする気がないのは、19 世紀から第二次世界大戦までのアメリカと同じであるとウォルツは述べる。19 世紀末のアメリカは、すでに大国としての要件を備えていながら、国際政治において積極的な役割を果たそうとしなかった。戦後、国際政治システムからの圧力が変化し、アメリカが世界の安全のために積極的役割を果たす必要性を認識して初めて、アメリカは真の大国になった。国際政治システムの圧力のために、アメリカは西ヨーロッパと日本を再建する以外選択肢がなかったからである。日本とドイツが現在おかれている立場は、この時のアメリカと似ているとウォルツは言う。北朝鮮の核や中国の核の第 2 撃能力および軍事費の急速な拡大に鑑みて、日本ほど高い脅威と不安定性にさらされている国はないとウォルツ

---

14) ウォルツは、ニカラグアやエルサルバドルへの政治介入やグレナダやパナマへの軍事介入を念頭においている。"The New World Order," *Millennium: Journal of International Studies*, 1993, Vol.22, No.2, pp.187‒195.

15) Kenneth Waltz, "NATO Expansion: A Realist's View," Robert W. Rauch Haus, ed., *Contemporary Security Policy* (special issue on NATO enlargement), Vol.21, No.2, August, 2000. リベラルの論客がしばしば NATO の拡大と継続を制度論の立場から説明するのに対し、ウォルツは、NATO はいずれ崩壊すると予測している。同盟は戦争に向けて形成されるものであり、戦争が終結すれば、崩壊するからである。NATO の解体が遅れている理由として、ウォルツは、冷戦が熱戦ではなかったために、パワーの再配分について考える圧力が弱かったためとしている。

は強調し、日本の世論や議会が軍事的役割の増大に反対する一方で、すでに日本の政治指導者たちが積極的な軍事的役割を説いている事実をウォルツは指摘する。また、軍事力を国外に展開することが憲法上も政治上もできないのでは安保理の常任理事国にはなれないこと、日本が核能力を持つのは必至であることを説いている。さらに、中国の台頭に日本が敏感に反応して防衛力増強することによって，中国の更なる懸念が増強され、アメリカが韓国へのコミットを増強して東アジアの勢力均衡が出来上がり、さらにそれが世界の勢力均衡につながっていくとも述べている[16]。

　日本の核保有の可能性についてのウォルツの議論は、すでに指摘されている通り、国内政治状況の無視や倫理の問題等、多くの弱点を含んでいるのは間違いない。しかし、ウォルツの見解は、世界政治の一般的なパターンに照らし合わせて日本を相対的に見た場合に、日本がどう見られているのか、日本の今後がどう予想されるのかを教えてくれるものである。日本が自国のみで通用する特殊な国内事情を他国がわかっていないと訴える前に、世界的な水準で日本を見た場合の日本の立ち位置を考えてみることも大切ではなかろうか。外国の学者が日本の特殊事情を知らないのはむしろ当たり前であるという前提で、自国を相対的にみる努力が我々にはもっと必要である。日本の核武装を信じている学者はウォルツにとどまらないからである。一般的な水準で日本を見た場合に、日本はどう行動すると期待されるのか？　日本の行動が一般的なパターンにそぐわない結果になるのはどのような要因が働いているからなのか？　例外的な日本の外交行動は、どのくらいのタイムスパンで考えるべき問題なのか？　日本の国力、地理的位置、日本とアジア諸国およびアメリカとの関係、今日の中国と朝鮮の関係等を考慮に入れてみると、日本の核武装論もさほど不思議なことと思えなくなってくる。

16）"The New World Order," 1993.

7. 終わりに：ネオリアリズム以後

　あまりにも一般的過ぎるネオリアリズムに対する反省も踏まえて、1990年代には、中距離射程の理論が多く生まれるようになった。そのひとつの例が、1990年代以降聞かれるようになった、攻撃的リアリズムと防御的リアリズムの議論である[17]。両者に共通する前提は、国際システムは、安全保障の欲求に動機づけられて行動する合理的アクターである国家からなっているということである。両者の間の違いは、国際システムから受けるインセンティブ、国家がそのインセンティブにどう対応するか、無政府状態に本質的に伴う緊張が、どの程度国家の軍事技術等の要因によって変わるか、などについてである。

　攻撃的リアリズムは、国家は相対的利得を常に最大化しようとして行動するという前提に立っている。安全は少ないため、国家の行動は他国との紛争を引き起こす。国内的違いは相対的に重要ではなく、国際システムの構造によって攻撃的に行動するようになると考える。ミアシャイマーの理論はこの代表である[18]。

　防御的リアリズムは、無政府状態をより温和で安全は多いと考え、国家は自己保存という最小限の国益を満たせばよいと考えているものとする。したがって、安全保障のジレンマが大きくなったときのみ、国家は対立することになる。ヴァネヴェラ、ウォルト、スナイダー、ポーゼン、グレイザーらがこの代表であり[19]、ウォルツも防御的リアリストの中に入れられている[20]。この議論の基になったのは、ロバート・ジャービスが1978年に書いた、安全保障のジレンマについての論文[21]であり、攻撃的リアリズムと防御的リアリズムの区別を

17) Jack S. Levy, "The Offensive/Defensive Balance of Military Technology: A Theoretical and Historical Analysis," *International Studies Quarterly*, Vol.289, 1984.

18) John Mearsheimer, "Back to the Future: Instability in Europe after the Cold War."

19) Stephen Van Evera, "Offense, Defense, and the Causes of War," *International Security* 22, Spring, 1998; Charles L. Glaser and Chaim Kaufmann, "What is the Offense-Defense Balance and Can We Measure It?" *International Security* 22, Spring, 1998.

20) 誰がどちらに属すかについては、Zakaria, "Realism and Domestic Politics,"

21) Robert Jervis, "Cooperation under the Security Dilemma," *World Politics,* Vol.30, January, 1978.

最初にしたのは、スナイダーの著作[22]であった。

　ウォルツ自身はこういった議論からは超然としており、リアリズムに防御的とか攻撃的といった形容詞はつけないほうがよいと述べている。攻撃的、防御的といった話は、所詮、国家の属性の問題なので、ウォルツにとってそれは国際政治の理論ではなく、外交政策論なのである。ウォルツ以降、いったん「科学」を明確に意識するようになった国際政治学がそれ以前に戻ることはもはやできないが、ネオクラシカル・リアリズム（新古典派現実主義）とよばれる学派は、ウォルツが構築した社会科学理論の厳密さを維持しながら、国家レベル、個人レベルの属性も考慮に入れたよりきめの細かい国際政治理論の構築に取り組んでいる。それが国際政治理論の進歩を示すのか、古いリアリズムへの回帰を示すのかは、議論の分かれるところである。

22）Jack Snyder, *Myths of Empire: Domestic Politics and International Ambition*, Cornell University Press, 1991.

古典的リアリズムとネオリアリズムの比較

	古典的リアリズム	ネオリアリズム
自然状態 （社会成立以前の状態）	対立、闘争、不信感	国際政治には影響しない
国家のイメージ、目標	存続＋パワーの追求	最小限：存続 最大限：パワーの拡張
国際政治のテーマ	戦争と平和	戦争と平和
国際関係のイメージ	戦争の不可避性 対立・闘争的	繰り返し起こるパターンとしての戦争と勢力均衡
人間のイメージ	邪悪、原罪	国際政治には影響しない
代表的学者、政治家	ニーバー、カー、モーゲンソー、キッシンジャーなど	ウォルツ、ミアシャイマー、ルソーなど
理論の特徴	主体主義、規範的	構造主義、決定論主義 科学性を重視
秩序 vs. 正義	秩序優先	秩序優先
国益追求の手段	軍事力	軍事力
国際政治の主体	国家	国家
勢力均衡について	国際政治の安定要素 政治指導者や外交官の手腕による政策	国際政治に繰り返し現れるパターン

第8章　ネオリアリズム

相互依存論とグローバリズム
―時間と空間の克服？―

---

1. リベラリズムの一般的特徴と３つの系譜

1）理論的前提

　第１章で、理論が異なるということは、①アクター、②イシュー、③世界の
イメージについての前提が異なることであると述べた。リアリズムと比較した
場合、リベラリズムの一般的前提としては、以下が挙げられる。(1) 国家のみ
が国際政治の主要アクターではない。また、国家の ① 統一性を否定（国益や選
好を１つのまとまったものとしてではなく、国内の様々な集団や個人の利害
が錯綜した結果としてとらえる）、② 国家の合理性を否定（不合理な政治プロ
セスや国内アクターの駆け引きによっても政策決定が行われるとする）、(2) イ
シューの変化、特に経済社会的イシューの重要性の強調、(3) 利益調和として
の世界観。

　リベラリズムはもともと個人主義、寛容、自由、立憲主義、自由貿易、利益調和、国際機関、といった言葉と結びつく思想である。古くは 17、18 世紀ヨーロッパの啓蒙思想（enlightenment）にさかのぼり、ヴォルテール、カント、ヒューム、モンテスキュー、アダム・スミスらがその代表である。中でもカントの『永遠平和のために』と、ベンサムの功利主義がリベラリズムの土台を築いたといえる。第一次世界大戦後に生まれた国際政治学は、自由主義的国際主義と呼ばれ、集団安全保障、民族自決といったリベラルな要素が盛り込まれたものであった。リベラリズムはまた、地域統合や機能主義、相互依存、連繋政治、外交政策論における官僚政治モデルなどに通じる考え方も内包している。

2）リベラリズムの多様性

　リベラリズムはリアリズム以上に多様であり、様々なリベラリズムの理論を整理するために、いくつか分類の基準を設ける必要がある。その 1 つはネオリベラリズムと呼ばれる、1980 年代のネオリアリズムとの対話を通してより理論的に洗練された形に進化したネオリベラリズムと、理想主義的な色彩が強い古典的リベラル思想を区別することである。ネオリベラリズムは ① 国際政治の構造はアナーキーである、② 国家が国際政治の中心的アクターである、という前提を受け入れながらも、国際制度等を通して国際政治は変化可能であるとする考え方である。リベラリズムの過激な信奉者は、国家が国際政治の主体であるという前提を否定し、国際社会のアクターは究極的には世界社会の市民であり、国家間協力にとどまらない様々なレベルの交流チャネルを通して国際社会が平和に向かって進歩すると考えている。リアリズムと同様、個人主義をその根本的出発点としながらも、リベラリズムの理論的帰結はリアリズムとしばしば正反対である。例えば、他国の国内問題への介入について、リアリズムは個々の国家の主権尊重の立場から不介入主義をとる。他方、リベラリズムにおいては、国内社会の個々人の権利が守られない場合、国際社会は積極的に介入すべきであるという立場を取ることがある。

3) 3つの系譜

リベラリズムには3つの系譜があるといわれている。まず第1に、相互依存論もしくはグローバリゼーションの系譜、第2に「民主主義による平和（民主的平和論）」の系譜、第3に制度論の系譜である。相互依存論と国際制度論は主に国際政治経済学の中で論じられ、「民主主義による平和論」は、安全保障論の中で論じられる。相互依存論は、人や物の交流の量が拡大し、その速さが増すことが、従来の国家中心・安全保障中心の国際政治に変容をもたらすとする議論である。ビジネスマンや旅行者、学生などの国境を越える交流は、相互理解を深め、他者を異質で有害とする見方を弱めるため、紛争は減少する、と考える。「民主主義による平和」論は、冷戦後のアメリカで盛んになった議論であり、端的に言えば、民主主義国家同士は戦争しない、つまり、民主主義という国内体制が平和を促進するという理論である。国際制度論は、国際制度が存続することによってアクター同士が情報を提供し、互いの評判のコストを高め、継続性の感覚と互恵の機会をもたらすことで、アナーキカルな国際政治に国家間協調の可能性を高めるとする議論である。

2. 相互依存論とは何か？

ロバート・O・コヘインとジョセフ・ナイは、共著『パワーと相互依存』において、相互依存について、「国家間あるいは異なる国家に属する行為者の間における、相互に与えるインパクトによって特徴付けられる状況をさす。こういったインパクトは、国境を越えた、金、物、人および情報の交流という国際的なトランズアクションによってしばしば引き起こされる。」と述べている[1]。より端的には、「システム内の異なる部分に存在する主体なり事象が相互に影響し合っている状況」が相互依存である[2]。こういった状況は、人や物の移動の量とスピードが増し、そのコストが下がることによって生まれる。計量的に相互依存のレベルを示すのは、一般的に貿易量である。では、人や物の移動の量

---

1) Keohane & Nye, *Power and Interdependence*, 1977.
2) ナイ『国際紛争』p.244。

とスピードは何によって増すのか？　まず、交通手段の発達である。

　人間が空間・距離を克服する手段の発達は、目覚しい。1860年に最初に太平洋を横断した日本の軍艦、咸臨丸が、勝海舟や福沢諭吉らを乗せて、何度も難破しかけながらサンフランシスコに到着するのには、1カ月以上かかった。飛行機はおろか、鉄道が通るようになったのもほんの150年ほど前のことであるから、幕末に、例えば京都から江戸に出る人たちは10日以上歩いたはずである。ライト兄弟が発明した飛行機は、第一次世界大戦ですでに使われたが、本格的に活躍し始めたのは第二次世界大戦からである。1954年に東京－サンフランシスコ間の民間の国際線が初めて運航した時の航空運賃は、片道が約23万円、すなわち現在のお金にすると700万円から800万円の値段であり、これは当時の大卒初任給の27倍であった。もちろん直行ではなく、ホノルルともう一箇所を経由しての飛行で、18時間かかった。さらに1964年まで、海外旅行は自由ではなく、持ち出せる外貨にも限度があった[3]。現在は東京－サンフランシスコ間の格安航空券が5万円程度で買え、かかる時間も、せいぜい9時間程度、ニューヨークやワシントンDCにも直行13時間程度でいける時代である。

　距離を克服する手段の発達によって、人や物の移動の速度と量は増加し、そのコストも低くなった。情報の伝達量と速度については、電信や電話等、国際通信手段の発達が大きく影響している。1990年代にはインターネットの普及によってコストのかからない国際的な情報通信がさらに可能になった。

　こういった通信・交通手段の目覚ましい発達は、たかだかここ50年くらいの話である。特に情報通信技術の進展はここ20年から30年くらいの話であり、コピー機の普及が1980年代、留守番電話、携帯電話、Eメールが普及したのは1990年代である。これだけの短期間に科学技術が飛躍的な進歩を遂げ、多国間外交の場が増え、首脳会談が頻繁に行われて、国際政治の風景が大きく変化したのみならず、一般の人々の生活にも影響を及ぼしている。このような変

3）GHQや日本政府による規制のため、海外旅行は特定の職業上の理由や留学等の目的がなくては認可されなかった。1964年に観光旅行が自由化された後も、外貨持ち出しは500ドルまでという規制があり、1人につき1年に1回という制限も課されていた。

> **コラム　クイズ**
>
> （　　）にあてはまる人物の名を入れよう。
>
> —— 距離と時間の克服 ——
>
> 1869: アメリカの大陸横断鉄道開通
> 1876:（1.　　　　　）が電話機を発明
> 1877: エディソンが蓄音機（レコード・プレーヤー）を発明
> 1879: エディソンが電灯を発明
> 1879:（2.　　　　　）が電車を発明
> 1885: イーストマンが写真フィルムを完成
> 1885: ダイムラーがガソリン機関を発明
> 1889:（3.　　　　　）が自動車を発明
> 1893:（4.　　　　　）が活動写真（映画）を発明
> 1893: ディーゼルがディーゼル機関を発明
> 1895: マルコーニが無線電信を送ることに成功
> 1896: 第1回国際オリンピック大会（アテネ）
> 1903:（5.　　　　　）が飛行機を発明（260メートル、59秒飛ぶ）
> 1904: ニューヨークに地下鉄が開通
> 1920: 最初のラジオ放送（アメリカ）。大衆社会の到来
> 1925: テレビ発明
> 1927:（6.　　　　　）が大西洋無着陸横断飛行
> 1928:『20世紀ラルース百科事典』刊行
> 1929: 飛行船ツェッペリン号が世界を一周
> 1935: テレビ放送開始（ドイツ）
>
> ＊解答は p.221

化は、国際政治の本質を果たして根本的に変えているのか、それとも表層的な
ものに過ぎないのか？　相互依存という現象をどう捉え、評価するのかが、こ
の章でのテーマである。

3. 相互依存論登場の背景

　第二次世界大戦後の国際政治学において、リアリズムが主流の理論となった
ことについては前述した。未曾有の人的被害をもたらした総力戦を国際社会が
二度も経験した後、米ソ間の政治・軍事的緊張の高まりの中で、戦後暫くの間

は、国際政治学に楽観的な自由主義が入り込む余地はなかった。この傾向に変化が現れ始めるのが、1950年代以降、とりわけ1960～1970年代からである。

相互依存論が生まれた背景には、実際の国際政治で生じていたさまざまな状況変化があった。当時の国際政治における変化は、大きく分けて2つのレベルに分けて考えることができる。1つはハイポリティクスと呼ばれる、大国間政治・軍事レベルであり、もう1つはローポリティクスと呼ばれる、経済・社会問題をめぐる実務家レベルである[4]。

まずハイポリティクスレベルにおいては、1962年のキューバミサイル危機を回避した後、第二次世界大戦後、米ソ対立を基軸に展開していた国際政治にデタント（緊張緩和）のムードが高まった。核戦争を戦う価値がないことを認識した米ソ両国は、1960年代後半から1970年代にかけて、一連の軍備管理交渉を行い、1963年には大気圏内の核実験を制限する部分的核実験禁止条約（Partial Test Ban Treaty）、1968年には、核不拡散条約（Non-Proliferation Treaty）を締結するに至った。実際には、ソ連は、キューバミサイル危機後、大規模な軍拡に乗り出して、核兵器におけるアメリカとのパリティー（均衡状態）を達成したが、パリティーの上限を設けるための戦略兵器削減交渉（SALT I）が、ニクソンとキッシンジャーの外交によって、ソ連との間にまとめられた。また、「リンケッジ・ポリティクス」をスローガンに、米ソの経済関係を増大させようとする動きも高まった。

ハイポリティクスレベルにおけるもう1つの大きなメルクマールは、ベトナム戦争であった。泥沼化していく戦争に対する批判と、最終的に敗北を期したアメリカの失態は、大国の権威の失墜を象徴しているかのようであった。大国中心に国際政治を語ることについての疑問は、とりわけ1972～1973年頃にデタントが最盛期を迎えると同時に、幅広く共有されるようになった。

ローポリティクスのレベルにおいては、さらに多くの事件や変化が生じてい

第９章　相互依存論とグローバリズム

---

4) ハイポリティクスという言葉は、一般的に国家の存続がかかっている政治・軍事的イシューを指す。最高次元の政策決定者が真剣に取り組むという意味でも、国家にとっての最重要イシューという意味でも、それらは、「ハイ」ポリティクスであるとされた。逆に、「ロー」ポリティクスは、実務者間の調整が主体となる経済・社会イシューを指す。これらの言葉は、冷戦初期に生まれたが、今日ではかつてほど頻繁には使われない。

た。まず第1に、固定相場制の崩壊である。1971年8月にニクソン大統領は金＝ドル兌換制（1ドル360円）を一方的に廃止し、1973年、国際通貨体制は変動相場制に移行した。これによって以後、為替レート安定のための各国間の調整と協力が課題となることになった。

第2に、1973年の第四次中東戦争をきっかけに、石油危機が起こった。これらは、1960年代のヨーロッパおよび日本における高度成長と、圧倒的な経済力を誇っていたアメリカの覇権の揺らぎを印象付けるものであった。石油危機において、アラブ諸国が石油を政治的な武器として用い、アメリカ、ヨーロッパ、日本が対イスラエル政策を変更しなければ石油輸出をカットすると強迫したことは、先進国の石油輸出国への依存、そして経済的相互依存が政治的な圧力に発展することを示すことになった。先に挙げた国際金融危機の場合と同様、石油価格の高騰とそれに伴う先進国経済の混乱は、軍事力のみを中心に国際政治を捉えることの限界を人々に認識させると同時に、各国経済の相互的結びつき、および各国間の政策調整と協力の必要を示すことになったのである。

第3に、貿易摩擦が挙げられる。自由・無差別・多角化という関税および貿易に関する一般協定（GATT）[5]の基本枠組みは、アメリカの市場が開かれていたことで安定していたが、1960年代後半からはアメリカにも強い保護主義的な動きが起こった。1970年代初頭の日米繊維摩擦は、ニクソン大統領と佐藤首相という1国の首脳を巻きこむ政治問題となり、ここでも国際経済が政治的圧力を生む現象が明らかになった。

第4に、いわゆる南北問題の浮上である。発展途上国は、国連というフォーラムを利用して、天然資源の恒久主権、一次産品の価格安定、開発途上国の工業製品の輸出シェアの拡大などを提唱し、国際経済運営への開発途上国の参加を国際社会に要求した。その結実が、1974年の「新国際経済秩序宣言（New International Economic Order）」である。これらの新しい動きは、総じて「国際経済の政治化」と呼ばれる。「国際経済の政治化」には、石油のような天然資源のカルテルを通して、開発途上国が先進国に対し、自分たちの潜在的政治力を

5）1995年に世界貿易機構（WTO）に取って代わられた。

認識させる場合のように、経済的相互依存を政治圧力として用いる場合、および南北問題の場合のように、国際的なフォーラムを利用して国際社会に不公正を訴えるやり方とがあった。

　こうした現実世界の新しい状況を背景に、国際政治の捉え方に変化が見られるようになった。まず第1に、国際関係の主要アクターについての考え方が変化した。伝統的な国際政治学の立場においては、国家が主要アクターと考えられてきたが、イシューによっては国際組織や国内政治団体、個人、多国籍企業などの非国家主体が大きな役割や影響力を持つことが認識されるようになった。同時に、国家がこれらの非国家主体や、それらの関係を管理する能力が低下したと、考えられるようになった。第2に、国家の統一性と合理性を所与のものとする見方が批判されるようになった。例えば、国家の対外的行動は、政治指導者の認知や信条、政策エリートや政府高官の間での駆け引き、国内の圧力団体等の要因によって生まれるため、国家を1つのまとまった合理的アクターとして扱うことはできない。国内政治と国際政治の密接なつながりを表す連繋政治（リンケッジ・ポリティクス）という言葉が生まれ、外交政策決定論が発展したのと並行して、国家についての統一性・合理性の仮説は崩壊することになった。第3に、国際政治の重要なイシューとしては、政治・軍事問題や外交・戦略問題だけではなく、経済社会問題の重要性が指摘されるようになった。特に、1970年代の2度にわたる石油ショックや、戦後のアメリカの経済力を基軸に成り立っていたIMF‐GATT体制の揺らぎが与えた影響は大きい。また、イシューによっては、国家間対立ばかりではなく、国際協力や秩序形成が見られることも指摘され、第11章で詳述する「国際レジーム論」が注目を浴びるようになった。さらに、環境問題や天然資源問題のようなグローバル・イシューの重要性も高まり、「宇宙船地球号」の観点から人類全体にかかわる問題を考えていく動きも出た。

　このように、ハイポリティクス、ローポリティクス両レベルにおける現実の国際政治事象の変化に伴って、リアリズムが次第に時代錯誤であるという認識が国際政治学者の間で広まるようになった。相互依存論が興隆し、1970年代

第9章　相互依存論とグローバリズム

に理論として集大成を見ることになったのは、こういった背景においてである。
以下、相互依存論の代表的な学者たちの考え方に触れておこう。

4. 相互依存論の代表的論者

1971年、*International Organization* という雑誌が脱国家的関係についての
特別号を刊行し、非国家主体による国境を越える活動をテーマとした論文がこ
の号に多く掲載された。国家中心に国際政治を分析することが不十分であるこ
とを指摘する数々の論文の中でも注目されたのが、レイモンド・バーノンの論
文「窮地に立つ主権(Sovereignty at Bay)」[6]である。この論文では、経済、環境、
人権など、新しいイシューが国際政治に登場してきたこと、ハイポリティクス
とローポリティクスの区別が曖昧になってきていることが指摘され、国際政治
経済学の誕生の契機となったと同時に、相互依存をめぐる活発な議論を招くこ
とになった。

1) リチャード・クーパー

相互依存論のさきがけとして、リチャード・クーパーは、「経済的相互依存
と1970年代の外交政策」という1972年の論文[7]において、経済的相互依存が
もたらす、外交政策の抜本的変更の必要性を謳った。クーパーは、貿易を通し
て各国経済が強く結びつくようになってきているため、経済成長や物価安定化
等のイシューにおける各国の連動性が高まり、国家が独自で経済目標を達成す
るのが難しくなっていると述べている。経済的相互依存を「2カ国以上の国家
の経済的相互作用の敏感性」として定義し、経済的相互依存によって国家の自
立性が低下するためにおこる1970年代の国際政治のシナリオを、クーパーは
この論文の中で3つ描いている。1) 国家間のレジーム（協定や合意、取り決め

6) Raymond Vernon, *Sovereignty at Bay: the Multinational Spread of U.S. Enterprises*, Basic Books, 1971; "Sovereignty at Bay: "

7) Richard Cooper, "Economic Interdependence and Foreign Policy in the Seventies," *World Politics*, Vol. 24, January, 1972, pp.159‒181.

など）の発達、2）超国家組織の誕生、3）アメリカの覇権、である。また、経済的相互依存によって、国家レベルのみならず非国家レベルで交流が頻繁に行われ、国内政策と対外政策の仕切りがなくなることにより、貿易政策が外交政策そのものとなること、小国にとって有利な状況が生まれてきていることも指摘した。クーパーが他の本や論文でも強調し続けたのは、「国際経済の政治化」である。戦後は政治と経済が分離し、それぞれが独自のメカニズムと制度をもつ2つの軌道として成立していたが、それら2つは交差するようになったとクーパーは指摘する。

2）エドワード・モース

　モースは、『近代化と国際関係の変容』（1976）[8]において、相互依存を、米ソ関係などの戦略的相互依存と先進国間の経済的相互依存に分けて考えた。経済的相互依存においては、先進国間の経済が相互に密接に結びついているため、各国は経済目標の達成にあたって、他国の政策が自国に与える影響を無視できないと述べている点は、他の相互依存論と同じであるが、モースの議論が注目されたのは、近代化と相互依存の関係を説いた点にあった。モースによれば、相互依存世界の出現は、政府が国民の福祉と繁栄を第一義的な目標と考えるに至った近代化の所産である。工業化の進展によって高度消費社会が生まれ、大衆の政治参加が可能になった結果、対外政策の内容がローポリティクス中心になったとモースは述べる。また、国際政治をゼロサム的に捉える伝統的見方がポジティブ・サムゲームの見方にとってかわられ、近代化によって、（1）国内政治と国際政治の区別はなくなり、（2）政治と経済イシューの区別は消滅し、（3）外交政策のコントロールが難しくなった結果、外交政策決定モデルは、合理モデルから官僚政治モデル[9]に変わったとも指摘している。つまり、相互依

8）　Edward L. Morse, *Modernization and the Transformation of International Relations*, Free Press, 1976; *idem*, "The Transformation of Foreign Policies: Modernization, Interdependence, and Externalization," *World Politics*, Vol.22, No.3, April, 1970, pp.371 – 392.

9）　ここでいう官僚政治モデルとは政策の中枢にある人たちの駆け引き（たとえば大統領側近の人々）のことである。

存の深化と国家の自立性の低下が近代化によって生じているというのがモースの考え方である。

3) ロバート・コヘインとジョセフ・ナイ

コヘインとナイは、1971 年に、『脱国家関係と国際政治 *Transnational Relations and World Politics*』[10] という本の中で、世界に生じている新しい状況について論じた。理論構築を目的とした本ではなかったが、国際政治の新しい側面を描写したことで注目された。1977 年に出版され、相互依存論の最も重要なステイトメントとされているこの 2 人の『パワーと相互依存』においては、「複合相互依存（complex interdependence）」という概念が用いられ、1971 の本よりも理論的に相互依存という現実を分析し、リアリズムに対抗する理論として相互依存論が提示されている。『パワーと相互依存』は、トランズナショナルな交流が増大することによって、国家間の戦争の可能性が低下していることを謳ったものであり、相互依存論の集大成として考えられている。

「複合相互依存」の特徴は、まず第 1 に、超国家的・脱政府的関係が増加することによって、異なる社会の間にアクセスのチャンネルが複数生じることである。これは、伝統的な国家統一性仮説に疑問を投げかけたものであった。第 2 に、複合相互依存の状況においては、イシュー間のヒエラルキーが存在せず、一般的に軍事力の重要性が低下する。リアリズムにおいては、安全保障問題が最も重要なイシューとして捉えられたが、時代によって重要なイシューは異なり、また、パワーの配分もイシューによって異なる。例えば、『パワーと相互依存』が出版された当時では、軍事イシューにおいてはアメリカが圧倒的優位にあるが、経済イシューにおいては、アメリカ、ヨーロッパ、日本の 3 極構造になっているとしばしば言われた。第 3 に、石油危機や南北問題が「国際経済の政治化」を象徴していたように、イシュー間のリンケッジが多くみられる。第 4 に、複合相互依存においては、国際機関の重要性が高まる。

---

10) Robert O. Kohane & Joseph S. Nye, Jr., *Transnational Relations and World Politics*, Harvard University Press, 1971; *idem*, "Transnational Relations and World Politics," *International Organization*, Vol. 25, No.3, Summer, 1971.

　複合相互依存には２つの側面がある。敏感性（sensitivity）と脆弱性（vulnerability）である。敏感性とは、アクターが所与のイシューにおける変化に対して敏感である度合であり、相互依存による影響の量と速度を示す。これは、システムの一部分の変化がどれだけ早くシステムの他の部分に影響を与えるかであり、相互依存の短期的側面を示している。例えば、為替レートが変動すると、たちまちある国から他の国へ資金流入が起こる。アジア通貨危機においては、1997年にタイの通貨バーツの価値が下落すると、インドネシア、マレーシア、フィリピンにそれが波及し、やがて韓国、シンガポール、台湾も巻き込んだ。各国の中央銀行の努力にもかかわらず、通貨価値は下落し続けた。このように、敏感性とは、ある国や地域の証券市場の暴落その他の経済的な変動が、地理的に遠い地域の経済に与える影響の大きさのことである。

　一方、脆弱性とは、敏感性に対して対応を管理できる度合のことであり、危機が生じたときに相互依存のシステムの構造から抜け出す相対的コストのことである。脆弱性の低い国では、危機的状況を変えたり、そこから脱出するコストが低くてすむ。日本は石油危機において、石油市場の変化に素早くたくみに対応したといわれており、これは脆弱性が低かったことを示している。

5. 相互依存論の評価

　山本吉宣は、『国際的相互依存』（東京大学出版会）のなかで、「国際政治学においては、勢力均衡論、従属論など、幾つかのグランド・セオリーが存在する。著者は、相互依存論は、それらのグランド・セオリーに匹敵する体系をもつものであると考えている。」と述べている。一方、相互依存論はグランド・セオリーからの撤退であり、理論と呼ぶことすら適切でないという批判もある。以下、相互依存論について、どのような問題点が指摘されたかを見てみよう。

――リアリズムに対抗？――

　1950年代、60年代の行動主義革命がもたらした「伝統主義」対「行動主義」の論争は、方法論をめぐる論争であって、内容的にリアリズムに挑戦するもので

はなかったことについては、第２章で述べた。これに対し、1960 ～ 1970 年代の相互依存論は、リアリズムに挑戦する理論であると当初言われていた。しかし、一部の学者は、相互依存論は、リアリズムに真っ向から対抗するものではなく、リアリズム「プラスアルファ」、すなわちリアリズムを補完するものにすぎないと評価した。例えば、K・J・ホルスティは、リアリズムとリベラリズムはどちらも国際政治学の伝統理論に属しており、アクター、問題設定（イシュー）、世界のイメージについての仮定が異なる理論ではないと主張している[11]。ホルスティにとって、理論が異なるということは、国際政治のアクター、イシュー、イメージについての前提が異なっているということであった。この観点から相互依存論を考えると、相互依存論は、国家以外のアクターの重要性の高まりと国家の自立性の低下を謳ったものの、国家の存在を全面的に否定したわけではない。また、国家対非国家主体という軸で国際政治のアクターをとらえていたという意味では、やはり国家を基準として国際政治のアクターについて考えていたのである。国際政治のイシューについても、経済社会問題が政治・軍事問題にも影響を及ぼし、アクター間の協力の可能性を生むととらえていた点で、やはり戦争の原因と平和の条件を中心的課題とする従来の国際政治イシューの枠組みの外にある議論ではない。一方、リアリズムは、非国家主体の役割の増大や様々なイシューにおける超国家的関係を否定していたというよりは、それらの役割を重く見ていなかっただけである。さらに相互依存論は、国際政治の平和的側面に注目した点においてはリアリズムと異なっているが、主権国家その他のアクター間の水平的な関係として国際社会をとらえていたという意味で、やはりリアリズムと同じ土俵の上に立っている。

　これらの点に関し、例えば、当時注目を浴びていた従属論と比べてみると、アクター、イシュー、イメージについての前提がリアリズムと全く異なっていることがわかる。従属論における国際政治アクターは、「中心」という経済発展している地域と、「周辺」という、中心によって搾取され続けている地域であり、国家や国家に対抗するアクターの観点から国際政治を分析しているのではない。

---

11) K.J. Holsti, *The Dividing Discipline: Hegemony and Diversity in International Theory*, Allen & Unwin, 1985.

また、従属論においては、戦争と平和の問題ではなく先進地域と後進地域の経済格差が国際政治の主要なイシューであった。さらに従属論では国際政治のアクター同士の関係は水平的ではなく、搾取する側とされる側の階層関係である。このように、従属論がリアリズムと全く異なるアクター、イシュー、国際政治のイメージで国際政治をとらえたのに対し、相互依存論の前提はリアリズムと根本的には異なっていない。したがって、リアリズムと相互依存論は異なる理論というよりは、アクターとして国家をどの程度重視し、戦争と平和の問題について戦争の原因と平和の条件のどちらにより重きを置くか、という程度の差である。この意味で、リアリズムと相互依存論を国際政治の伝統理論の範疇に入れたホルスティの見解は的を得ている。『パワーと相互依存』執筆の10年後、コヘインが、複合相互依存の理論はリアリズムにとって変わるものではなく、それに付け加えるものであったと述べたのもこのためである。

——理論？ それとも現実描写？——

　相互依存論は、当時の国際情勢における変化を反映したものであった。ヨーロッパ統合、米ソ間のデタント、ベトナム戦争、国際金融危機、経済摩擦、南北問題、石油危機等の国際的事件は、国際政治に新しい変化が生じていることを人々に認識させる大きな出来事であった。しかし、相互依存論は本当に理論なのか？　単に国際政治の新しい現実を描写しただけではないのか？　という批判が、国際政治学を厳密な社会科学としてとらえる学者たちから生じてきた。この批判は、1980年の国際政治学上の論争へとつながっていくことになる。

——変わらぬ国家の重要性——

　相互依存論が国家の自律性（autonomy）の低下を主張し、合理性仮説、統一性仮説を否定したことに対しては、リアリストから国家の役割を軽視しすぎであるという大きな反論が出た。実際、非国家主体間の関係が増大するということは、それらを規制する国家の役割の増大も意味するため、相互依存の深化に伴い、国家の重要性は従来よりも増すということもできる。また、すべての経済活動は政治的枠組みの中で機能し、グローバルな市場も国際的なパワー構造

に依存して存在していることも忘れてはならない。相互依存論があまりに国家の役割を軽んじたことへの反省と反動によって、1980年代には「国家を取り戻そう（Bringing the State Back In）」とする動きが起こり、国家主義（statist）の議論が浮上した[12]。

——相互依存のマイナス面——

相互依存論は、人や物の移動や交流の楽観的な側面を強調するが、相互依存がもたらすマイナスの側面も無視できない。例えば、アクター同士が相互に依存しているということは、摩擦が起こる可能性もあるということである。全く依存関係がない者同士の間ならば、摩擦は起こらないからである。18世紀の思想家ルソーは、自然状態において孤立し、分離して平和的に存在している人間が、社会ができるとともに邪悪な性質をもつようになることを、彼の教育論の中で述べている。この観点からウォルツは、「相互依存」ではなく、「相互独立」の関係のほうが国家間関係は安定すると考え、それを冷戦期の米ソ間関係の安定要因の1つとしてみていた。冷戦が「長い平和」であった理由の1つは、アメリカとソ連が比較的自給自足の国であり、互いに独立していたためであるというウォルツの考え方をジョン・ガディスも踏襲して、冷戦期の米ソをそのように分析している[13]。

——現実とのギャップ、実証面での欠陥——

相互依存の深化によって世界は果たしてより平和になるのか？ 1910年にイギリスのジャーナリスト、ノーマン・エンジェルは、『大いなる幻想』[14]の中で、ヨーロッパ大国間の金融・経済における相互依存が密であるため、ヨーロッパ諸国にとって戦争はあまりにコストが高くつき、戦勝国にとってさえ割に合わ

---

12) Peter Evans, Dietrich Rueschemeyer, Theda Skocpol, *Bringing the State Back In*, Cambridge University Press, 1985.

13) John Lewis Gaddis, *The Long Peace: Inquiries into the History of the Cold War*, Oxford University Press, 1987.

14) Norman Angell, *The Great Illusion: A Study of the Relation of Military Power in Nations to Their Economic and Social Advantage*, W. Heinemann, 1910.

ないと論じ、大いに話題を呼んでいた。エンジェルの著作の趣旨は誤解されていることが多いが[15]、各国の GNP に占める貿易量で測られる相互依存度が、19世紀末から20世紀初頭にかけて前代未聞のレベルに達していたにもかかわらず第一次世界大戦が起こったことは事実であり、相互依存論を反証する事例としてしばしばあげられる。

——相互依存の偏在性——

相互依存が深化しているのは西側先進国のみであって、相互依存は、全世界に普遍的・不偏的にみられる現象ではない。相互依存は、開かれた国際経済を対ソ西側ブロックに確立し、ヨーロッパと日本の経済を再建して共産主義を封じ込める戦後のアメリカの戦略を抜きには語れないからである。戦後の開放的な自由経済システムは、ソ連と軍事・政治的に対抗するアメリカの戦略的圧力と表裏一体であった。つまり、相互依存が起こっているのは、より大きな米ソ2極の国際システムの一部であり、そこには共産世界はもちろん、南の貧しい国々も含まれていなかったのである。

——相互依存の非対称性——

相互依存の関係においては、依存度の低い側にパワーの源泉が存在する。ケネス・ウォルツは、相互依存はアメリカの支配的なパワーを覆い隠すイデオロギーに過ぎないと述べている。アメリカ以外の国々がアメリカに依存しているのであって、それらの国々はアメリカと相互依存の関係にはない[16]。相互依存の非対称性を操作することが国際政治における権力行使になることもある。一方、小国や弱い国でも、ある問題領域において優位にある場合は、大国に対し

---

15) このエンジェルの著作は、「相互依存が緊密になった世界において戦争は起こりえない」と述べていると誤解されているが、エンジェルの趣旨は、戦争は戦勝国にとっても高くつき、割に合わないということであった。Richard Cooper, "Economic Interdependence and War," Richard Rosecrance & Steven E. Miller, eds, *The Roots of World War I and the Risk of US-China Conflict*, MIT Press, 2014.

16) Kenneth N. Waltz, "Myth of Interdependence," in Charles P. Kindleberger, *International Corporation*, MIT Press, 1970.

て大きな影響を与えることができるといえよう。

6. グローバリゼーション論

1980年代のグランド・セオリーをめぐる論争の時代を経て、冷戦終焉後、経済問題の重要性についての認識はまた高まってきている。通信・輸送のコストはますます低下し、世界の工業製品の半分は多国籍企業によって作られ、人類はさらに地理的距離を克服してきた。今日では、相互依存という言葉は聞かれなくなり、代わって「グローバリゼーション」という言葉が使われる。グローバリゼーションとは、人や物が国境を越えて移動する量と速度が増加することであり、ナイは、「地球上の遠隔地での出来事への敏感性」と定義している。デイビッド・ヘルドの理論的考察によれば、グローバリゼーションについての考え方は1) 過激グローバリスト(hyperglobalists)、2) 懐疑派(sceptics)、3) 変容論者(transformists)に分類される。

グローバリゼーション論は相互依存論の流れを引くリベラルな理論であるが、かつての相互依存論と異なる点がいくつかある。まず第1に、相互依存論が経済社会的側面を中心に議論を展開したのに対し、グローバリゼーション論は、経済社会的側面のみならず、軍事的相互依存や文化、人の移動等、より多面的に分析を行っている。例えば、軍事面のグローバリゼーションにおいては、同盟や、武器輸出のほか、軍事技術拡散、核拡散、国際的安全保障レジームなども分析対象として含まれている。

第2に、相互依存論においてはあまり注目されなかった情報革命が、今日の国際社会における加速度的進化としてグローバリゼーション論の中核にある。情報革命とは、情報の伝達と処理のコストが劇的に低下したコンピューターやコミュニケーション・ソフトウェアの急速な技術革新のことである。インターネットの利用も毎年倍増している。Eメールやウェブサイトが開発されたのもさほど遠い昔ではない1990年代だが、今では日常生活の一部である。情報伝達コストの大幅な削減と、無限に近い伝達情報量が情報革命の特徴であり、このコストや時間は距離と無関係である。この影響がいかに大きいかは、例えば、

地球上の非常に離れたところから企業が経済活動を行うことができたり、非政府主体が環境問題や地雷の問題を世界中の支持者や様々な国家・非国家主体に伝達することからも容易に想像できる。1991年の湾岸戦争の時点ですでに見られたように、軍事面での情報革命も進行し（RMA）、宇宙配備のセンサーや高速コンピューター・ソフトウェアによって、広い地理的範囲で起こる複雑な出来事についての情報を収集し、分類し、処理する能力が高まった。

　第3に、こういった情報革命が政治体制をも覆す力をしばしば持つことである。情報革命によって、権威主義国家が社会に対して情報を統制する力が大きく制限されるようになり、情報の独占や不透明性は、国際的評価にかかわると同時に、国際投資を減速化させるようになった。ソ連の崩壊の1つの理由が情報革命であったように、情報革命は権威主義体制に不利に働き、民主化を促進する力を持っている。山本吉宣は、相互依存時代の国家を「裸の国家」と呼んだが、グローバリゼーションの時代には、ネットワーク効果[17]も手伝って、相互依存論の時代とは比べ物にならないくらい、国家はさらに裸になっている。

　第4に、相互依存論が過度に楽観的であったのに対し、グローバリゼーション論においては、グローバリゼーションがもたらす否定的な側面も論じられている。例えば、グローバリゼーションが、世界市場で繁栄する上での技術や流動性を持った集団と、労働者や年金生活者などのように身動きの取れない集団との間に深い亀裂を生んでいることが指摘されている。グローバル・サウスの問題や不法移民の問題も、グローバリゼーションがもたらした結果と見ることができる。また、9.11以来、人々の意識の上るようになったテロの問題も、安全保障分野におけるグローバリゼーションがもたらした結果として捉えることができよう。コヘインは、9.11事件を、交通・通信手段の発達によって地理的空間の意味が変化し、安全保障上の脅威が地球上のどこにでも存在する時代になった帰結と分析している。伝染病や感染症、鳥インフルエンザ、エイズなども、国益が地理的にもはや定義できなくなった今日の世界の問題に含まれる。

第9章　相互依存論とグローバリズム

17）電話、インターネット、フェイスブック、ツイッターなど、多くの人が使えば使うほど、生産物の価値が上がる状況である。波及効果ともいえる。

　グローバリゼーションについての否定的見方の1つに、「豊穣のパラドックス」という考え方がある。情報伝達の容易さや情報の氾濫が人々の関心の低下を招くということである。つまり、物にしろ、情報にしろ、豊かだということは、人間が何かを求めたり向上しようとする意欲をむしろそいでしまうという問題が生じる。サン＝テグジュペリの『人間の土地』の中の以下の一節はこのことをまさに言い当てている。

　　人間にあってはすべてが矛盾だと人はよく知っている。ある一人に、彼が思うまま創作に力を注ぎうるようにと、食う心配をなくしてやると、彼は眠ってしまう。勝利の征服者はやがて軟弱化する、気前の良い男に金を持たせると守銭奴になってしまう。……人間の本然は果たしてどこに宿っているのだろうか？[18]

　また、相互依存論の場合と同じく、グローバリゼーション論においても、その非対称性が批判されている。情報革命は各国に均等に進んでいるのではない。また、グローバル化による繁栄の一方、摩擦も多くなる。特に支配的な欧米文化への反発と伝統的社会秩序や価値観損失への危機からおこった反グローバリズムは、各国市民団体や労働組合による過激な運動になって、一部の国々で広まっている。先進国間では、戦争はほぼなくなり、協調的・多角的に安全保障を考えていこうとする動きがある一方で、周辺国では、政治不安、軍国主義などが蔓延している。国際社会のルール作りは先進国主導のため、途上国がグローバル化の影響を受けながらも十分に参加できない状況のことを「民主主義の赤字（democratic deficit）」と呼ぶ。グローバリゼーションによる大量の投機的資本移動は、1997年にはアジアの金融危機を招き、外国投資が活発化した結果、途上国が多国籍企業を誘致しようとして、最低賃金を下げ、労働条件を悪化させ、環境規制を緩めて競う「底辺への競争（race to the bottom）」やソーシャル・ダンピングとよばれる状況を生んでいる。

18）　サン＝テグジュペリ（堀口大学訳）『人間の土地』新潮文庫、1955年、pp.201 - 202。

7. 終わりに

　数年前に外務省の官僚が、Eメールその他の通信手段の発達によって、勤務時間が短くなったとおっしゃっていた。連絡を取りやすくなったため、以前のように相手からの返事を待って職場に残っていなくてよくなり、仕事の密度が濃くなったというのである。技術進歩は確かに人間の生活の質を変え、豊かにする大きな可能性を秘めている。

　これとは逆に、「テクノロジーが発達すればするほど、人間の余暇時間は減る」というテーゼがある。洗濯機が発明されれば、洗濯回数は増える。掃除機が登場したことによって、昔、年に数回の行事であった掃除が日常の家事となる。携帯電話があることによって電話回数が増える。これもまた、技術進歩の一側面であろう。スマートフォンのチェックがどれだけ今日の我々の時間を奪っているかを実感している人も多いはずである。コンピューターやワープロの登場によって、文章の推敲が楽にできるようになると、人々は心をこめ、緊張感を持って一発勝負で書くことがなくなる。すると、文章に勢いがなくなる、字も汚くなる、漢字を忘れてしまう……。このように、便利な道具や技術の進歩が人間の時間を奪ったり、能力の発展を妨げたり、生活の質を下げたりすることも実は多いのである。

　さらに、交通・通信手段が発達して、海外旅行や留学が気楽に自由にできるようになったことは、我々の異文化についての知識を増やし、異文化間交流と相互理解に役立っているだろうか？　明治のリーダーたちは、外国に行く際、「自分が1日怠けると日本が1日遅れる」という危機感をもって外国の学問や文化を夢中で勉強し、取り入れ、日本の国家建設のために役立てようと決意していた。鎖国時代の日本は、実際に海外を視察することなく、多くの海外情報を集めていたし、明治時代に外国渡航経験のない日本人が、書物や人からの情報を通してどれだけ多くの外国の知識を持っていたかは驚くべきものがある。

　今は修学旅行でさえ海外に行く時代である。海外旅行者たちは、自国の基準で外国の社会や文化を測って外国批判をし、それぞれの目的に応じた楽しみ方をして帰ってくる。他国の文化や歴史についての興味や知識を全く持たずに、

単なるショッピング目的でも海外に出かけることが可能な時代である。こういった点においては、相互依存の深化は、相互理解や相互交流とは無関係であるように思える。

　技術進歩によって、我々は、どのくらい時間と空間を乗り越えているのだろうか？　ツキジデスの時代から、果たして人間の営みは変わったのだろうか？日常から一歩離れて、今日私たちが生きている時代がどういう時代なのかを、立ち止まって考えてみよう。

■ 論述問題

　以下は、ドイツに留学したある高校生がエッセイコンテストで優秀賞を取った作文である。

　　……平和は相互理解から生まれる。もっと簡単に言ってしまえば、平和は友情が作る。……国と国という考え方で歩みが止まってしまったとき、その国にいる人のことを考えてみればいいと思う。私はドイツで知り合った人々と帰国後も関わり合うことでつながっていると思えるし、むこうもそう思っていてくれたらとてもうれしい。……私は平和を願うことが特別なものではないことを、留学という少し特別な体験を通して知った。一年で私が得たものは知識や技術よりも、自分の生きるこの世界に対する新しい実感だった。……海の向こうの人たちも、何のことはない、同じ人間だという常識である。……誰もが知っているが実感を伴わなければ効果がないことがこの世の中には多く、その実感は得ようとして得るのは難しいが、ひとたび体にしみこめば大きな力を発揮する……

　高校生のみずみずしい感性が感じられるこの作文における考え方の前提と相互依存論の共通項は何か？

コラム　あなたは以下のA、Bどちらのステートメントに賛成ですか？
　　　　反対ですか？

(1) A 一定の時間と空間を一緒に過ごすことによって、人間同士はより分かり合えるようになる。
　　B 良好な人間関係を保つには、互いからある一定の距離を置き、ある程度互いに独立していることが必要である。

(2) A Eメール、コピー機、携帯電話の普及によって、人間の生活は格段に便利になった。
　　B 科学技術が進歩しても人間の営みは根本的には変わらない。

(3) A 映画は映画館で見てこそ価値がある。
　　B DVDを借りて家で映画を見られるのだから、わざわざ映画館に行くことはない。

第9章　相互依存論とグローバリズム

コラム　クイズ　解答
1. アレギザンダー・グラハム・ベル　　2. ウィリアム・ジーメンス
3. ゴトリーブ・ダイムラー　　　　　　4. トーマス・エディソン
5. ライト兄弟　　　　　　　　　　　　6. チャールズ・リンドバーグ

第10章 「民主主義による平和」論
―政体か国益か？―

　民主主義は最悪の制度である。これまで試みられてきたすべての政治体制を除いては。(Democracy is the worst form of government except all the others that have been tried.)
――ウィンストン・チャーチル

学習のポイント

① 民主主義国家同士はなぜ戦争をしないのか？「民主主義による平和」論における2つの代表的な説明を理解しよう。

②「民主主義による平和」論は、理論的側面および実証面でどのような問題点があるか、検討しよう。

③ 政治体制が国家の対外的行動や国際政治に持つ影響を考えよう。

　「民主主義国家同士は戦争をしない」という仮説に賛成か、反対か？　この章の副題「政体か国益か？」は、国家行動を規定するのは政治体制なのか、それとも国益なのかという問いかけである。そもそも民主主義とは何か？　逆に、民主主義でない体制とは何なのか？　神権政治、君主制、権威主義、専制主義、独裁、共和主義……世界には歴史上、様々な政治体制が存在してきた。本章では、リベラリズムの2つ目の理論系譜として「民主主義による平和」論もしくは「民主的平和」論(Democratic Peace Theory = DP)を紹介する。

　冷戦後のアメリカでは、自由民主主義に対する自信が高まり、民主主義国家が戦争に関わる頻度や、民主主義と政治経済発展の度合との関係についての実証研究が活発に進んでいる。「民主主義による平和」論は、政策に密接に関係し

た理論であり、それを裏づけにした民主主義の輸出がアメリカの外交目標の中心に位置付けられている。

　冷戦後の国際社会において自由民主主義という価値が国際規範として浸透してきている反面、その理論的裏づけとなっているアメリカでの「民主主義による平和」論は、日本やヨーロッパの学界においては表層的な理解しかなされぬまま、民主主義概念の曖昧さや過度な政策指向型が批判され、敬遠されてきた。確かに「民主主義による平和」論には、理論的にも実証的にも問題は多いが、それが世界の大国であり、日本の最も重要な同盟国であるアメリカの外交理念の裏づけである以上、十分に理解し、検討することが必要である。

　民主主義（democracy）の語源は、ギリシア語の demo（すなわち民衆、大衆）と、kratia（すなわち政治支配）という言葉である。つまり、デモクラシーは民衆による支配、多数者による支配を意味する。民衆といっても、当時のギリシアでは奴隷制が行われており、男性自由市民のみ参政権があった。Kratia に語源を持つ言葉には、他にも autocracy（専制主義）、aristocracy（貴族政）、theocracy（神権政治）などがある。

　民主主義は、今日では理想的な政体と考えられているが、歴史上、常にそうであったわけではない。たとえばプラトンは、民主主義に批判的であったことで知られており、その弟子アリストテレスも、民主主義が衆愚政治に堕落する危険を認知していた。アリストテレスは、政体を君主制、貴族性、民主制に分け、それぞれが、専制主義、寡頭政治、衆愚政治に陥る危険性を語っている。ポリュビオスはこのアリストテレスの見解に基き、政体循環論を唱え、君主制→専制主義→貴族政→寡頭政治→民主政治→衆愚政治→君主制、と巡ることを論じた。民主主義は 19 世紀頃までは、ルソーのような思想家を除いては、一般的に危険であり、脅威となりうる悪名高い政治制度と考えられていた。それが 20 世紀以降、まさに「錦の御旗」となり、今日に至っている。今日の近代民主主義の概念は、市民社会の成立によって出来上がった議会制度と政治的平等に基くものである。

1.「民主主義による平和」論（DP）とは何か？

「民主主義による平和」論（以下、DP）は、①民主主義国は他の民主主義国に対して戦争をしない（非民主主義国に対して戦争することはある）、②民主主義国同士は戦争以外でも武力に訴えることが少ない（問題を解決する際に、交渉等、平和的手段をもってする）、という2つのテーゼに基くものである。ジャック・レヴィは、「民主主義による平和」は国際関係における最も確かな経験的法則であると述べている[1]。

1) DP の説明

DP が統計に基いて上の2つのテーゼを主張する根拠は、1つには、(1) 規範（政治文化）であり、もう1つには、(2) 政治構造（政治指導者に対する制度的制約）である。

(1) 規範による DP の説明

規範とは、行動が社会的に受け入れられるかどうか、社会的に承認もしくは非承認される基準を提供するルールである。民主主義の規範は、交渉や仲介（adjudications）という方法を好み、軍事力使用を軽蔑する傾向がある。この場合の規範は、政治文化といってもよいだろう。規範による DP の説明によると、こういった国内の紛争解決の規範が外面化して対外行動となって表れ、民主主義国家同士は戦争をしないことになる。ラセットらは、次に述べる政治構造モデルよりも規範モデルの方が有意性が高いこと、政治構造の制約は戦争回避には重要だが、低強度の危機や紛争を必ずしも回避させないことを論じている。

---

1) DP is "as close as anything we have to an empirical law in international relations." Jack S. Levy, "Domestic Politics and War," *Journal of Interdisciplinary History*, Vol.18, No.4 Spring, 1988, pp.653 - 673. その他、民主主義による平和論を唱える学者として、Babst (1972), Bremer (1992a, b, 1993), Chan (1984, 1993, 1997), Dixon (1994), Doyle (1986), Maoz & Abdolali (1989), Maoz& Russett (1993), Morgan & Campbell (1991), Owen (1994, 1997), Russett (1993), Small & Singer (1976) など。

民主主義と戦争
Bruce Russett, *Grasping the Democratic Peace* ch.2 より

・1946 – 1986 のデータ

紛争のレベル	双方が民主主義		片方か双方が非民主主義		総数 Total dyads
紛争なし No dispute	3,864		24, 503		28,367
威嚇 Threat of force	2	0.05%	39	0.16%	41
示威 Display of force	4	85.7%	116	94.4%	120
武力行使 Use of force	8	57.1%	513	77.9%	521
戦争 War	0	0.0%	32	4.6%	32
計 Totals	3,878		25,203		29,081

(2) 政治構造(抑制と均衡の政治制度)による DP の説明

　民主主義政治システムでは、統治者が被治者によって選挙で選ばれるという意味で、政治指導者は有権者に依存する仕組みになっている。政治指導者には選挙による制裁を受ける「政治的リスク」と「観衆費用(audience cost)」があるため、大衆に対して「政治的説明能力(political accountability)」を持っていなければならない。民主主義体制において、有権者は政策の失敗や、コストのかかる政策に対して指導者に制裁を科すため、独裁政体の場合よりも、悪い政治指導者への抑制が効果的に働き、政治指導者の政策に対する歯止めがかかることになる。また、2カ国の民主主義国が問題となる場合、互いの国の指導者は、こういった観衆費用や政治的リスクによって相手の指導者が制約されていることを知っているため、対立が高まっても先制攻撃をするには至らない。民主主義政体では、軍事力使用の国内政治コストが高いからである。

　軍事力を使用する場合は、国内的・国際的費用対効果の計算に基くが、その場合も、「政治過程の複雑さ」によって、国家を戦争に動員する過程が遅くなる。つまり、民主主義国ではさまざまな手続きが必要なので、政治指導者の命令だ

けでは国を動かせないという意味でも、戦争への歯止めがかかるのである。

政治制度による DP の説明には、派生理論がいくつかある。

① 民主主義と資源の動員力

ブエノ＝デ＝メスキータ、モロー、シバーソン、スミスは、民主主義国の指導者は、戦争に直面すると、専制主義国の指導者よりも余剰資源を戦争につぎ込む傾向があることを指摘する[2]。戦争に負けると、自己の政権基盤維持が危ぶまれるという制度的制約によって、戦争に資源を動員する度合が民主主義国では高くなるのである。したがって、民主主義国は勝つ戦争しかしないため、攻撃相手国の選択においてもより慎重である。ダン・ライターも、やはりいったん戦争が起こった場合の資源動員力のロジックに基いて、民主主義国家は戦争に勝つという議論を展開する[3]。

② 危機における民主主義国家の意図の透明性と危機回避

ジェイムズ・フィアロンは、民主主義国家においては、いったん危機が起こると、大衆のリーダーに対する注目度が高まるため、民主主義国家はその意図や決意を信頼できる形で表明すると述べる。身をひく政治指導者に対する観衆コストが高まった状況において、民主主義国の政治指導者は本気で政策を考え抜き、それを明示するのである。強力な観衆費用のため、危機における交渉において互いの意図や決意の透明性が高まることで意思疎通がうまくできるならば、安全保障のジレンマは緩和されると、フィアロンは示唆している[4]。

③ 民主主義国から挑戦を受けた場合の解釈

ケネス・シュルツは、民主主義国の挑戦を受けた場合に一国がどう対応するかについて、民主主義という政治制度による説明も2通りに解釈できるという。なぜならば、民主主義制度は A. 戦争の政治的コストを高める役割と、B. 情報の透明性を促進する役割とがあるからである。A. の場合、民主主義国は国内

2) Bruce Bueno de Mesquita, Alastair Smith, Randolph Siverson, James Morrow, *The Logic of Political Survival*, MIT Press, 2003.

3) Dan Reiter, "Democracy, War Initiation, and Victory," *The American Political Science Review*, Vol.92, No.2, June, 1998, pp.377‒389.

4) James D. Fearon, Rationalist Explanations for War, *International Organization*, Vol.49, No.3, Summer, 1995, pp.379‒414.

的政治コストにより戦争に歯止めがかかるため、相手国は戦争をしてこないと考える。そのため、民主主義国からの対抗姿勢に報復することになる。B. の場合、民主主義国は意思決定が透明なため、対決姿勢を表明した場合は、それはこけおどし（bluffing）ではない。従って、相手国は、民主主義国の対決姿勢を本気ととらえ、これに軍事的に対抗しようとはしない。つまり、民主主義国からの対抗姿勢には報復しない。この2つの解釈を検証した結果、シュルツは、B. の情報理論の方が実証結果にかみ合っていると結論付けている [5]。

2）実証研究

　DP の研究は、2 カ国のペア（dyad）を年毎に見ることによって行われるため、規範による説明と、制度による説明があるだけでなく、モナディックな説明とダイアディックな説明の2通りがある。モナディックな見方とは、1 カ国の行動にのみ注目した場合であり、相手の出方いかんにかかわらず、国家がどう行動するかを考える。この見方によると、民主主義国家は他のすべての国に対し

第
10
章

「民主主義による平和」論

民主的平和の説明

1）モナディックな説明 / ダイアディックな説明
2）規範による説明 / 政治制度による説明

	規範	制度
Monadic	戦争はしない 交渉の継続	アカウンタビィリティーの観点から軍事力使用は控える
Dyadic	相手が民主主義の場合は交渉継続； 民主主義でない場合は先制攻撃	相手が民主主義なら交渉により合意；非民主主義の場合は反戦機運が高まる前に戦争

---

5) Kenneth A. Schultz, "Do Democratic Institutions Constrain or Inform? Contrasting Two Institutional Perspectives on Democracy and War," *International Organization*, Vol.53, No.2, Spring, 1999, pp.233 - 266.

て平和的に行動するため、相手国の政治体制がいかなるものであれ、戦争を起こすことはないことになる。ダイアディックな見方とは、２カ国のペアとしての行動分析であり、この場合、民主主義国は国際的危機に際して、相手国の政治体制を考慮し、対応の仕方を調整するため、民主主義国家同士の場合にのみ、平和的に行動する。一方、非民主主義国の敵に対しては、威嚇的な外交政策を取り、戦争を起こすこともある。民主的平和の源が規範であるか、政治構造にあるかの視点と２カ国のペアとして分析するか否かを組み合わせると、４つのパターンが示される：

(1) モナディックな規範論：戦争を始めることはない。攻撃されれば防衛する。相手の政治体制が何であれ、交渉を続ける。危機が起こっても、非民主主義国との交渉において、民主主義の規範が脆弱であることを認めない。

(2) ダイアディックな規範論：相手の規範が自国の民主主義的規範と異なる場合は、民主主義の規範を維持するのは戦略的に不利であるため、先制攻撃する。

(3) モナディックな政治構造論：国内社会に対するアカウンタビリティーが高いため、政治指導者は軍事使用を抑制する。

(4) ダイアディックな政治構造論：民主主義国同士は、交渉が長引くことによって合意に達する可能性が高い。相手が非民主主義国の場合は、交渉が長引くと民主主義国の脆弱性が高まるため、有権者が戦争に反対し始める前に戦争を起こす。

つまり、民主主義国が最初に戦争をしかけるか否かはダイアディックの場合のみ問題となる。

2. DP の評価

リベラリズムは一般的に経済社会問題に着目して国際政治を語ることが多いが、DP は安全保障問題についてのリベラル理論である。分析のレベルから行くと、国内政治体制すなわち第２イメージによる戦争・平和の説明である。

なぜ冷戦終焉後、民主主義による平和論が活発に議論されるようになったのか？　ひとつの理由は、共産主義に勝利したというアメリカの高揚感であろう。もう1つは経験的観察から生じたものである。政治学においては演繹の議論が多いが、DPは帰納法の論理で展開されているのが特徴である。

　DPへの評価は、理論的側面および経験的側面の両方からなされている。以下、詳しくみていこう。

1）理論的側面

(1)民主主義か国益か？

　リアリストの論客は、民主主義という政治体制ではなく、国益とパワーこそが平和と安定の独立変数であることを強調する。ジョアン・ゴワは、平和を導くのは「政体か国益か」という大きな問題を提示し、『選挙と戦争 Ballots and Bullets』という本において、理論的側面および経験的側面の両方から批判を行った。彼女の論点はまず、DPは冷戦中に特に見られた傾向であり、第一次世界大戦前は見られなかったということである。ゴワによると、1945年以降、すなわち冷戦期に民主主義国家の間で平和が見られたのは、冷戦下の米ソ対立のために、西側諸国の対ソブロックに共通の国益が生まれたためである。国際紛争を説明するのは政体ではなく、国益であるという立場から、ゴワは、冷戦後のアメリカの安全保障レベルは、民主主義を広めることによって高くなるわけではなく、共通の戦略的・経済的利益を持つ国と協調することによってであると説いている。すなわち、民主政体が普遍化するか否かは、国家間紛争の可能性とは関係ないという結論である。共通の政治体制ではなくパワーと国益こそ戦争と平和の決定要因であるという、リアリズムの立場からの典型的な批判である。また、政治政体ではなく、国家が置かれた状況、あるいは国内政治基盤の安定性を重視する議論もある。例えば、国内的政治不安に直面している政治指導者は民主主義国であれ、専制主義国であれ、戦争に関与することにおいては慎重になるはずである。あるいは逆に、国内的不満を外に向けて戦争するかもしれない。マンスフィールドとスナイダーは、民主化への移行過程にある国は、安定した政権よりも戦争する傾向があると論じている。また、民主主義

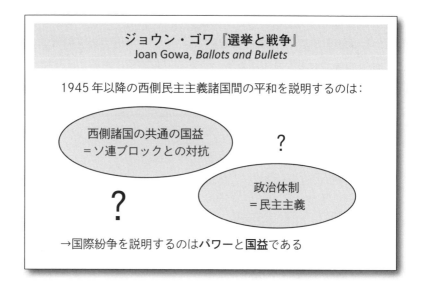

だからこそ、国内の圧力に負けて軍事行動を起こすこともあるかもしれない。例えば、アメリカのソマリア介入はメディアの影響を受けた世論に動かされた形で行われたものであった。

(2)規範論への反論

　DP を政治文化としてとらえる見方によれば、民主主義という価値が内面化されているということが、対外行動の事前的な（ex ante）要件となっており、それは自己利益を合理化したものではない。すなわち、政治文化という規範に基く DP の説明は、価値と利益の問題が切り離されているという前提だが、実際には価値と利益を区別するのは難しい。ある価値の促進が国益に適ったものとして認識されることもあるからである。例えば、紛争を回避したり、平和的に解決することは、国益に直結した問題であることも多い。国家が戦争しないのは、民主主義に基く平和的規範や価値観によるものなのか、それとも戦争を戦う場合の費用対効果を考えてのことなのか、判断するのは難しい。

　人道的理由で介入する場合でさえ、純粋な人道的価値観から介入することはほとんどなく、エネルギー資源の利権や過去の植民地時代からのつながりなど

が影響することが多い。日本の平和主義も、規範か国益かの区別をつけにくい事例である。平和主義は戦後の日本にしっかりと根付いている規範だが、同時にそれはアメリカの軍事力に頼りつつ、経済復興と成長に専念することができるという意味で、国益にもかなっていた。つまり、ある国家の対外行動の裏には、民主主義以外の要因が働いていることもあれば、他の要因を民主主義という規範・価値と切り離して考えるのが不可能な場合もある。国家が利害関係によって行動しているのか、価値規範によって行動しているのかは区別がつかないことが多く、価値だけを抽出して検証するということは、実際不可能である。

(3)政治体制のグラデーション

　民主主義体制を語る時にしばしば出てくる「抑制と均衡（checks and balances）」という考え方は、もともとはアメリカ政治の基本原則であり、政府の各部門の力に制限を加え、立法、司法、行政間の均衡を保つことである。しかし、抑制と均衡の仕組みが保たれる度合いは各国で異なっている。DPにおいては、民主主義と非民主主義が対置変数（もしくは二分変数・対立変数 dichotomous variables）として捉えられているが、両者を明確に区別できることは実際には少ない。例えば、アジアの国々の多くは、開発独裁、あるいはソフトな権威主義と呼ばれるし、民主化を近年遂げた国では、自由選挙は行われていても、言論や表現の自由が制限されていることもある[6]。

　また、利益が少数の支配者に集中し、コストが分散される傾向は、民主制も独裁制もそれほど変わらないという見解もある。「抑制と均衡」は、インフォーマルな形で専制国家にも存在し、権威主義国家においても大衆の目というものはあるはずである。逆に民主主義国であっても、政治指導者はある程度自律した存在である。戦争への抑制は、事前の公式な抑制と均衡ではなく、事後、有権者が政治指導者を制裁できる能力によるとすれば、戦争を犯すリスクは民主制も独裁制も変わらない。このように、どの国においても民主主義の要素と専

---

6) 例えば1980年代末に民主化を遂げた韓国では、いまだに政治指導者に対する名誉棄損罪が強く残っている。2014年のセウル号沈没の際、当時の大統領朴槿恵についての記事を書いた日本の新聞記者が長期にわたって韓国に拘留された事件は記憶に新しい。

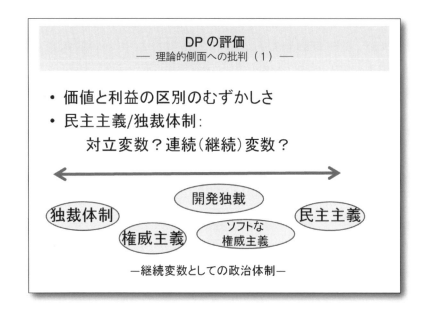

制主義の要素が入り混じり、民主主義か専制かという視点で捉えきれない部分があるとすれば、民主主義体制と非民主主義体制は、対置変数としてではなく、継続変数（continuous variables）として、ひとつの連続体の中で捉えられるべきかもしれない。

2）経験的側面

（1）統計データの限界

　DP が論拠とするデータは第一次世界大戦以後のものであり、1914 年以前には民主主義国家同士が戦争しないというテーゼは統計上当てはまらないことが指摘されている。実際、第一次世界大戦以前の戦争に至らない紛争の場合は、民主主義国家同士のほうがむしろ対立の可能性が高かった。

（2）主要概念の定義

　検証の際、問題となることの１つは、主要概念の定義である。DP においては特に民主主義の定義、戦争の定義が問題となる。

① 民主主義

　DP における民主主義の概念は、普遍的基準というよりも、多分にアメリカの観点から語られていること、また、時代による民主主義概念の変化が無視されていることがしばしば問題として挙げられる。民主主義の一般的定義は、「権力移譲に際し、自由選挙が行われる政治システム」であり、異なる政策や政治指導者についての見解を効果的に表明できる度合や、市民の自由の度合、政治指導者の権力行使に対する制約度で民主化の度合が測られる。しかし、民主主義の最大公約数が自由選挙のみであるとすれば、それは概念としてあまりに広く、数多くのタイプの民主主義体制を包含してしまうため、独立変数としてなりたたない。このため DP は、民主主義の定義を緩め、データをゆがめて、民主主義による平和論に沿うような操作をしていると批判されるのである。例えば、日本を例にとって見るとよい。日本型の民主主義は、西洋型のように人民が政府権力と戦って勝ち取った民主主義とはタイプが異なり、どちらかと言えば、市民社会と政府が共存・協調する形の民主主義である。今日において新興の民主主義国が増加する中、成熟した西側民主主義国同士の戦争を論じても、どのくらい今日の問題を把握できるだろうか？　民主主義があまりに主観的な概念であること、有効な独立変数になりえないことについては、イド・オレンが鋭い指摘を行っている[7]。

② 戦争の定義

　ラセットは、「戦争」を「政府によって組織された戦闘で 1000 人以上の戦闘による犠牲（死亡）を伴うもの」としている[8]。しかし、この定義は多くの問題を含んでいる。まず、戦争を起こすことについて論じているのか、戦争や紛争のさなかにある国家行動について論じているのかが明らかでない。つまり、民主主義国は戦争を起こさないといっているのか、民主主義国は戦争状態にない

---

7) Ido Oren, "The Subjectivity of the 'Democratic' Peace: Changing U.S. Perceptions of Imperial Germany," *International Security.* Vol. 20, No. 2, Fall, 1995, pp. 147‒184.

8) 参考までに、COW（Correlates of War Project）によると、戦争とは、「国際システムの 2 カ国以上のメンバーの間の衝突。1000 人以上の死者。参戦国は 1000 人の軍人を派遣しているか、100 人以上の犠牲を出した場合」である。

といっているのかが不明である。また、いわゆるセレクション・バイアスの問題もある。DPで扱われているのは、多々あるケースのうち、戦争に至ったケースのみであるため、ほとんどのケースが実はデータからもれている。国家は、実は危機が生じる前に問題をすでに解決してしまっているかもしれないが、我々はそれについては知る由もない。

　さらに、DPが扱っているのは、国家間の戦争のみである。上記のラセットの定義には民間人の犠牲は含まれず、政府の決定でない戦闘行為や武力抵抗のない占領、秘密工作、植民地戦争や帝国主義の戦争、内戦、介入などは無視されている。9.11事件以来、人々の認識に上るようになった「テロとの戦争」等、非国家主体とのいわゆる「非対称の戦争」について、DPは何がいえるのか？ラセット自身も、民主主義という制度的制約は、戦争を避ける場合に重要であるが、低強度紛争や危機への関与を避けるのには必ずしも重要ではないことを述べている。これに関し、猪口邦子氏は以下のようにDPを評価し、従属変数をいかに拡大させるかがDPの課題であると述べている。

　　情報機関などの秘密工作で相手国内で多数の死者が出る暴動が発生する場合や、特定集団を秘密裏に支援して犠牲規模の大きい暴力行為を誘発することなどは分析には含まれない。こういった非公式の暴力（covert action; informal violence）への民主国家の関与が歴史的に少なくはなかった。……民主主義による平和論は、そういった非公式の暴力を範疇外にしているため、論じているのは表層の平和である[9]。

　すなわち、戦争の蓋然性だけを説明しようとする理論から、例えば、民主主義ダイアッドは、その他の場合と比べて、どのような紛争解決手法を示すか、国際機関の関与や第三者仲裁を受け入れる傾向は強いか、潜在的で長期的な対立関係がある場合にはどう対応しているか、紛争処理後の関係修復の速度は速いか、どのような交渉戦略を取る傾向があるか、

9) 猪口邦子「デモクラティック・ピースに関する批判的考察」『上智法学論集』42巻2号、1998年、pp.31-59。

危機管理における情報の共有性は高いか、……[10]

等々、様々な側面を解明していく必要がある。これに関連して、サイバーソンとエモンズは、民主主義国家同士は軍事同盟を結びやすいため、軍事紛争において協調して戦う確立が多いことを指摘している。とすると、民主主義国家同士の同盟は、戦争拡大につながる可能性があるとも言える。

3) その他

現代の国際政治の焦点のひとつは、民主化および民主主義体制の維持の問題である。先に述べたように、マンスフィールドとスナイダーは、民主化への移行期にある国家は攻撃的であると論じる。大きな体制変換が起ころうとするときに伴う社会的不満や経済的不満を輸出する圧力がナショナリズムによって増長され、対外的攻撃行動に転嫁されるというロジックである。つまり、民主主義国家同士の平和が成り立っても、民主化促進が平和的かどうかはわからないということである。これは、本来のDPそのものへの反論ではないが、関連する重要な指摘を行うものとして有名になった。実際、2010年にソーシャル・メディアの影響によってチュニジアで始まった「アラブの春」は、アラブ世界に反独裁運動を広げ、チュニジアのベン・アリ、エジプトのムバラク、リビアのカダフィ等がつぎつぎに打倒された。しかし、それが招いたシリア内戦、イエメンやバーレーンの社会不安、ヨルダン、モロッコ、サウジ、クウェート、西サハラにおけるその後の状況は、旧独裁体制から新体制へ移行するむずかしさを示している。このことは、旧ソ連の国々についてもいえよう。

また、独裁体制を転覆した後の国家建設や、民主主義体制維持の問題も、DPと関連する重要な問題である。例えばイラク戦争の場合のように、他国の介入によって独裁体制が倒された後、国家建設をいかにおこなうのか、いかにして民主主義を定着させるのかについて、課題は山積したままである。

総じて、DPは経験則が圧倒的に強いのに比べて、因果関係についての理論

---

10) 猪口「デモクラティック・ピース」pp.50-51。

的説明が追いついていない。因果関係の特定には想像力と創造力が必要であり、それは相関関係を発見することよりも難しい。上記で挙げた問題点を慎重に検討しながら、研究を進めていく必要がある[11]。

3. 民主化論

民主化をめぐる問題は、比較政治学のテーマであるが、DP と深く関連するため、手短に触れてこの章を締めくくることとしたい。アメリカ外交政策における要の1つは民主化支援である。冷戦が旧ソ連圏諸国の民主化という体制変換を伴った形で終焉したこともあり、民主化支援の重要性は今日、ますます人々の意識にのぼるようになっている。そして、これまで検討してきた DP が、アメリカの民主化支援政策の理論的支柱となっている。

民主化を論じる場合には、3つの主要テーマがある。まず、1）政治体制はどのように定義され、分類されるのか、民主主義とは何かという問題である。次に、2）非民主主義から民主主義へ移行する要因や前提条件は何か、また移行は、人工的に民主主義を植え付ける（crafting）形で行われるのか、それとも自然に拡散（diffusion）するものなのかという問題である。そして最後に、3）民主主義をどう固定させるか（consolidation）の問題である。

1）民主主義とは？

民主主義を専制主義と区別するものは何だろうか？　民主化の度合はどう測られるのか？　民主主義の定義の仕方は大きく分けて3つある。1つ目は、権威の源に重きを置くもの、すなわち、民主主義を人民の意志、人民主権に基く政治ととらえる見方である。2つ目は、政府の目的に重きを置くもの、すなわち共通の善を目指す政治として民主主義を考える場合である。3つ目は、政府

11）猪口「デモクラティック・ピース」p.43。最近の議論としては、ロサトの DP 批判に対するキンセラ、ドイルらの見解も参照。Sebastian Rosato, "The Flawed Logic of Democratic Peace Theory," *The American Political Science Review*, Vol.97, No 4, November, 2003, pp.585-602; idem, "Explaining the Democratic Peace," *The American Political Science Review*, Vol.99, No.3, August, 2005, pp.467-472.

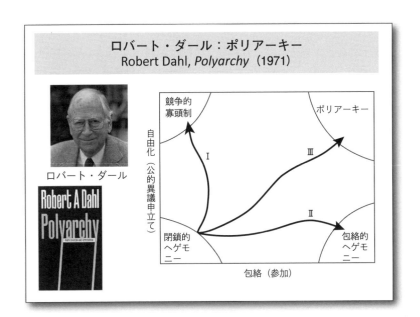

形成の手続きに重きを置くもの、つまり、権力移譲に際し、自由選挙が行われ
る政治システムとして民主主義を捉えるものである[12]。

　サミュエル・ハンティントンは、「大衆選挙にむけての競争的闘争という手
段によって個人が権力を獲得するような政治決定を導く制度的取り決め」と民
主主義を定義する。ゼヴォースキーは、「紛争を処理するシステムであり、そ
こでは、選挙に負けた政党は、勝利した政権を壊滅することによってではな
く、次の選挙を待つことによって目標を達成しようとする」と、民主主義につ
いて述べる。「参加（participation）」と「異議申し立て（contestation）」の観点か
ら民主主義について論じたロバート・ダールは、「普遍参政権に基く競争選挙、
政治的議論と選挙運動に必要な市民・政治的言論・報道・結社・組織の自由
が存在する場合は民主的といえる。理念型としては、すべての市民に対して

12）　例えばガリ元事務総長の『平和への課題』における、「制度や機構を通じて、人民の
　　意志に依拠した政治権力の理想を具現化する統治システム」という民主主義の定義に
　　は、これら権威の源、目的、手続きの３つすべてが盛り込まれている。ガリ元事務
　　総長は、「より開かれた、より参加的で、より権威的でない社会に至る過程」と民主
　　化を定義している。

完全もしくはほぼ完全に反応できる（参加、異議申し立てを許す）政治システム」と民主主義を定義する。これらの代表的な定義には、いずれも民主主義の3つ目の要件、つまり政府形成手続きを強調する要素が含まれているのがわかる。国連が世界のある地域で民主化を進めようとするとき、その活動の主なものの1つが、選挙支援ミッションとして選挙監視団や要員を送ることであることからもわかるように、民主主義はほとんどの場合、自由選挙と結び付けて考えられている。その他、言論の自由、強力な国会、効果的な政党制度、独立した裁判所、意思決定の透明性、なども含まれ、穏健さや中庸といった特徴も強調される[13]。

2) 民主主義への移行

　民主主義の前提条件と民主化の要因は同じではない。民主化は幅広い歴史的な力によって起こるのか？　あるいは特定の歴史的条件の下で起こるのか？それとも政治指導者の裁量と意志によるのか（合理的選択理論）？　国際環境と国内的条件ではどちらが重要か？　政権移行はいかなるものであれ、一般的には景気後退のときに起こりやすいと言われている。ゲデスらは民主主義に移行する前の国家の状況に重きを置くが、ゼヴォースキー、オードネル、シュミッター、ゼヴォースキーらは皆、戦略的に植え付ける側面（strategic crafting）を強調する。一方、ダールとハンティントンは、国際環境が民主化に対して持つ影響について述べている。ベイツは民主主義の条件が整っていないアフリカで民主化が急に起こった理由を拡散・増大理論（diffusion theory, snowballing theory）で説明する。民主化は北西ヨーロッパから世界に拡散したのか、それとも植え付けられたのか？　民主化が促される一般的条件はあるのだろうか？

　ハンティントンは『第三の波』[14]の中で、世界はこれまで3回、民主化の波

13）　ダール、リプセット、ゼヴォースキー、オドネル、シュミッターらが、民主主義が持つ中庸や穏健といった価値について論じている。

14）　サミュエル・ハンティントン『第三の波―20世紀後半の民主化』三嶺書店、1995年。人類の大変革の波（農業革命＝新石器時代、産業革命＝18世紀イギリス以降、情報革命＝現在）についてのアルビン・トフラーの著作『第三の波』（1980年）を意識してつけられた著作名である。

を経験したと論じている。第三の波とは、1974年〜1990年の間に起こった
民主化の波のことである。第一の波は1828から1926年であり、それはアメ
リカ独立革命およびフランス革命の影響を受けたものであった。第一の波にお
いては、経済・社会的要因が優勢であり、経済発展、工業化、都市化、ブル
ジョワの台頭、中流階級の台頭、労働者階級の組織化、経済格差の減少、など
の現象がみられた。その後、1922年から1942年まで逆行の波が起き（イタリ
アやドイツのファシズム）、その後第二の波が1943年から1962年に起こった
（ドイツ、イタリア、ラテン・アメリカの民主化）。第二の波は植民地独立の時
期とも重なり、政治・軍事的要因が優勢であった。この時期の民主主義は、戦
勝国によって植え付けられるか、あるいは非植民地化によって達成された。さ
らにその後、再び1958年から1975年に逆行した（ラテン・アメリカ、アジア
で権威主義が台頭）後、1974年以降にはポルトガル、インド、トルコ、フィリ
ピン、韓国、台湾、パキスタン、ギリシア、スペイン、ペルー、アルゼンチン、
ブラジル、ハンガリー、東ドイツ、ブルガリア、メキシコ、パナマ、等で第三
の民主化の波が起こった。第三の波がこれまでと異なっているのは、①民主主
義のリスクを進んで負おうとする政治指導者によって可能となったこと、②妥
協・選挙・非暴力が特徴であり、民主主義は民主的手段によって段階的に達成
されたこと、③多面的に民主化が進んだこと、である。

3) 民主主義の維持と固定化

　民主化の要因と民主主義の固定化の要因とは同じではない。いったん民主化
が達成された後、民主主義が安定する条件は何か？　民主主義の固定化と維持
には何が必要なのだろうか？

　ゼヴォースキーらは、経済的パフォーマンスの重要性を強調し、民主主義維
持の条件は、経済的豊かさ、インフレなき経済成長、所得格差がないこと、過
去に民主主義体制だった経験があること等が必要であると述べている。しかし、
民主主義は経済改革との両立が難しい脆弱な制度的秩序でもある。多くの場合、
民主主義への移行よりも維持の方が難しいのは、経済的安定性がないと民主主
義は維持できないからである。

■ 論述問題

1. 政治体制はどのように分類できるか？「民主主義」はどう定義できるか？

2. 「民主的平和論」や民主化の問題が冷戦後浮上した理由は何か？

3. 「民主的平和論」を国内政治構造の観点から説明し、それを評価せよ。

4. 民主化のための介入は将来的に許されるべきであろうか？

5. 日本の経験や今日の状況に鑑みて「民主主義による平和」を評価せよ。

第11章 国際制度論
―アクターの主体性 vs. 制度的制約 ―

学習のポイント

① 社会科学における制度についての研究の発展史を理解しよう。
② 国際制度は独立変数か？ 従属変数か？ 国際制度とアクターについての因果関係の方向性を検討しよう。
③ 制度を分類する様々な基準を考えよう。
④ 国際制度がアクターの行動に影響するメカニズムを整理しよう。

1. 制度についての研究史

「制度」という言葉を聞いて人は何を思いつくであろうか？ 税制、教育制度、政治制度、留学制度、通貨制度、選挙制度、大学制度、家族制度……身の回りにはありとあらゆる制度がある。では、制度とは何か？ 制度は何の役に立つのか？ 例えば奨学金制度は、学生の経済的安定のためにある。同時に、大学の安定的な運営のためにも役立つ。制度があることによって自分が従うべきルールや手続きが分かる。奨学金制度ならば、それに則した申請用紙や申請項目が決まっており、申請資格の基準が設けてあることによって、適格者が決まった時期に決まった方法で応募でき、手続きの煩雑さが省ける。

制度についての研究は、政治学の中心的テーマの１つであったが、制度研究へのアプローチは時代を経て変化してきた。第二次世界大戦後初期においては、議会や教育制度など、フォーマルな政府機構や手続き、法やルール等、形式的側面に重きを置いた静的・描写的研究が中心であった。具体的に、政治学にお

ける制度論の研究対象となってきたのは、直接選挙と間接選挙、中選挙区と小選挙区といった選挙制度、議会制や大統領制等の政治システム、政党システム、官僚機構、および金融制度や中央銀行制度などの経済システムであった。国際政治についても、最初は国際連合憲章の条文や組織構造の研究など、国際組織の形式的部分に研究の焦点があてられた。制度は幅広い概念であり、ある時代や社会における支配的な価値観やイデオロギー、慣行、規範、文化も含めて考えることもできる。国際政治学においては、北大西洋条約機構（NATO）やブレトンウッズ体制の中核である国際通貨基金（IMF）、関税及び貿易に関する一般協定（GATT）についての研究が代表的であった。制度についての初期の研究は、このようにフォーマルで形式的に制度の仕組みを把握するタイプのものであった。

　制度を人間や国家の行動に影響を与えるダイナミックな変数として捉える試みが本格的に始まったのは1970年代であり、それは経済学における新制度学派の影響を受けたものであった。この新しい制度論の中では、制度は現実に存在する組織や明示的なもののみならず、インフォーマルなもの、すなわち、社会規範やルールなど、暗黙のものまで、幅広く捉えられ、その生成要因や変化要因も分析されるようになった。例えば、主権国家システム、同盟、自由貿易体制といったインフォーマルなものも含めて研究対象とされるようになったのである。

　制度論の発展において、ノーベル経済学賞をとったダグラス・ノースの功績は大きい。ノースは、共著『西欧世界の勃興―新しい経済史の試み *The Rise of the Western World: A New Economic History*』[1] において、ヨーロッパがなぜ発展したかをテーマに、西ヨーロッパ世界の台頭を、効率的な経済制度、つまり、財産権[2]のような制度的取り決めによって、個人の努力が社会全体の利益を生むような活動にかえられたことによって説明した。そして、オランダやイギリ

1）ダグラス・ノース＆ロバート・ポール・トーマス（速水融・穐本洋哉訳）『西欧世界の勃興―新しい経済史の試み』ミネルヴァ書房、1980年。

2）近代憲法では、財産権は経済的自由権の1つであり、「個人の不可侵の人権」とされた。私有財産制においては、財産権の保障制度が存在し、物権、債権、知的財産権などが含まれる。

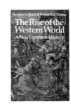

新制度学派の経済学

The Rise of the Western World :
A New Economic History
・＝西ヨーロッパ世界台頭の
　　理由を説明

ダグラス・ノース

スのように財産権が確立した国が経済発展を遂げたのに対し、確立しなかったスペイン等では 100 年も発展が遅れたことを示した。

　ノースは、制度が生むインセンティブを強調することによって、新古典派が説明するところの技術革新によるヨーロッパ発展の説明に代わる理論を展開した。制度によって効率が上がる例としては、1) 株式会社 [3)]（規模の経済 [4)] の象徴）、2) 特許制度（商品開発、発明、革新を促す）、3) エンクロージャー（放牧地を囲い込み、集約農業）、4) 保険会社（市場の失敗 [5)] を減らす）等があげられよう。ノースにとって技術革新は、経済発展の説明変数ではなく、結果（従属変数）であった。

　国際政治学において、統合論の流れを受けて 1980 年代初頭に生まれたレ

---

3) 株式会社は持ち分会社（合名会社、合資会社、合同会社）と違って、経営者と出資者が別人で構わない仕組みである。株主が出資義務のみを負うことによって資金を集め、大きな事業ができる。
4) 生産規模や生産量を増加させることで製品単位当たりのコストが下がり、競争上有利になる、スケールによるメリット。
5) 独占、寡占、公害等の外部性によるもの。完全競争市場では需要と供給のバランスが取れ、資源の最適配分が行われる。

ジームの概念が 1990 年代に国際制度論に発展したのも、ノースがもともと発展させた制度概念からの影響によるところが大きい。制度論はさらに源をたどると、ロナルド・コウズとオリバー・ウィリアムソンが構築した取引費用と財産権に基く新制度学派の経済学[6]にさかのぼることができる。そこでは人間の非合理性や情報の不完全性、モラル・ハザード[7]をカバーするのが制度であった。

2. 制度とは何か

　国際制度論は、ネオリベラル制度論（neoliberal institutionalism）とも呼ばれリベラリズムの理論の中ではリアリズムに対抗しうる最も理論として洗練されたものと考えられている。国際制度を論じる場合のキーワードは、「未来の影（Shadow of the Future）」、「繰り返しの囚人のジレンマ」、「取引費用（Transaction Cost）の削減」、「相互主義＝互恵主義（reciprocity）、「国際的評判のコスト」、「情報の透明性」などである。以下、制度の定義とそれにまつわる問題、制度論の系譜、そして制度論に関連する概念や理論を検討していこう。

　経済史学者ダグラス・ノースによると、制度は、「社会全体の富と効用を最大化するために個人の行動を制約するよう編み出されたルール、コンプライアンス（遵守）の手続き、道徳的および倫理的行動規範の束」[8]と定義される。なぜ制度が必要かについてノースは次のように述べている。「人間の認知、計算能力の限界や、社会環境や問題の複雑さに起因する不確実で、複雑な意思決定過程を単純化するために、人間は様々な公式・非公式の決まりや手続き、つま

---

6) Ronald Coase, "The Nature of the Firm," *Economica*, November, 1937; Oliver Williamson, *Markets and Hierarchy,* Free Press, 1975.

7) 責任や倫理にかける利益追求行動のことを指す。

8) "a set of rules, compliance procedures, and moral and ethical behavioral norms designed to constrain the behavior of individuals in the interests of maximizing the wealth or utility of principals" Douglass C. North & Robert Paul Thomas, *The Rise of the Western World: A New Economic History*, Cambridge University Press, 1973; Douglass C. North, *Structure and Change in Economic History*, W.W. North & Company, 1981.

り制度を作り上げる。制度は個人の選択肢の幅を制限する。制度は社会によって異なり、異なる政治、経済、社会効果を生み出す。それゆえ、人間行動や政治経済現象の説明には制度の分析が欠かせない」のである。制度は端的に言えば、社会におけるゲームのルールである。

　ノースのこれらの定義から、制度には、アクターが一定の目的のために「編み出す」側面と、出来上がった制度からアクターが「制約を受ける」側面とが含まれていることがわかるだろう。制度についての他の定義を見ると、このどちらかが強調されていることが多い。例えば、マーチとオルセンは、制度を、「特定の状況における特定のアクターの集団に、適切な行動を規定する慣行とルールの比較的安定した集合」と定義しているが、これは、制度からアクターへの制約を強調する定義であることが明らかである[9]。一方、ライカーは、「制度とはルールに他ならず、ルールは社会的決定の産物であるため、均衡状態にはない。」[10]と述べている。ライカーは、制度を、アクターの意図・利害によって生成され、変遷するダイナミクスを強調するものとして考えているのである。

　このように、制度論において重要な争点のひとつは、制度が独立変数なのか従属変数なのかという問題である。制度には、1）アクターがその選好を反映する形で主体的に制度を作る側面と、2）いったん出来上がった制度がアクターの行動様式およびアクター間の関係を規定し、制約する側面との間に緊張関係が存在する。出来上がる前は従属変数であった制度が、いったん出来上がると独立変数に変化するという点をどう考えるか？　アクターの主体性と制度の自律性のバランスをどう捉えるかは、制度論の中心テーマのひとつとなる。

3.　国際政治学における制度論の系譜

　今日の国際政治学における制度論は、1950 年代にヨーロッパ統合の機運を

9)　James G. March & Johan P. Olsen, *Rediscovering Institutions: The Organizational Basis of Politics,* The Free Press, 1989. ジェームス・マーチ、ヨハン・オルセン『やわらかな制度―あいまい理論からの提言』日刊工業新聞社、1994 年。

10)　William H. Riker, "Implications from the Disequilibrium of Majority Rule for the Study of Institutions," *American Political Science Review,* Vol.74, 1980, pp.432‒46.

背景に生まれた地域統合論(regional integration theory)をその源とし、1980年代には国際レジーム論、そして1990年代には国際制度論へと発展した。

1）地域統合論

地域統合において国際組織が果たす役割についての研究は、第二次世界大戦後のヨーロッパにおける統合現象を背景として、1950年代頃から行われるようになった。地域統合論には、1）機能主義（functionalism）と、2）交流主義（transaction school）の2つの流れがあり、これらがそれぞれレジーム論（のちの国際制度論およびグローバル・ガヴァナンス論）と相互依存論（のちのグローバリゼーション論）へと発展していくことになった。この2つの流れは、1960〜1970年代に国際政治学のサブフィールドとして認識されるようになった国際政治経済学の2大支柱となった。

（1）機能主義

機能主義はいうなれば、「イシュー別主義」である。制度は通常、特定の役割を果たすイシューすなわち機能的分野で出来上がり、維持される。初期の機能主義の著作としては、デイビッド・ミトラニーの『可動的平和システム

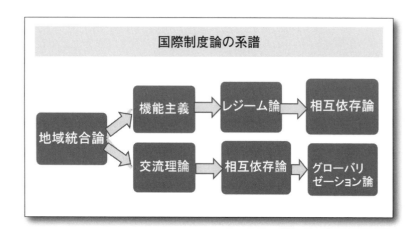

Working Peace System』（1943）[11] が有名である。ミトラニーの理論は3つの前提に基いていた。第1に、戦争は経済社会的な欠陥によって起こる。第2に、国家システムでは戦争を防止できないため、問題解決の担い手は国家とは別に必要である。第3に、人間の内面性が戦争の原因である。機能主義の特徴は、まず ①イシューの分離性（separability）、つまり経済社会問題は政治・安全保障問題と切り離して考えることが可能であるとする見方である。政治や安全保障に関するイシューはゼロサム性が高く、国益が対立することが多いが、経済社会問題では国家間に利益調和がみられることもある。イシューによっては国家間にレベルの高い協力関係を築くことが可能ならば、イシュー別に国際協力の可能性を論じるべきであるという認識がここで生まれた。もう1つの特徴は、②協力関係の波及性（transferability）、つまり経済社会的な分野で生じた協力関係が政治・安全保障分野にも波及するという考え方である。新機能主義と呼ばれるエルンスト・ハースらの理論は、ミトラニーの理論をさらに発展させ、利害一致は人が意図しなくても起こり、波及すること、経済社会的側面から生じたアクター間の協力が政治的側面にも「スピルオーバー」するという新しい考え方を提示した。

(2) 交流理論

　交流理論は、交流の拡大により人々の共同体意識が高まることで紛争の解決手段が次第に軍事力ではなくなることを謳ったものであり、後の相互依存論につながっていく考え方である。この代表的なものがカール・ドイッチュ（Karl Deutsch）らの「多元的安全保障共同体（pluralistic security community）」という概念である。ドイッチュは、政治レベルの統合（ある地域が1つの政府の下に統合されているかどうか）と価値レベルの統合（ある地域にコミュニケーションや交流チャンネルがあることで、基本的価値が市民によって共有されているかどうか）をまず区別する。社会的交流によって共通の価値観が共有されている地域に複数の国家が存在しているのが多元的安全保障共同体である。これは価値レベルでのみの統合であり、政治レベルでの統合ではない。ドイッチュはこ

11）Mitrany, *A Working Peace System*.

の地域統合の在り方を「大西洋共同体モデル」と呼んだ。これは北米と西ヨーロッパの関係を念頭に置いたものである。

　ドイッチュは統合（integration）を融合（amalgamation）と区別し、前者は政治的には多元的なまま価値統合がなされた場合、後者は政治統合と価値統合両方が達成された状態としている。多元的安全保障共同体が出来上がるプロセスは、まず戦争に対する不信感が増大し、エリート間に運動が起こることから始まる。これによって地域統合への雰囲気が生まれ、コミュニケーションが発達することによって共同体が出来上がっていくのである。この場合、国家間に紛争が起きた場合でも、その解決手段として暴力行使や戦争に訴えることはなくなる状況が生まれるとドイッチュは述べる[12]。

　地域統合をめぐる以上の2つの考え方が、のちのリベラリズムの理論一般の基調となっていった。当時の地域統合論は今日のものと異なり、多分に超国家的で理想主義的色彩の強いものであったが、1970年代には次第にこういった楽観主義は薄れ、政治協調のゲームへと関心が移っていき、国際レジーム論が生まれることになった。

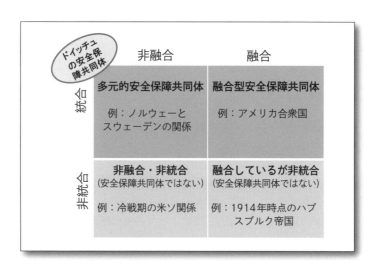

2) 国際レジーム論

　「レジーム」という言葉は、一般的には、ある特定の歴史的状況下もしくは政治指導者の下での政治体制を意味することが多いが、国際政治学における「レジーム」は、制度的な取り決めや条約、アクター間に共有されているルールのことを意味する。1970年代半ばに統合論が行き詰まったという認識が広まると、その空白を埋めるようにレジーム論が登場し、1980年代には国際政治経済学の理論として大きな注目を浴びるようになった。レジーム論は、世界政府は存在せずとも、何らかの社会的ルールや制度は国際社会に存在するという前提で、アナーキーの下でいかに国家間協力が可能か、という国際政治の中心的研究課題に取り組んだ。

　レジームについては、クラズナーの「アクターの期待が収斂するところの、明示的および暗示的な原則、規範、規則、政策決定手続き」[13] という定義が有名である。この定義には、例えば、主権国家システムや自由経済システムといった抽象的なものから、具体的条約や国家間の取り決めまでが含まれ、後の

第11章　国際制度論

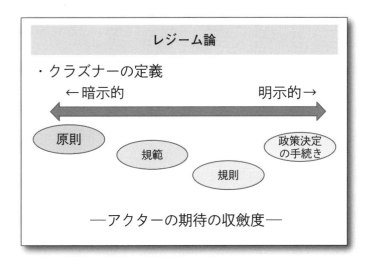

---

13) "explicit and implicit principles, norms, rules, and decision-making procedures where actors expectations converge" Stephen Krasner, *International Regimes*, Cornell University Press, 1982.

国際制度論よりも広い概念である。ここでは、予算や人員を備えた実体的な組織とは区別される抽象的な概念としてレジームが捉えられ、組織を持たずにインフォーマルなルールや手続きによってのみ制度化された問題領域も対象にされた。

　例えば、国際貿易「システム」と国際貿易「レジーム」はどう違うのか？　国際通貨「システム」と国際通貨「レジーム」とはどう違うのか？　前者においては、1995年にGATTからWTO（世界貿易機構）へと制度的発展が遂げられ、ルールの明文化や事務局の設置により、実体としての国際組織の設置に至った。後者においては、IMF協定によってそのルールが明文化されていた固定相場制が、1973年には変動為替相場制へと移行した。これらの移行は「システム」の変化ではあるが、「レジーム」の変化ではない。通貨レジームの場合を考えてみると、IMF協定に明示されていた金とドルとの交換性、金もしくはドルに対する各国の為替レートの固定化、国際収支の不均衡是正についてのルールなどが為替市場に委ねられるようになり、国際収支調整や流動性のルールは定められなくなったという意味で、国際通貨システムは確かに固定相場制から「制度なき制度」と呼ばれる変動為替相場制に変わった。しかし、為替レートの変更を一国で恣意的に行わない、通貨の交換性に制限を設けないという了解は、変動相場制の下でも、今日まで依然として存続している。これらはブレトン・ウッズ体制構築期に各国間で共有された、戦後の国際通貨に関する原理や原則である。為替レートの乱高下が生じると、各国が協調して為替市場に介入するのは、明示的ルールや手続きに基くものではない。クラズナーが述べるところの原則や規範といった、より広範な暗黙のルールや慣行、慣習である。こういった自由主義経済体制の原則や規範は、国際通貨体制の場合も国際貿易体制の場合も継続して順守されている。これがジョン・ラギーが述べるところの「組み込まれた（embedded）自由主義」なのである[14]。

---

14)　John Gerard Ruggie, "International Regimes, Transactions, and Change: Embedded Liberalism in the Postwar Economic Order," *International Organization*, Vol. 36, No.2 Spring, 1982, pp.379‒415.

レジーム論には、他にもコヘインが説明しきれなかった幾つかの論点がある。

(1)レジームの生成・維持

　1つ目は、レジームがなぜ生まれ、どういった条件で維持されるかである。レジーム論の1つの関心は、第二次世界大戦後、世界の GNP の 50 ％を占め、戦後の自由で開かれた国際経済を牽引していたアメリカの覇権が、1970 年代の様々な国際的危機を経て衰退した後も、多くの問題領域において国家間の協力が続いているのはなぜかということであった。コヘインの『覇権後』[15] は、レジーム論の立場からこの問題を真正面から分析した著作である。第5章でも紹介した覇権理論の一派であるコヘインの覇権安定論は、日本の国際政治学者たちの注目も集め、1980 年代の国際政治学の必読書となった。

　コヘインのテーマの中心は、戦後すぐの時代と比較すると、アメリカの圧倒的覇権が衰退してきているにもかかわらず、国際協調の枠組み、とりわけ戦後アメリカ主導で構築された国際金融・貿易システムが存続しているのはなぜか、ということである。コヘインは、①取引費用の削減と②情報の提供という、レジームが持つ2つの機能によってレジームが生成され、存続し続ける

15）Robert O. Keohane, *After Hegemony: Cooperation and Discord in the World Political Economy*, Princeton University Press, 1984.

理由を説明した。つまり、アクター同士の相互作用には様々なコストがかかるが、アクターが一堂に会する場がレジームとしていったんできあがると、相互作用のたびに、そういった場をゼロから作る必要がなくなる。これが取引費用の削減である。また、レジームに参加することで、アクターは他のアクターやアクター同士の関係性について様々な情報を共有することができ、これによって、例えば、あるアクターの裏切り行為に制裁を課すことも可能になる。つまり、レジームの形成に覇権国の存在が必要であっても、いったん出来上がったレジームの維持に関しては、これらレジームの「二大機能」によって、国家間協力の継続が可能である。コヘインはこのように、アナーキー下におけるエゴイスティックなアクター同士の間にも協力が可能であることを示したのである。

　レジームの生成と維持については、①アクターのエゴイスティックな自己利益、②パワーを持つ国（覇権国）による提供、③規範や原則が広まった結果としての自然発生、④慣習や惰性、⑤アクターによる学習・認識、⑥未来の影、つまり「繰り返しの囚人のジレンマ」によってアクターが長期的利益に基いて行動するようになる結果生じる協力関係、などの説明も可能である。これらの中には、レジームを、人為的に作られ、維持されるものとして捉える説明と、自然発生的に捉える説明とがある。

(2) イシューによるレジームの性質の違い

　レジームの性質がイシューによってどう異なるか、どういうイシューにおいてレジームが形成されやすいかについても議論がなされてきた。例えば、経済社会問題や資源・環境問題においては、アクター同士が共通利害を持ちやすいのに対し、安全保障問題においては、一般的に、アクター間にコミュニケーションが少なく、レジームの形成はむずかしいことが多い。

　レジーム論の具体的研究対象となったのは、経済制度、例えば、GATTや世銀等の国際貿易・金融システム、環境保全、エネルギー分野であった。特に国際貿易と国際金融は、レジーム論の実証研究の典型的なケースであった。

　国際環境レジームにおいては、オゾン層保護レジーム、フロンガスによる成層圏のオゾン層破壊についてのモントリオール議定書、温暖化防止条約につ

いての京都議定書、生物の多様性保護レジーム、1994 年の国連海洋法条約などがあげられる。特に地中海をめぐる環境問題の実証研究からは、「エピステミック・コミュニティー」という言葉が生まれた。これは、科学者やシンクタンクの研究者など、特定の問題についての専門家ネットワークであり、知識共同体であり、政策ネットワークでもある。有識者が知識と情報に基いて主張し、感染症や環境問題についての知見を提供して、政策に影響を与えるものである。

　安全保障分野でのレジーム論研究の対象となったのは、主に、軍縮レジーム、核不拡散体制、核実験禁止条約、軍備管理条約などである。レジーム論は、従来、安全保障分野には適用が難しいというのが一般的な認識であった。高度に政治的であり、アクター間の価値配分の緊張が高い政治・軍事問題においては、クラズナーが述べるところの「アクターの期待の収斂度」は、必然的に低くなるからである。そのために、レジーム論は、西側先進国間のローポリティクスばかりを対象とし、東西冷戦のような国際政治の全体枠組みを把握できていないという批判もしばしばなされた。一方、ジョン・ルイス・ガディスの『長い平和』のように、冷戦期に米ソ間に存在していた暗黙の合意を国際政治構造の立場から分析した研究も存在した。レジームの研究は、次第に幅広いイシューにわたってなされるようになっていったが、個々のレジームについての研究に特

第11章　国際制度論

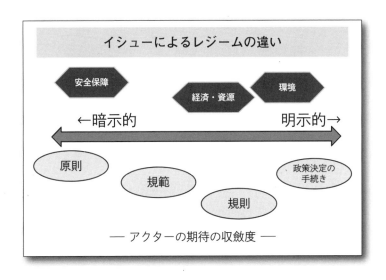

化されがちで、それらを体系化し、統合する努力が欠けている点が、レジーム論の課題として残ることになった。

　アナーキカルな国際政治構造における国家間協力の可能性を秘めたレジーム論の根底にあった問いは、レジームの発展が主権国家の衰退を意味するかどうかであった。レジーム論が興隆を見た 1980 年代は、国家の役割を見直す動きも同時に起こっていた時代であり、レジームによる国家衰退論の一方で、レジーム形成には国家間合意が必要なのだから、国家の役割はむしろ重要になるという議論が並立していた。レジーム論は、多くの未解決の問題を残したまま、検証が容易で具体的かつフォーマルな国際制度や条約を対象とする研究へと次第に移っていくことになった。暗黙の原則から明示的な手続きまでを含む幅広い概念であったレジームの研究は、実証を重んじるアメリカの学問的風土の中で、1990 年代には国際制度論にとってかわられることになったのである。

3）レジーム論から国際制度論へ

　国際制度とは、「政府間で合意された、国際関係の特定の問題領域に関する明示的規則」と定義される。このコヘインの定義には、幅広い概念から出発したレジームがより明示的で具体的な概念としての国際制度に転換したことが伺える。コヘインは、制度論を「合理的理論」と「社会学的アプローチ」に分けて考えた。レジーム論をめぐる論点となっていた制度の生成と維持の問題が、言葉を変えてここでも再び取り上げられている。

（1）合理的制度論

　合理的選択理論に基く制度論においては、政治行動の分析において、経済学の手法が用いられ、時代と空間を超えたいかなる政治セッティングにも当てはまる、演繹的で厳密な理論を構築しようとする傾向がある。コレミノス、リプソン、スナイダルの共同研究は、政治主体を「異なるイシューにおいて直面する、特定の協力の問題を解決するために、特定の制度的デザインを作る目的追求のエージェント」とし、自己利益を最大化するために行動する合理的アクターと仮定して、アクターが制度にいかに働きかけていくかに注目している。

中でもトランズアクション学派とよばれる研究者たちは、制度が個人間および集団間の取引費用を減少させる機能の重要性を主張する。集合行為の問題を効率よく解決する機能に注目するこの考え方は、アクターが制度をいかに利用するかの道具的視点が特徴である。

(2) 社会学的アプローチ

社会学的アプローチ、すなわち歴史的制度論は、自然発生的にできあがるインフォーマルな制度に重きを置く制度論である。制度の生成を人間の合理的利益計算ではなく、文化的慣行、規範、価値といった社会的な力によって説明する。制度とは、必ずしも具体的な組織や執行機関を持つものを意味せず、むしろ習慣や慣行のことである。例えばかつてヘッドリー・ブルは、国際社会そのものを体現する勢力均衡、国際法、外交、大国間関係、戦争などを制度と考えた。この考え方においては、アクターは合理的自己利益を最大化するのではなく、既存のルールに満足して従う者 (satisficer) である。経路依存性 (path dependency) の考え方 16) に表れる歴史的な制約や、それがアクターの目標、選好形成に与える影響を分析対象に含んでいるのがこのアプローチである。

このように、制度論は、人間の主体性を主要な独立変数として扱う合理的選択理論に基くものから、具体的な歴史的文脈においてアクターに課される制約を強調する歴史的制度論もしくは社会学的制度論までの連続体において、見解が異なる幅広い理論である。制度をめぐってアクターの「合理的選択」と制度的「制約」の間の緊張関係という、政治の中心的問題を扱う枠組みを提供したのが制度論であった。理論としての厳密性と現実の複雑性をどうバランスさせるかがここでも理論発展上の問題となった。国際制度論については、制度の機能、制度の生成・維持の条件、制度的変化など、様々な角度からの研究が可能である。

---

16) 生物学者スティーヴン・グールドの理論をクラズナーが最初に取り入れたものである。

4. ネオリベラル制度論とグローバル・ガバナンス

　1980年代のネオリアリズムとの論争を通してリベラリズムは、国際政治の
①構造がアナーキーであり、②国家は自己利益を最大化しようとして行動する
エゴイストである、という2つの前提を受けいれた上で、国家間協調の可能
性を探るネオリベラリズムに発展した。ジョセフ・ナイは、1980年代にネオ
リアリズムとネオリベラリズムが内容的に接近したこと、またネオリアリズム
が持続性を強調するのに対し、ネオリベラルは変化を説明するのに有用な理論
であることを指摘した。制度がもつ機能については、コヘインが1980年代に
覇権安定論を展開する中で述べたことが多少言葉を変えて、踏襲されている。
すなわち、なぜ制度が国家間協力を促すのかについて、以下のように述べてい
る：①アクターの期待を形成する枠組みと情報を提供する。つまり、誰が何を
しようとしているのか、制度が全体的にどう機能しているかを参加者にわから
せ、②未来の影を長くする。つまり、ゲームが繰り返されることによって安全
保障のジレンマ / 囚人のジレンマが緩和されることを期待させる[17]。③継続性
の感覚をもたらす。例えば、国連やEU、自由貿易体制や国際金融制度のよう
に、形態が変わっても制度の精神や原則が続くことを皆に期待させる。④互恵
主義、相互主義（reciprocity）の感覚をもたらし、たとえ今、多くのコストがか
かっても、長期的には利益は見合うとアクターに思わせる。⑤国際的評判のコ
ストを高める。つまり、将来的に再び会う可能性がある場合、アクターは行動
に気を遣う。⑥取引費用を削減する、例えば、EUでは紛争解決の手段が制度
に組み込まれており、閣僚理事会、ヨーロッパ議会、司法裁判所等、すでに出
来上がった枠組みを使って交渉を行なえるので、制度をその都度ゼロから作ら
なくてよい。

17）将来的にアクター同士が再び会う可能性によって協力関係が生まれるとする見方に対
　　し、リアリストは、将来的な保障がないからこそアクターは不安になる、と反論する。
　　アナーキカルなシステムにおいては、現在は問題なくても、将来的にパワー格差が広
　　がったり、自国の安全保障が脅かされる可能性があるため、長期的な協力を考えるこ
　　とが難しくなるからである。

　古典的なリベラリズムとネオリベラリズムを比較すると、以下の点が異なる。まず第1に、古典的なリベラリズムが、国家以外のアクターの重要性を主張し、理想主義的な色彩が強かったのに対し、ネオリベラリズムにおいては、国際政治はエゴイスティックな国家からなる無政府社会であると考えられている。世界政府等の設立を目指すのではなく、こういったアナーキカルな状況においていかに国家間協力が可能かが課題である。

　ただし一方で、より理想主義的な流れを汲んだ近年のリベラリズムも存在する。グローバル・ガバナンス（地球的統治）論である。この流れにおいては、最もフォーマルな組織研究からインフォーマルな要素も含んだレジームへ、さらに複数のレジームを包摂するガバナンス・システムへと研究対象が広げられてきた。ガバナンスは、レジームや国際制度よりも包括的で、重層的に国際システムを分析する概念である。

　「グローバル・ガバナンス」は、元西ドイツ首相のブラントが1992年に発案して設立されたグローバル・ガバナンス委員会で使われるようになった言葉であり、多様な主体による多元的・重層的なネットワークの秩序構想として、また実践的、市民的、規範的概念として謳われたものである。1995年の委員会報告書では、「個人や組織、公私が共通の事柄の管理に携わる多くの方法の総体ガバナンス」と定義された。環境問題やテロ、国際通貨危機、難民問題など、1国だけでは解決できない重要問題に対して、特に国連システムと国際法の強化の優先を唱え、世界市民の安全と福祉を目標として、非政府組織や草の根運動などの国際ネットワークを重視すると同時に、民主主義に基いた公正を目標と定め、争点ごとに各国政府や多国籍企業、市民団体、自治体、NGO、メディア等と協力した協議態勢づくりを目指している。グローバル・ガバナンスの典型とされるのは、主要国による政策協調である先進国サミットである。これは1975年にフランスのジスカール・デスタン大統領の呼びかけでランブイエで開始されて以降、恒例化し、1985年からは、主要国蔵相・中央銀行総裁会合も公式化した。グローバル・ガバナンスの具体的な体制は、地域別もしくはイシュー別のことが多い。例えば、ヨーロッパ連合、北米自由貿易協定、アジア太平洋経済協力会議などである。

　グローバル・ガバナンス論の代表的論客のオラン・ヤングは、制度を「公式・非公式のルールあるいは約束事の集合で、社会で何がどう行われるかを規定したり、そこに参加する個人の役割を定めたり、それらの役割を担う者同士の相互作用を導くもの」と定義し、制度の1つであるガバナンス・システムとは、「ある社会集団のメンバーに共通の関心事について集団的選択を行うための特別な制度」であると述べている。ヤングが国際レジーム論の延長としてグローバル・ガバナンスを捉えているのに対し、ローズノーやチェンピールに代表される考え方では、ガバナンスは「公式に認められた憲法や憲章、及び間主観的な意味に依存しているルールの体系」として、比較的広義なものとして定義されている。グローバル・ガバナンス論は、理論というよりも国際事象のひとつの側面を映し出す規範的概念であるといったほうがよい[18]。

5. 制度論と関連する理論・概念

1）制度化

　ハンティントンは、『変革期社会における政治秩序』（1968）[19]で、制度化（institutionalization）とは、「政治組織や手続きが価値と安定を獲得する過程」と定義した。近代化しても十分な政治的制度化が行われない限り、その政治体制は不安定なままであるというのが著作の中心的論点であった。自律性（他の制度と区別されるような特徴の獲得）、凝集性（制度としてのまとまり）、複雑性（サブシステムの存在、異質な要素を導入する力）、適応性（環境からの刺激に適応しながらの存続）が制度化の度合をはかる4つの基準である。今日では、制度化より「制度的変容（Institutional transformation）」という形で議論されることが多い。

---

18) Oran R. Young, *International Governance: Protecting the Environment in a Stateless Society*, Cornell University Press, 1994; James Rosenau and Ernst-Otto Czempiel, *eds.*, *Governance without Government: Order and Change in World Politics*, Cambridge University Press, 1992.
19) Samuel Huntington, *Political Order in Changing Societies*, Yale University Press, 1968; サミュエル・ハンティントン『変革期社会の政治秩序』サイマル出版会、1972 年。

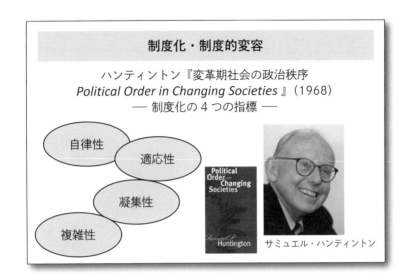

2）コンプライアンス（遵守）

　国家は法や規範、制度をなぜ遵守するのか？　アメリカの国際政治学におい
て、コンプライアンスは 1970 年代から国際法学者の注目を集めてきた。中央
政府が存在しない国際政治において、短期的にはコストがかかるにもかかわら
ず、アクターが自発的に国際的合意に応じるのはなぜかをテーマとするもので
あり、どのような条件下でどのようなアクターが国際法を遵守するかを研究す
る。国際制度論が、制度が持つ機能によって国家間協調を説明するのに対し、
コンプライアンスでは、制度的条件のほかに、アクターの属性にも注目する点
に特徴がある。

　コンプライアンスが注目を浴びているのは、国際制度論者が従来論じてきた
ような、制度に由来する機能的利益によってのみでは、アクターの自発的順応
行動を説明しきれず、むしろ国際法的規範がアクターにおいて内面化する過程
を見なくてはならないという認識が国際法学者の間に多いからである。また、
国家のアイデンティティーと利益を条約締結の方向に向けようとする、国際法
学者に特有の政策的解釈もある。コンプライアンスを説明する要因は大きく分
けて、国際システムに付随するものとアクターの属性に関するものとに分けら

れる²⁰⁾。

(1) 国際システム要因：ソフト・ローとハード・ロー

　国際システムに付随する要素としては、①国際環境、②国際法の性質があげられる。国際環境には、問題となる条約と関連する国際機構の存在、国際世論や国際規範の動向、リーダー国の存在や国際政治のパワー配分などが含まれる。国際法の性質としては、条約が対象としている国の数、条約が内包する経済的インセンティブや効率、条約の内容、事務局が存在するか否か、制裁・義務などがどう位置づけられているかが含まれる。シェイズらによれば、条約はフォーマルな修正手続きを経なくても、当事者の利益の変化に合わせて適応していく、いわば自動調節装置をもっていることが多く、これがコンプライアンスを促しているという。また、アクターが条約に従わない場合、それは、アクターが損得計算のもとに故意に条約を破るというよりは、条約の言葉の曖昧さや、条約が締結されてから当事者がそれを実行できるようになるまでのタイムラグなどが理由である場合が多いと指摘する²¹⁾。

　一般的に、コンプライアンスの研究は、国際法学者によって、条約のように条文化された国際法へのコンプライアンスを念頭において議論されているが、条約のような「ハード・ロー」のみならず、国際法を「ソフト・ロー」と「ハード・ロー」に分けてコンプライアンスを説明する試みも近年なされている。

　　ソフト・ローとは一般的に、まだ慣習法として確立していない、国連総会決議や国際会議における宣言をさす。こういった決議や宣言等の非法律的合意は、法的拘束力は持たないが、国際的慣習を発生させる効果

---

20) Weiss & Jacobson, "Getting Countries to Comply with International Agreements," *Environment*. July, 1999; Peter Haas,"Choosing to Comply: Theorizing from International Relations and Comparative Politics," in Dinah Shelton, ed, *Commitment and Compliance: The Role of Non-Binding Norms in the International Legal System*, Oxford University Press, 2000.

21) Abram Chayes and Antonia Handler Chayes, "On Compliance," *International Organization*, Vol.47, No.2, Spring, 1993, pp.175 – 205.

は認められる。

　ソフト・ローという概念の特質は、法と法でないものの中間に位置することに求められる。……そこに将来の法となる可能性や法とはならないいまでも一定の規範性を認めるところに従来の法源論とは異なる新しい傾向が見出されよう。……条約と慣習による法定立には時間がかかり、経済法や環境法等の迅速な動きに的確に対応できないという問題はある。したがって最終的な規律を確立するというよりは、暫定的な合意を基礎にフォロー・アップ手続きを整備したり、モデル条項や行動綱領等を直接企業や国内団体に対して提示するほうが、実効性が高まることもあろう。事実このような形のソフト・ロー上の規律が、技術分野や国際機構の場において増加する傾向にある[22]。

(2)主体をめぐる要因

　主体をめぐる要因は大きく分けて①国家の能力と、②国家の意図に分けられる。国家のコンプライアンスに関する能力としては、経済発展の度合い、文化的・歴史的価値、事務処理能力、リーダーシップの強さ、NGOの存在、情報量などがあげられる。この中でも事務的・技術的能力は、財政源、国内法、条約に責任を持つ人材の知識と訓練を意味し、とりわけ重要であると考えられている。「意図」は条約に従おうとする積極性のことである。

　ワイスとジェイコブソンは、以上にあげた能力と意志の観点から、国家を国際法に従わせる戦略を4つに分類した。まず、①能力と意志両方を兼ね備えた国には「太陽政策」を採り、主に国際的評判要因によってコンプライアンスを促す。②意志はあるが能力のない国には、「積極的インセンティブ政策」によって、特に財政・技術援助をすることによって国家が国際法に従う能力を高めるようにする。③能力はあるが意志がない国には「強制的手段」によって、制裁や罰則を通して国際法に従わせる。④能力も意志も持たない国に対してはこれら3つのすべての政策を取り入れる。

第11章 国際制度論

---

22)　横田洋三編『国際法入門』有斐閣アルマ、1996年、pp.108-109。

　以上、国際法へのコンプライアンスは、国内政治からの「プッシュ」によって起こるという考え方と、国際法あるいは国際環境からの「プル」によって起こるという考え方とがある。一般的によく指摘されるように、民主主義体制の国は、外交関係において、国家を「法の支配地帯（zone of law）」に縛り付ける。これは、民主主義が従来もっている政府への制約、法的プロセスの尊重、制度的制約への関心といった規範が対外関係に表れるからである。また、国際法が国際制度のひとつとして、他国の国家行動を透明化し、情報を提供することによって、国際法に従わない行動の評判コストを大きくするという説明もできる。

　国際政治学においては、ここ数十年、国際合意の数が急増したことや、冷戦後の国際社会において「新しい中世」論²³⁾が唱えられるようになったことを受けて、国際法学との接点を模索する動きが強まっている。特に 1989 年にノース・ウエスタン大学の国際法学者ケネス・アボットが国際法学と国際政治学におけるレジーム論との共通性を論じ、両者を統合した学際的研究の必要性を唱えて以来²⁴⁾、国際規範やコンプライアンスといったテーマが、国際政治学者、国際法学者共通の研究課題として取り上げられることが多くなった。国際制度論の研究は、政治と法が国際社会という特殊な場裡でどう相互作用しているのか、またルールや規範、法、レジーム、制度とは何か、といった社会科学の根

23) 田中明彦『新しい中世：21 世紀の世界システム』日本経済新聞社、1996; Jessica T. Mathews, "Power Shift," *Foreign Affairs*. Vol.76, No.1, January/February, 1997, pp.51–66; Anne-Marie Slaughter, "The Real New World Order," *Foreign Affairs*, Vol.76, No.5, September/October, 1997, pp.183–197.

24) Kenneth W. Abbott, "Modern International Relations Theory: A Prospectus for International Lawyers," *Yale Journal of International Law*. Vol.14, 1989, p.221; その他、以下参照：Judith L. Goldstein, Miles Kahler, Robert O. Keohane, and Anne-Marie Slaughter, *Legalization and World Politics*, The MIT Press, 2001; Volker Rittberger, ed., *Regime Theory and International Relations*, Clarendon, 1993; Ann-Marie Slaughter, Andrew S. Tulumello, and Stepan Wood, "International Law and International Relations Theory: A New Generation of Interdisciplinary Scholarship," *The American Journal of International Law*. July, 1998; Anne-Marie Slaughter, "International Law and International Relations Theory: A Dual Agenda" *The American Journal of International Law*. April, 1993; Robert O. Keohane, "International Relations and International Law: Two Optics," *Harvard International Law Journal*, Vol.38, 1997.

本的問題を問い直すと同時に、今日山積する国家間協力の問題を新しい視点から見つめなおす作業にもつながっている。

■ **論述問題**

1. 戦後の地域統合論が今日の国際制度論にどう発展してきたかを説明せよ。
2. アクターはなぜ制度を作るのか？ また制度はどのようにアクターを制約するのか？

コラム R・コーヘンによる国際政治のルールの分類

　国際政治に存在するルール、規範、レジームや原則には、明示性の高いものから暗黙のもの、ひいてはアクターの便宜的必要性（expediency）が偶然に一致してできあがるものまである。国際政治における"ルール"を類型化し、明示性の度合いのスケール上で表したレイモンド・コーヘンは、1980年の論文の中で、最も明示的なルールとして、「法的規制を受ける条文化された合意」を挙げ、もう一方の端に最も暗示的なルールとして「一方的な自己抑制がアクター間で偶然に一致したもの」を位置づけた。そしてその間に明示性の高い順番で「法的規制を受けない条文化された合意」、「紳士協定」、「条文化された語彙の行間にある全体の精神」、「暗黙の合意」が存在するとして国際社会のルールを分類し、それぞれについて具体的な例を挙げながら説明した。

　コーヘンによれば、どのような場合にどういったルールがふさわしいのかは、アクター間の関係や扱うイシューの性質によって異なる。特に彼は、明示的な合意よりも暗黙の了解の方が好ましい3つの状況について述べている。それらは、1）アクター間に直接的交流がない場合、2）ルールが明確化することによってどちらか一方あるいは両方の自尊心を阻害する場合、3）アクターの信用を傷つけたり、合意の性質が政治的に弁明の余地がないものとしてアクターに把握されている場合、である。

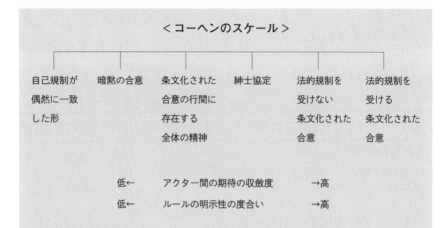

R. Cohen, "Rules of the Game in International Politics," *International Studies Quarterly*, Vol.24, March, 1980; *idem, International Politics: The Rules of the Game*, Longman, 1981.

第12章 コンストラクティヴィズム（構成主義）
―「アナーキー」は認識が生み出すもの―

学習のポイント

① リフレクティヴィズム（コンストラクティヴィズム）とラショナリズム
（リアリズム及びリベラリズム）の違いを理解しよう。

② コンストラクティヴィズムはリアリズムやリベラリズムとどんな共通
点があるか考察しよう。

③ コンストラクティヴィズムの理論としての強みと弱みを検討しよう。

　今日の国際政治理論は多様であるが、その中でもリアリズム、リベラリズム、コンストラクティヴィズムは国際政治学における主流理論を成している。コンストラクティヴィズムは、ニコラス・オヌフが1989年の *The World of Our Making* という著作の中で用いた言葉であり、理論としては、冷戦終焉後、特に注目を浴びるようになってきた。もともとは1980年代にネオリアリズムとネオリベラリズムが激しい論争を戦わせている中、その2つの理論に対する批判として登場したコンストラクティヴィズムは、行為主体の考えや認識とその相互作用に注目する理論である。独立した厳密な理論を打ち立てたというよりは、リアリズムやリベラリズムへの批判、特に過度に単純化した国家のイメージや国家行動についての仮説に疑問や批判を提示するものであった。リアリズムのキーワードがパワー、国益、アナーキーであり、リベラリズムのキーワードが相互依存、制度、レジーム、グローバリゼーション、民主主義であるとすれば、コンストラクティヴィズムのキーワードは、規範、ルール、アイデンティティー、知識、思想、認識、主観、間主観である。

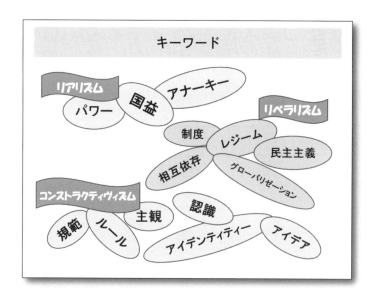

1.　コンストラクティヴィズム台頭の背景

　第二次世界大戦後の国際政治学において、規範についての研究は長く避けられる傾向があった。2度の大戦を経て、希望的観測や理想に基く「べき」論を排除するリアリズムが幅をきかせるようになったのが大きな理由である。リアリズムは、史実に基いた現実を客観的に理解し、事実を分析することを主眼としていた。そしてそれを洗練させたネオリアリズムは、さらに規範的要素を一掃した科学性重視の立場をとっていた。リアリズム、リベラリズムが客観的世界を描き、分析することによって「社会科学」としての理論を目指したのに対し、コンストラクティヴィズムは、客観的世界の存在を否定する。そのことは、コンストラクティヴィズム興隆の先駆けとなったアレギザンダー・ウェントの論文のタイトルである「アナーキーとは国家が作るもの（Anarchy Is What States Make of It）」に端的に表れている。これは、国際政治がアナーキーかどうかは客観的な事実ではなく、各々の国家の解釈によって決まるものであるという意味である[1]。コンストラクティヴィズムによれば、所与の概念が持つ意味はア

---

1)　Alexander Wendt, "Anarchy Is What States Make of It: The Social Construction of Power Politics," *International Organization*, Vol.46, March, 1992, pp.391‒425.

クターによって異なり、アクターによって社会的に構築されるものである。例えば、大学での学期末試験を学生がどう解釈するかは、一人一人の学生によって異なる。自分の理解力と実力を試すやりがいのある場として試験をとらえる学生もいれば、単位を取るために避けて通れぬ義務と考える学生もいるだろう。特定の概念についてアクターが持っている主観的な意味が社会的に共有されると、それが時に社会規範となって社会の変容を促すこともある。国際政治においても、人権問題に対する意識の高まりが南アフリカのアパルトヘイト撤廃に結びついたり、核不拡散についての認識が共有されて、不拡散条約の加盟国が増加し、核保有国の増加が抑えられたりするように、アクターの主観が国際社会で共有されて国際的な規範になり、国際政治に変化が起こることが考えられる。

コンストラクティヴィズムは、2000年代後半までにはリアリズムやリベラリズムと並ぶ主要理論として考えられるようになった。コンストラクティヴィズムの台頭を促した要因は、主に2つある。1つには、リアリズムとリベラリズムが冷戦の終焉について、予測も説明も十分にできなかったと認識されたためである。実際には、リアリストの中には、1970年代からすでに、ソ連の国力がアメリカにいずれついていけなくなることを予測していたウォルツのような学者もおり、リアリストたちは冷戦の終焉を、ソ連の政治体制が崩壊したことによって、米ソによる2極構造が崩れたためであるという説明を行っている。リベラルの論客も、冷戦の終焉をはっきりと予測していたわけではないが、グローバリゼーションにより情報が社会主義圏に流れ込んだことによって、改革の動きが生まれたという説明をしている。これらに対し、コンストラクティヴィストたちの冷戦終焉の説明は、ゴルバチョフという新しいアイデアを持った政治指導者の役割の重要性に基いている。冷戦期は、政治指導者たちが社会主義・資本主義という「アイデア」を信奉し、それに基いて敵対的政策を取ったことが集積して冷戦構造が出来上がっていた。それに対し、「規範起業家（norm entrepreneur）」であったゴルバチョフは、国内経済改革（ペレストロイカ）・情報公開（グラズノスチ）という「アイデア」を掲げた。それを機に米ソ関係が見直されるようになり、米ソ関係が好転した、すなわちゴルバチョフの新しい考え方が社会を構成する力を持っていた、というのがコンストラクティヴィズムに

よる冷戦終焉の説明である。

　もう1つの要因は、冷戦の終焉によって、大戦争の可能性が大きく低下したと同時に、低強度紛争、テロ、内戦、エスニック紛争、また、それに伴う人権問題や、環境問題といった新しいイシューへの関心が高まり、それらを説明するのに、リアリズムやリベラリズムでは不十分であるとの認識が生まれたことにある。また、冷戦の終焉という大きな国際政治の構造変化を受けて、各国が国益を再定義し、国際社会における新しいアイデンティティーを模索するようになったこともあげられよう。

　コンストラクティヴィズムに影響を与える素地となった理論としては、他にも、社会学者ジョン・マイヤーが唱える世界政体（world polity）論や、批判理論（critical theory）、大陸理論（continental theory）、マルクス主義、ポスト・モダニズム、ポスト構造主義など、ヨーロッパに知的基盤を持つものが多くある。とりわけヨーロッパでは、深化する地域統合によって、人、モノ、金の移動が自由になり、人々のアイデンティティーが大きく変化していた。エスニック問題や移民問題などが浮上すると、国民個人のレベルでも、自分たちが所属する社会についての認識や、ヨーロッパの一員としてのアイデンティティーが、学校教育や広報活動、法律の制定などを通して、問われることになったのである。

2.　コンストラクティヴィズムの内容

1）ネオリアリズム・ネオリベラリズム批判

　コンストラクティヴィズムの出発点は、伝統的に国際政治学の基調をなしてきたリアリズムとリベラリズム、そしてそれが発展したネオリアリズムとネオリベラリズムを批判することであった。コンストラクティヴィズムからの批判は、まず第1に、この2つの理論が内包する物質主義（materialism）に向けられた。

(1)物質主義批判

　リアリズムは、国際政治の構造は、軍事力を中心とする物質的パワー分布によって定義されるアナーキーであるという前提に基いており、リベラリズムを

洗練する形で発展したネオリベラリズムも、国際政治の構造についてのこの前提を受け入れている。一方、コンストラクティヴィズムは、物質的パワーや国益だけではなく、行為主体の理念や信条、認識、規範等に着目し、国際政治にはそういった主観的アイデアや規範の構造も存在するとしている。規範の構造とは、人権侵害に対する賛同等、国際政治で受容される考え方やルールの基本的枠組みのことである。

　また、コンストラクティヴィズムにおいては、国際関係の構造がアクターに影響を及ぼすのみならず、逆にアクターの主観が構造に影響を及ぼすこともあるとしている。因果関係の方向性を明確にすることを重視するネオリアリズムにおいては、国際政治の構造が独立変数としてアクターの行動を制約するのであってその逆ではないことが明確である。これに対し、コンストラクティヴィズムにおいては、構造と主体の因果関係は双方向である。つまり、構造がアクターを制約すると同時に、アクターが構造に影響を与えることもあるとするのである。そして、国際政治の構造の持続性を謳うネオリアリズムと違って、構造変容の可能性にも注目している。コンストラクティヴィズムによれば、国際政治の構造変化は、①戦争や大規模な災害といった危機状況において、共有認識の正当性が揺らいだ場合、②アクターが意図的に問題提起し、有益な考えや情報を提示する場合、つまり規範起業家（norm entrepreneur）が役割を果たす場合、③国際組織がコミュニケーションの場、討議の場を提供して、学習や教育の場になる場合に起こる。

(2) 合理的選択理論（rational choice theory）批判
　合理的選択理論においては、アクターの選好（preference）が固定化され、その選好には優先順位があるとされる。アクターは、国際システムの制約のもとで、安全保障、経済的繁栄、国際的評判といった国家利益の選好を最大化しようとするという、リアリズム、リベラリズムに共通の考え方をコンストラクティヴィズムが批判したため、国際政治学に、「ラショナリズム」と、それに対峙する「リフレクティヴィズム」という言葉が生まれた。
　ラショナリズムは、リアリズムやリベラリズムの考え方であり、アクターが

第12章　コンストラクティヴィズム（構成主義）

明確な目標を持っており、アクターの目標、選好、利益に明確な順位が存在するという前提に基いている。アクターは、非社会的な物質的環境（勢力分布）の中で与えられた制約条件のもとで最大の効用を目指して行動を選択するという考え方である。

　一方、リフレクティビズムは、コンストラクティヴィズムのように共通の規範や原則、知識によってアクターの行動が決定されるとする考え方である。アクターは、物質的であると同時に規範的な構造の中に組み込まれており、アクター同士が共有する「間主観的（intersubjective）」理解が、社会的行動を通じて生まれ、国際関係を社会的に構成している。「間主観的」理解は、共通の認識と言いかえることができよう。例えば、中世には「子供」という概念がなく、子供は「小さな大人」と認識されていた。そのため、子供服の概念もなかったが[2)]、今日では、「大人」－「子供」という対峙概念を疑う者はいない。また、江戸時代には「健康」の概念はなく、「丈夫」「健やか」という主観的概念のみが存在していたが、「健康」という、数値で測れる、より客観的な概念が医学の発展を背景に生まれ、今日では皆が共有する価値を反映したものとなっている。国際政治の世界では、主権という概念をアクターが相互に受け入れ、領土国家におけるアイデンティティーやナショナリズムが形成されることによって、今日の国際システムが作動している。「勢力均衡」といった概念も、勢力均衡そのものが客観的に存在するのではなく、人々がそれを発見し、その意味を論じることで生成され、変遷してきたものである。20世紀初頭では当然のこととされていた人種差別や領土侵略は行動の結果として獲得できる今日では違法であり、人種差別撤廃や大量破壊兵器保有の禁止は、今日の国際社会で共有されている認識である。

　では、信条、アイデンティティー、価値観はどう生まれるのか？　コンストラクティヴィズムによれば、それらは合理的選択ではなく、社会的な力によって構築される。アクターは常に客観的損得勘定や力関係に基いて行動するわけではなく、社会的な規範に沿って行動することが多い。利益やパワーを追求す

---

2)　Philippe Ariès, *L'enfant et la vie familiale sous l'Ancien Régime*, Seuil, 1973.

るというよりも、社会的に期待されている役割を遂行するのである。これを
「適切性の論理（logic of appropriateness）」と呼び、ラショナリズムが含意する
「結果の論理（logic of consequence）」と対比される。

(3)問題解決型理論（problem-solving theory）の批判

　「問題解決型理論」とそれに対峙する「批判理論」も、コンストラクティヴィズ
ムの台頭とともに生まれた言葉である。批判理論は、ヨーロッパ大陸で生まれ
た思想であり、既存の理論や知の体系そのものを疑い、批判することの必要性
を主張するものである[3]。コンストラクティヴィズムは、批判理論の立場から、

コラム　社会的事実

　世の中の事実には、「社会的事実（social facts）」と「素朴な事実、その
ままの事実（brute facts）」がある。石、花、重力、海等は、素朴な事実と
して人間社会に関係なく存在するが、お金、難民、テロ、人権、主権と
いった社会的事実は、人間が認識して初めて生まれるものである。人々
の認識が生む概念、認識変化によって生まれる概念は、身近にも多くある。
自閉症、アスペルガー、心的外傷後ストレス障害（PTSD=post-traumatic
stress disorder）、アトピー、といった新しい病気や健康状態を表す用語
は、人々の認識が生んだものである。「肩こり」や「低血圧」は、日本人が
よく意識する症状であり、逆に「ストレス」は欧米で生成され、日本に輸
入されて日常化されてしまった概念である。国際政治においては、例えば、
「難民」という概念は20世紀までなかったが、第一次世界大戦後、4つの
帝国が崩壊して国境線画定の問題が生じた際に初めて認識されるように
なったものである。今日では、国境を越えて移動する人々の中にも、移
民、難民、一時的労働者、など様々な分類が生まれ、それぞれに固有の
権利を認めるルールが存在している。その他、「ガバナンス」、「破綻国家」、
「第3世界」等も20世紀後半に生まれた、国際政治における「社会的事実」
である。

第12章　コンストラクティヴィズム（構成主義）

---

3) アドルノ、ホルクハイマー、マルクーゼらの思想に代表される。

リアリズムやリベラリズムが、国家や主権といった既存の分析枠組みの中で問題解決を図るのみであり、歴史変動や国際政治の社会性を無視していること、なぜ主体が特定のアイデンティティや選好を持つにいたるのかの説明をしていないこと、そして既存の理論枠組みの中でのみ問題解決することで、既存の権威に迎合し、結果的にそれを支持・強化している点を批判している。

2) 規範と国際関係の構造

　上記のように、リアリズムとリベラリズムに対する批判から始まったコンストラクティヴィズムは、アイデンティティーや規範の役割を強調しながらも、それらがどのように生成され、変化するのかについての説明が弱いとしばしば指摘されていた。しかしその後、規範の定義や生成、変容についての研究が進むことになった。

(1) 規範とは

　コンストラクティヴィズムは、所与のアイデンティティーを持つアクターの行動についての集合的理解を「規範」と呼んでいる。「規範」とは、アクターが認識している適切な行動基準である。どの規範が当てはまるのかは、社会や時代によって異なる。国家も国際関係も、それを理解し、相互作用する人間によって導かれているため、国際政治は人々の認識によって変化する。例えば、アナーキー、核兵器、勢力均衡といった言葉も、人によって異なる意味を持ち、人々が何を脅威とするかによって安全保障の概念も変わる。

　一定のアイデアを主観的に信じているアクター同士の間にコミュニケーションがあり、共有されているアイデアがあることによって、社会的規範が出来上がる。コンストラクティヴィズムは、このことを「間主観性」という言葉を用いて強調する。コンストラクティヴィストにとって、国際関係を作り上げ、変化させるのは、社会的に受け入れられている行動基準や人々の間の相互理解・コミュニケーションであり、国際関係の構造とは、客観的軍事力や経済力に基くパワー分布ではなく、間主観的にアクターの認識やアイデアが集積されて生み出される国際規範を意味している。したがって、あるアクターが「適切性の論

理」に反したことをした場合は、国際政治構造の正当性が疑われるが、その行動が波及していくと、国際政治の構造変化が起こるのである。

(2)生成とライフサイクル

では、規範はどこから来るのか？　規範がいかにして生成されるのかについては、フィネモアとシキンクによる「規範のライフサイクル」論が有名である。規範のライフサイクルは、3つの段階からなっている。

まず最初は、規範が誕生し、人々がそれに注目し始める段階である。この段階においては、「規範起業家」が登場し、既存の政治経済構造の問題を指摘し、改善のための思想や情報を提供して、それを正当化し、他のアクターの認識変化を促す。規範起業家は、規範を生み出す重要な個人であり、カリスマ的リーダーである。こういった役割を果たすのは、政治指導者や、NGO、国際機関やエピステミック・コミュニティーのメンバーであることが多い。たとえば、2009年の大統領就任後、核廃絶を世界に訴えたオバマ大統領は、規範起業家であったといえるだろう。規範起業家が規範を生み出し、それを広めるインセンティブや方法は様々である。強力な国家がある規範を半ば強制するような場合もあれば、規範の普及が容易に促されるようなネットワークが十分条件としてすでに存在している場合もある。

規範起業家が問題提起し、現状改善の提案をすることによってアクターの認識変化が起こり始めると、次の段階では、規範の広がりが臨界点（tipping point）に達して、規範が一気に普及する現象が起こる。滝の水が落ちるように規範が広がることから、この現象を「カスケード」と呼ぶ。そして最後の段階では、普及した規範が幅広く受け入れられて、アクターに内面化し、規範に順応することが当たり前になるのである。この最後の段階に至ると、規範の定着は疑いの余地がなくなる。

国際社会において、このような過程を経て定着する規範は数多くある。例えば、ナショナリズム、平和思想、核不拡散レジーム、対人地雷禁止国際キャンペーン等、いずれをとっても、新しいアイデアの主張を行い、他者を説得していく規範起業家が現れて、規範が幅広く社会に普及し、社会の構成員がそれを

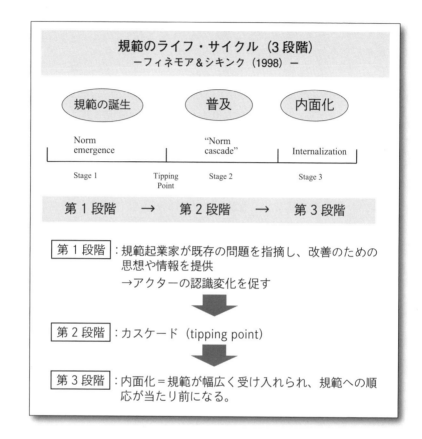

共有し、内面化していったものである。

　こういった規範生成についての研究においては、外部のアクターが規範を植えつけ、広める側面が強調されがちなのに対して、アラステア・ジョンストンの「社会化」の理論は、1980年代以降の中国が国際制度に適応していく過程についての実証研究を通して、アクター自身がどのように自国のアイデンティティーや国益を変えるのかを論じたものである[4]。この中でジョンストンは、模倣（他者が成功したやり方を真似る）、社会的影響（他から受け入れられるやり方で地位を高めようとする）、説得（より優れたやり方に説得される）と

4) Alastair Iain Johnston, *Social States: China in International Institutions, 1980-2000*, Princeton University Press, 2007.

いった、アクターが社会化されるいくつかのパターンを検討している。このように、規範の生成は、外生要因とアクターの両面から説明することが可能である。

3) コンストラクティヴィズムの多様性

　代表的なコンストラクティヴィストを挙げるとすれば、まず筆頭に立つのは、アレギザンダー・ウェントであろう。彼の1987年の論文は、「エージェント・ストラクチャー問題」という言葉を国際政治学に定着させることになった[5]。ウェントの論点は、①国際システムはアクターを制約するのみならず、そのアイデンティティーや利益を構築すること、例えば、資本主義という構造は、国家および国家行動を規定するということ、②構造には物質的なものだけでなく、規範的な要素もあり、軍事力や経済力のみならず、思想や規範、ルールも国際政治の構造をなしていること、また、規範の構造は、誰が国際政治のアクターかのみならず、そのアクターのアイデンティティーや利害を決める、ということである。

　別のコンストラクティヴィストであるフリードリッヒ・クラトクウィルは、国際関係におけるルールや規範について体系的分析を行った。彼によれば、ルールには規制的な（regulative）もの[6]と構成的な（constitutive）ものとがある。構成的なルールは、慣習や議論によってダイナミックに再構成され、その時々の新しい状況に応じて意味も変わる。それによって国際政治の構造も変わることになる。構成的作用の影響としては、①自己認識すなわちアイデンティティーによってアクターの役割認識が高まり、②アクターがアイデアを内面に刻み込んで当然のものとして認識するようになり、③内面化したアイデアが他の主体と関係し合う中で現実となる現象、すなわち社会化が起こる。一方、規制的ルールはアクターの行動の選択肢を定め、外側からアクターを規制し、制

---

5) Alexander E.Wendt, "The Agent-Structure Problem in International Relations Theory," *International Organization*, Vol.41, No.3, Summer, 1987, pp.335 - 370.

6) 運転のルールや、貿易を規制するWTOのルールなど行動の選択の幅を定めるルールのことである。

限するので、アクターは自らの認識は変えないでルールに従う。独裁国家が人権侵害について国際社会から批判を受けた結果、人権を部分的に認めるような場合がこれにあてはまる。構成的ルールの場合は、アクターが内面から行動を方向づけられる。アクターはこの場合、他のアクターと対話し、説得され、社会化されて自らの認識を変えるのである。

　その他、ジョン・ラギーは、ウォルツの本の書評[7]において、封建社会から近代主権システムへの国際システムの変遷を例に挙げ、社会的・脱国家的な観点から国際政治の変遷過程を研究することの重要性を主張した。また、リチャード・アシュレーは、ポスト構造主義と批判理論の立場から、物質主義に固定化された国益の概念を批判し、歴史的プロセスによって国益がどう生まれ、どう構築され、変容するかを研究することが重要であるとした。

　コンストラクティヴィズムは、リアリズムやリベラリズムよりも多様な理論であり、上記の学者が唱えるもの以外にも、組織理論の影響を受けたものや、世界政体論のジョン・メイヤーらに近いもの、ポスト構造主義やディスクール分析に依拠するもの等、さまざまである。構造とアクターとどちらに重きを置くかもコンストラクティヴィストの間で異なっており、例えば、ポストモダンのデーデリアンは、「外交」とは、自国と異質の他国を意識することで、自国のアイデンティティーを明確化する作用があることを指摘する。社会的構成主義者（social constructivist）と呼ばれるグループの中には、インテリの役割やエピステミック・コミュニティー等の知識集団が用いる言葉の意味や説得性が重要な役割を果たすと考える者もいれば、逆に、社会の底辺にいる弱者や人々の日常生活等に焦点を当てたサバルタン研究[8]、フェミニズムの視点、アナール学派などの影響を受けたコンストラクティヴィストたちも存在する。共通するのは、人間の意識が国際政治において持つ役割を重要視する点である。

7）John Gerard Ruggie, "Continuity and Transformation in the World Polity: Toward a Neorealist Synthesis," Robert O. Keohane, ed. *Neorealism and Its Critics*, Columbia University Press, 1986.

8）インドの社会構造の底辺の人たちに焦点を向ける研究。

3. コンストラクティヴィズムの評価

　コンストラクティヴィズムは、これまであまり注目されてこなかった主観や、観念に焦点を当てた国際政治理論である。また、規範形成や伝播における、NGO や国際機関の役割にスポットライトを当ててきた。しかし、どういった思想やアイデンティティーが重要なのか？　人々のアイデンティティーや規範が変わることによって果たして世界はよくなるのか？　アイデンティティーや規範は、客観的に観察しにくく、実証が難しい。ウォルツは、コンストラクティヴィズムは、こういう世界になってほしいという希望的観測のみに終始しており、理論ではないと言う。実証が弱く、科学的でないという当初からの批判にこたえる形で、コンストラクティヴィストたちは、実証面と説明的理論に力を入れて理論構築しようとした。しかし根本的な問題として、国際関係に生じる明確なパターンや因果関係の方向性があいまいであるという点が依然として厳しい批判にさらされている。構造がアクターを制約するのか、アクターが構造を生み出すのかの問題は、独立変数と従属変数が不明確である問題として残されているのである。

　また、民主的平和論の場合と同じく、規範と利益を区別するのは不可能であるという指摘も多く聞かれる。例えば、戦後の日本の平和主義は、外交政策における規範の変化の例としてコンストラクティヴィストたちによく取り上げられるが、リアリストに言わせれば、平和主義は日本の国益の観点から最もうまく説明できる事例である。安いコストでアメリカに安全保障を肩代わりしてもらい、自国は経済復興と発展に専念できる点で、優れた費用対効果を持っていたのが日本の平和主義であった。それを日本の政治指導者や国民のアイデンティティーや認識変化のみで説明できるだろうか？　別の例として、米ソ冷戦が熱戦に至らなかったのは、大国間に核戦争を避けるという共通「利益」が生まれたからなのか、共通「認識」が生まれたのか？　民主的平和論のところで見てきた通り、冷戦期西側ブロックの一員であるというアイデンティティーと対ソという利害関係との明確な区別をすることは果たしてできるのか？

　さらに、コンストラクティヴィズムは過去において実際に効果を持った規範

のみを事例として選択しているという、セレクション・バイアスの問題もある。こういった批判を受けながらも、コンストラクティヴィズムは、リアリズムやリベラリズムが扱ってこなかった人々の認識や規範の変化の観点から国際政治事象を説明する試みとして、今日の国際政治理論の三幅対の1つをなしているのである。

■ 論述問題

1. 以下の国際政治の規範がどう生成され、変遷してきたか、だれが規範起業家の役割を果たしたかを検討せよ。
   (1) アパルトヘイトの撤廃
   (2) 気候変動に対する取り組み
   (3) 民族自決
   (4) 戦争の違法化
   (5) 核兵器廃絶

2. コンストラクティヴィズムを使うと、以下の国際的事件（事象）はどう分析できるか？　また、それはリアリズム、リベラリズムによる説明とどう違うか？
   (1) 中国の台頭
   (2) 地球環境問題
   (3) 国際刑事裁判所（ICC）の設立
   (4) 核拡散の問題
   (5) 戦後日本およびドイツの平和主義

コラム 国名も規範の産物

　中国の英語名である China は、ヨーロッパ人が命名したものである。一説によると、陶器（英語で China）が生産されていたためであり、また別の説によれば、昔、中国の王朝秦（シン）を、フランス語発音で表記した Chine から来ている。Japan がマルコポーロの『東方見聞録』の中のジパングという黄金の国から来た名前であることはよく知られている。自国を「世界の中心国（Middle Kingdom）」と呼んでいた中国や「日の本」の国日本が、西洋が自国に付けた名前を、現在当たり前のように使っているのは、ヨーロッパが世界の中心であった時代の世界認識や規範を非ヨーロッパの国々が受け入れたことを示している。また、多くのヨーロッパ言語において、文明国と認識されていた中国が女性名詞であり、ヨーロッパの文明国標準からして野蛮とみなされていた日本やアメリカが男性名詞なのも、ヨーロッパ支配の時代の国際規範を反映したものである。

第12章　コンストラクティヴィズム（構成主義）

終 章 理論について

学習のポイント

① 理論と実証の関係を理解しよう。

② 理論と政策の間のギャップを埋めることは可能か？ 検討しよう。

③ 国際政治理論を学ぶ醍醐味を吟味しよう。

　最後に、国際政治学における理論について考えよう。第１章で、国際政治理論とは国際政治事象を体系的に理解するための知的道具であることを学んだ。道具にとって重要なのは、それが役に立つかどうかである。理論は、変数間の因果関係を論理的に説明する道具であり、理論によって、世界もしくはその一部はよりわかりやすくなる。理論は世界を正確に描写したものではない。理論は真実の体系ではないため、理論の良しあしが評価されるのは、正しいか正しくないかではなく、それが有用であるかどうかによってであるということをまず押さえておこう。

　国際政治は、時に複雑で、事実のアット・ランダムな寄せ集めに見えるかもしれないが、国際政治事象には一定のパターンが存在する。国際政治学は、そのパターンを見つけ、その意味を理解しようとする学問である。平和を得るためには戦争の原因について知ることが必要であり、貧困を解決するためには経済格差が生じる原因を知ることが必要となる。理論とは、相関する変数を見出し、その関係を論理的に説明するものである。また、国際政治学を勉強することは、日々起こる国際政治事象そのものを追うことや史実を丸暗記することとは異なる。例えば、国際政治学における伝統的な理論的関心は戦争と平和であ

るが、近代国際政治史上に起こった戦争のリストを見ても、戦争がなぜ起こるのかはわからない。ある戦争が起こったならば、その経緯を学んで知識を積み上げるだけではなく、その戦争がどのような状況下で起こったのか、また、他の戦争と比較して、どういうタイプの戦争なのか、またそれが今日の国際関係の何か際立った特徴を示しているのかといったことを考え、戦争についての一般的・体系的パターンを見出して、それを説明するのである。世界で起こる事件を体系的に把握し、その意味を理解することによって、我々は何が望めて、何をあきらめるべきかを知ることもできる。

1. 理論と実証

—— 最高の知恵とは、あらゆる事実がすでに理論であるということに気づくことである ——　　　　　　　　　　　　　　　ゲーテ

理論はいかにして可能なのか？　カール・ポッパーは、よい科学は我々が反証しようとしてもできない理論からなっていると述べている。つまり、ポッパーにとってよい理論とは、厳しい試験に通る理論である。有名な例として、「白鳥は白い」という仮説が、一羽の黒鳥によって反証される場合を考えよう。ポッパーは、まず、「すべての白鳥は白い」という大胆な推測をし、それを論破する例を探す。一羽でも黒い白鳥がいたら、その推測は間違っていることになる。ポッパーは、真実を証明することはできないが、間違っていることを示すことはできると考えた。理論やモデルに絶対的なものはないことを受け入れることによって知識の進歩が担保されることを「反証可能性」と呼ぶ。我々の理論はせいぜい反証されるまでの仮説に過ぎず、経験的データが理論を打破するならば、理論は却下され、それに代わるものが求められなければならないとポッパーは考えた[1]。一方、理論は重要な試験に通ることによって段階的に正しい

終章　理論について

---

1) Karl R. Popper, *The Logic of Scientific Discovery*, Routledge, 2002; *idem, The Open Society and Its Enemies: The High Tide of Prophecy*, Princeton University Press, 1962; *idem, The Poverty of Historicism*, Routledge, 1957.

ことが証明されていくというポッパーの考え方に反対したのがトーマス・クーンである。クーンは、成熟した科学は、支配的なパラダイムによって特徴付けられると考えていた。パラダイムは、世界観に基いており、測定できないため、あるひとつのパラダイムを排除するのは、客観的な基準によるものではない。競合するパラダイム間の選択は、両立し得ない共同体生活の間の選択であるとクーンは主張した[2]。

　これに対して、イムレ・ラカトシュは、ポッパーと同じく反証可能性の重要性を唱えながらも、たとえ反証された仮説でも、自動的に排除されるわけではないことを説いた[3]。ラカトシュの理論についての観点は、政治学における検証についての単純な考え方を否定したという点で重要であり、方法論をめぐる議論の中で最もよく引用される。観察対象を増やしても、それが理論を論駁する反証となる事例かどうかは分からない。理論を論破しようとする検証も、その背景となる情報を踏まえて行われる必要がある。人が黒鳥だと思った白鳥が、実際には全く別の鳥であったなら、重要な検証にもやはり、問題があることになる。つまり、重要な検証によって落第してしまった大胆な推測があっても、科学者はなおかつ、検証の結果から何が導き出されるかを考えなければならないのである。検証結果には解釈が必要であるというのがラカトシュの見解の核心であった。

　ラカトシュの科学的研究プログラムの方法は、理論はどのようにして他の理論に取って代わられるのか、ある理論よりも他の理論のほうがよいとどうやって判断するのか、といった問題に答えようとするものである。ラカトシュの理論の重要性は、理論は事実に照らし合わせて検証できるという多くの人が抱いている考え方を否定したところにあった。事実は理論から独立しておらず、理論は事実から独立していないため、理論の妥当性は、所与の事実によって決まるのではない。アーサー・エディントンが言うように、「理論によって確か

---

2) Thomas S. Kuhn, *The Structure of Scientific Revolutions*, The University of Chicago Press, 1962; トーマス・クーン（中山茂訳）『科学革命の構造』みすず書房、1971 年。

3) Imre Lakatos, "Falsification and the Methodology of Scientific Research Programmes," Imre Lakatos & Alan Musgrave, eds., *Criticism and the Growth of Knowledge*, Cambridge University Press, 1970.

められない限り、観察結果を信用しすぎてはならない」のである[4]。このように、ラカトシュが「我々は理論を証明することも反証することもできない」と述べるのは、理論と事実は相互依存関係にあるからである。有限のサンプルによって、普遍的な蓋然性のある理論を反証することはできない。「立証は難しい……しかし、検証結果の中には、理論の反証ではなく、立証に結びつくものもある。」とラカトシュは述べる。

ノーベル物理学賞受賞者のスティーブン・ワインバーグも、「実験によって反証されない理論はない」と述べている。ラカトシュは、間違った理論を排除するためには理論の評価が必要であるという点について、ポッパーに賛成する。2人が異なっているのは、理論の評価の方法である。ラカトシュがいうように、理論の真偽が示せない、つまり理論の立証も反証もできないならば、我々はどうすればよいのか？ ラカトシュは、理論の検証ではなく、一連の理論を評価することを勧める。理論のバリエーションや緻密化によって新しい事実が浮かび上がるならば、それには信憑性があることになる。矛盾する事例は理論の中核部分（hard core）を疑わせるかもしれないが、理論には真偽はない。理論はよりよい理論によってのみ覆される。

このことは、天動説が地動説によって覆された例からもわかる。地球が宇宙の中心であり、太陽その他の天体は地球の周りを回っているということは古代から中世まで受け入れられていた「事実」であった。観察することによってそれは「検証」でき、経験則にも則ったものであった。しかし、コペルニクス以降、新しい理論が古い事実を変えたことを我々は知っている。デイビッド・ヒュームとイマニュエル・カントが命題として述べたように、経験的なもので確実なものはない。ケネス・ウォルツも『社会科学研究のデザイン』[5]（以下、KKV）への批判を通して、同じ見解を述べている。KKV は、「社会科学における科学」と題される第1章の中で、「実在する証拠を無視する理論は自己矛盾である」というスタンリー・リバーソンの言葉を引用し、理論は、「経験的な現実から

終　章　理論について

---

4) Sir Arthur Stanley Eddington, *Fundamental Theory*, Independently Published, 2018.

5) Gary King, Robert O. Keohane, & Sidney Verba, *Designing Social Inquiry: Scientific Inference in Qualitative Research*, Princeton University Press, 1994. 共著者三人の頭文字をとって "KKV" と呼ばれる。

くるハードな事実」によって検証されると明言している。そして、「理論は、理論を反証する事実が何であるかを述べなければならない」、「理論は詳細な観察から生まれうるが、新しい観察によって評価されなければならない」と述べている。これに対してウォルツは、この考え方は、事実が理論の源であり、その審判でもあるという、科学についての中世の考え方そのものであると批判する。事実が無限に存在する中で、どれが理論を反証するものとして取り上げられるのか？　この答えが決して容易でないのは、理論と事実が相互依存関係にあるためである。

2. 理論と政策 [6]

1) 学究的世界と実務家の世界のギャップ

　今日、政策決定者が国際政治の理論に注目することはあまりなく、また、学者の多くは政策関連の著作に興味を持っていない。このギャップは特に第二次世界大戦後、広がったといわれている。大学と政策シンクタンクとの交流も少ない。例えば、アメリカの場合、かつては学問の政策関連性が重視されていたが、今では、学者が政策関連のものを書くと、学者としての真剣さが足りない印象を与えてしまうことがある。*Foreign Affairs* や *Foreign Policy* などに論文を出すことは学者として評価されるかわりに、本来の学究的な仕事に真摯に従事していないと思われてしまうこともあるのである。貴重な政策提言を行っても、新しい学問的見地を開かない限り評価されないため、学者は実務家にアピールするよりもまず、自分が専門とする学問分野特有の社会的要請に順応しなくてはならないのが現実である。

　実務家の言い分としては、今日の国際政治学は、政策決定者にとって無関係か、象牙の塔に閉じ込められたアクセス不能なものになっている。また、政策決定者が国際政治について洗練された知識を持つ必要はないと考えられている

6）国際政治理論と政策実務の関係については、ハーバード大学ケネディー政治学大学院のスティーヴン・ウォルト教授から有益な知見をいただいた。Stephen M. Walt, "The Relationship between Theory and Policy in International Relations," *Annual Review of Political Science*, 2005, pp.23‐48.

ことが多い。特に今日では、政策提言を目的とするシンクタンクが多数生まれたものの、そういった研究所の発行物の中で学問的な出版物はほぼ姿を消してしまった。かつては、ランド研究所やブルッキングズ研究所には学者がいたが、今ではもはやほとんどいない。

　理論と政策のギャップは、国際政治学と外交政策において顕著である。経済学の分野では、ダグラズ・ノースやアマルティヤ・セン、ダニエル・カーネマンなど、政策イシューにおいても評価されるノーベル経済学者が出ているのと対照的である。アメリカ大統領の経済諮問委員会には、博士号を持つ経済学者は多いが、国家安全保障会議では、国際政治学者としての業績はさほど重要視されていないようである。その原因はどこにあるのだろう？　１つには、外交政策決定があまりにも複雑であり、その複雑さに対応できる理論がないことにあるのだろう。学者が持つ知識は実務家が体得している膨大な実践的知識には到底及ばない。２つ目には、先に述べたように、実践を学ぶことに対して、学界における動機付けがないことが挙げられる。３つ目の理由としては、国際政治の分野で重要とされている理論は高度に抽象的なことが多いことである。特に、構造主義のリアリズム（ネオリアリズム）、マルクス主義、ネオリベラル制度論などは、国家や国際組織の長期的な行動パターンを説明しようとするため、独立変数が極端に少なく、現実の世界からかけ離れる傾向がある。ケネス・ウォルツが国際政治の理論は外交政策の理論ではないと言い切るのも、国家間関係のレベルから独立した国際システムという抽象的世界こそ、国際政治学という学問のアイデンティティーであると考えているためである。こういった傾向は、国際政治理論によって日々の政策的必要性を満たすのがむずかしいことを示している。

　日本では比較的、学界人と実務家の間のギャップが少ない。実践的にものを考える伝統が強いためか、実務志向の学者が多く、時空を超える抽象的な国際政治理論は、むしろ敬遠される傾向が強い。アメリカで国際政治学といえば国際政治理論研究を示すが、日本では長年にわたって「国際関係」という言葉は「地域研究」とほぼ同義であった。また、日本の大学で国際政治学者を自称する専門家は、歴史や地域についての具体的情報を教授している場合が多い。

終　章　理論について

　アメリカでは、理論と政策の間のギャップや、学問としての国際政治学が実際の政策に貢献することが少ないことがしばしば批判されるが、日本でこういった議論がさほど起こらないのは、理論家の仕事と政策的仕事とが調和しているからというよりは、日本にはもともと理論の専門家が少なく、現実の国際政治についての詳しい知識を提供することが国際政治学者に期待されることが多いからである。この傾向は、学際性が手放しでもてはやされ、社会に対するアカウンタビリティーが求められる近年の傾向と相まって、国際政治学が理論的ディシプリンから乖離する傾向を強めている。

　しかし、国際的な事象や事件を理解するうえで、時空を超える理論的枠組みを意識しているかどうかは、その解釈に大きな違いをもたらす。マキアヴェッリもホッブズも、ロック、ルソー、マルクスも、彼らが生きた時代に起こった政治的な事件に刺激を受けて著作を行った。理論が政策に情報や指針を与え、政策的問題が理論的な確信を促すこともあるはずである。では、理論と実践がひとつの全体の中で調和する可能性は、どこに見いだせるのだろう？

2）理論はなぜ必要か？

　第1章で触れたように、理論的に事件や事象を分析する際に重要なのは、「Of what is it a case? この事件は何を象徴しているのか？　何の事例なのか？」と問うことである。政策決定者は、大量の情報に直面している場合、自分たちが直面している事態がどういう性質のものなのかを知る必要がある。例えば、ある国が軍備拡張に乗り出している場合、それはその国の政治指導者の特殊なイデオロギーに基くものなのか、あるいは一般的な安全保障上の脅威に根ざすものなのか？　経済制裁はどういう条件の下で有効か？　NATO の東方拡大は東ヨーロッパの民主主義の安定化をもたらすのか、あるいはアメリカの影響力拡大をもたらすのか？　WTO は世界経済の活性化に必要か？　こういった現実の政策的問題に直面した場合に、理論が政策決定者に解釈を提示することによって、政策決定者は政策の指針を得ることがある。これが理論を我々が必要とする第1の理由である。つまり、理論によって、実務家は、具体的政策策定に有用な原理や命題を得ることができるのである。理論はとりわけ、イシューを表現する

共通の語彙を提供し、事件の文脈を明確にしたり、理解しやすくする。例えば、「グローバリゼーション」、「単極国際システム」、「国際制度」、「コンプライアンス」、「ただ乗り」などは、政策決定者にとっても理論家と共通の語彙である。

　第2に、競合する理論によって我々の偏見は矯正される。人は無意識のうちに自分自身の体験や学校で学んだ歴史などに影響されて、日常的に起こる事件を色眼鏡で見ている。どんなに努力しても人は見たいものだけを見る傾向があり、偏見から逃れることはできない。理論を学ぶことは、それを相対化し、様々な角度から客観的に自体を見ることでもある。

　第3に、理論がなければ見えてこない国際事象がある。理論なしでは無関係であったり、理解不明な事象に光を投げかけるのが理論である。例えば、重商主義の時代には、貿易障壁を取り除いたほうが国が富むとは誰も考えなかったが、アダム・スミスやデイビッド・リカルドの自由貿易理論がそれを理論的に解明したことで、今日ではそれが主流の考え方になっている。国際政治学における抑止理論も同様に、相互に脆弱であることによって安全が保たれること、相手を攻撃できないことによってより安全になることを説明する新しい思考枠組みを提供した。

　第4に、理論は、将来起こりうる事象の予測をする。例えば、リベラルの論客たちは、冷戦の終焉を、西側民主主義の規範や制度が広まる平和的な世界の到来と解釈した。リアリストたちは、多極システムの再来、米ソ対立によって抑えられていた内戦の多発を予測した。中国の台頭についてはどうか？　リベラルは、相互依存や民主主義の普及によって、新興国である中国を国際社会にうまく取り込める可能性に期待した。一方、リアリストたちは、中国が経済力を軍事力に転換し、安全保障上の脅威ともなりうる大国として台頭することを予測した。勢力均衡が国際政治に繰り返すパターンであることを、冷戦が激化した1950年代に政治指導者たちが知っていたら、中ソ対立を予測できたかもしれないし、冷戦終焉後のアメリカ1極システムが続かなくなる事態により早く備えることができたかもしれない。このように、政策決定者たちは、自分たちが置かれている世界の広い文脈を理論によって知ることで、将来を予測することも可能なのである。

　第5に、理論によって我々は過去の出来事についての理解を深め、起こった事件の評価、採用された政策の評価を促される。また、政策が好ましい結果をもたらしたかどうかの基準を理論が提供し、過去についての歴史的解釈を促すことで、政策決定者は影響を受けることになる。例えば、イラク戦争の原因がフセインの個性によるものであったとすれば、野心的で攻撃的な彼の行動は不合理だったことになる。逆に、アメリカが課した経済制裁や外交圧力を考慮に入れてイラク戦争を理解すれば、イラクの大量破壊兵器保有を主張して軍事行動に訴えたアメリカの単独行動主義に対する批判的評価につながる。つまり、理論的見解によって過去の行動についての解釈も異なるのである。

　一方、国際政治は自然現象と異なって、時代とともに変化しやすいため、今日の状況に理論がかみ合っているかどうかを注意深く検討する必要がある。社会科学の理論は、自然科学の理論のように厳密でも正確でもないため、理論を検討し直し、評価し直す価値はなおさらあるといえよう。

3) 政策決定者に有用な理論とは？

　では、どのような理論が実務家の役にたつのだろう？　第1に、経験則、類型論である。この場合、過度に洗練された理論は必ずしも必要ではなく、むしろ経験的にも有効なもの、つまり証拠とつじつまの合うものが好ましい。真の原因が不明でも、何が問題なのかが少なくともわかることで、どういう情報が必要かがわかったり、応急措置を取れることもある。

　第2に、独立変数がある程度多い理論のほうが有用である。厳密なグランド・セオリーよりも条件つきの一般化、つまり「中距離射程の理論」が好ましい。たとえば、「国家が戦争を行うのは、世界政府が存在しないからである」という理論は、論理的には全く問題はないが、どういう国がどんな場合に戦争をするのかを教えてはくれない。独立変数が少なすぎ、予測があまりにも不正確になる理論は、政策の指針としては失敗してしまう。宥和政策に関して考えるならば、どういった場合にそれを採用し、いつ避けるべきかを、要求する相手の能力や意図、要求の強さと内容、国内的状況、こちら側の意図、軍事力など様々な要因を考慮に入れて判断がなされなくてはならない。すると、イギリスとフ

ランスの融和はヒトラーに関しては破滅的であったかもしれないが、1960 年代の北ベトナムに対するアメリカの宥和は悪い選択ではなかったかもしれないという結論を導くことも可能になる。

　第 3 に、重要な事件や事象の原因分析に重きを置きつつも、なおかつ豊かな処方箋と提言を含むものが好ましい。「重要」とは、ここでは戦争や貧困など、人間の根本的価値である安全や存続にかかわり、多くの人の運命を左右する事件のことである。

3. 理論的活動の意義と国際政治学の醍醐味

　―― 大事なものは目に見えない。心の目で見なくっちゃ。――

サン・テグジュペリ

　学問には、美学の側面と有用な側面とがある。理論の美しい世界が開けたときに経験する、まさに目からうろこが落ちたと感じるような新鮮な驚きが、人々の視野を広げ、人生観を変えることが時にある。パウル・クレーが芸術の役割は、「目に見えないものを見えるようにすること」であると語ったことは、理論的活動にも当てはまる。理論を通して想像力と創造力を働かせたときに、魂が高揚するような広い視野が目の前に広がってくることこそが、学問の醍醐味である。芸術の世界にも科学の世界にも、意識しなくては見えてこない「構造」がある。事実の背後にある目に見えない「構造」を意識したとき、人は学問がやめられなくなるのである。

　日本の大学に政治学部が存在しないことからもわかるように、日本には「政治学」の伝統がない。明治以降、日本が「文明国標準」を満たしてヨーロッパが支配する国際社会に参入する過程で、国家の近代化に役立つ実学として重視されたのは、法学と工学であった。この過程において、日本の政治学は、知の生産としての学問分野としてではなく、行政学として発達した。私立大学が法学、国立大学が工学という分業で、近代国家に有用な実用的学問が発展した名残が、今日の日本の大学における政治学の位置づけにも表れている。そのため、日本

終　章　理論について

には、限られた資源の価値配分の問題や、それが人間の社会生活にもたらす意味を考える学問的伝統がなかった。行政学がヒエラルキーを原理とする学問であるのに対し、国際政治学の原点は、アナーキカルな国際システムの構造にある。それは顕著に政治的で、相対的利得をめぐる問題が顕在化する領域である。価値配分には多様な要素が関連し、価値の取捨選択、組み合わせ、配分をめぐる調整は、まさに芸術であり、技術である。そこからアクター間の共存を可能にする一定の取り決めやルールが生まれてくるという意味で、政策的インプリケーションにおいても国際政治学は豊かである。

　国際政治の世界は、完全主義が通用しない領域である。平和も戦争も相対的な概念であり、絶対的な平和は存在しない。したがって、国際政治場裡において、アクターは、完全な善を目指すのではなく、最小悪を目指すことになる。妥協と柔軟性が国際政治領域の特徴である点において、国際政治学は大人の学問である。そして「自助」という国際政治の鉄則を通して、国際政治学は、存続の価値を教えてくれる。多かれ少なかれ、われわれは皆、自助の世界に生き、究極的にはありとあらゆる手段を使って生き延びなくてはならない運命にある。自分の面倒を自分で見る世界は、厳しい緊張に満ちていながらも、自由な世界である。

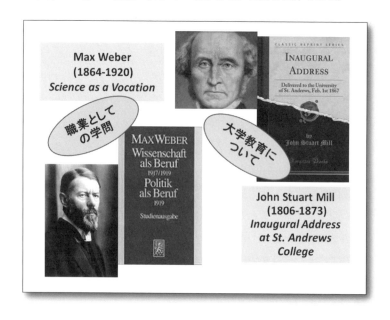

あとがき

　本書の構想を描き始めたのは10年前、執筆を始めたのは7年前である。獨協大学で国際政治学を教えるようになってから、学生の効果的な勉学を促進するような体系的な教科書を書きたいと思ったのがきっかけだったが、それから随分時間が経ってしまった。国際政治は「自助」の世界であり、ありとあらゆる不測の事態に備えておくのはすべて自分にかかっているという国際社会の厳しい現実を、あたかも人生の教訓のように日頃学生に語っているにもかかわらず、急に降ってきた些細な業務や臨時の家事の増加にいちいち慌て、筆を遅らせているのは、他でもない自分自身だった。本書を仕上げる予定であった2020年度は、新型コロナウィルスの世界的蔓延という未曽有の事態を前に、危機対応とそれに伴う遠隔授業の準備に時間を取られ、不測の事態に備えるどころか翻弄されっぱなしの自分を大いに反省することとなった。

　1980年代に私が大学に入学した当時は、国際政治学を学べる学部や学科を持った大学はまだ少数であった。初めて大学で学んだ国際政治学は、自分が頭の中で描いていた国際交流や多文化理解とは全く異なり、人間の顔がなかなか見えてこない抽象的な概念だらけで、戸惑いの連続だった。大学入学当初、猪口邦子先生（上智大学名誉教授）の専門英書購読で、アメリカで最も使われているという国際政治学の教科書を原書で毎週読み、その要約を提出させられたのが、国際政治学における私の最初の修練だった。その後、故織完先生の政治学原論の授業で、D・イーストンの政治体系論やG・アーモンドの政治構造論、F・グリーンスタインの政治的社会化やS・ハンティントンの政治的制度化等の概念に原書で触れたことも、理論の世界に目を開く大きな一歩となり、少しずつ国際政治学という学問の醍醐味を実感できるようになった。

　学生として、また研究者として、世界の研究機関や学会での活動を通して国際政治学の研究を続けることができたのは幸いである。中でも、ミシガン大学大学院で、膨大な分量の書物を毎週読み、ひっきりなしに論文や書評を書いたこと（2年間で108本）が、学問的に最も成長できた時期だったと感じている。

また、ハーバード大学のウェザーヘッド国際問題研究所やライシャワー研究所、フランスのパリ第一大学等では、学界の最先端の研究動向に触れながら学問的にリフレッシュする機会を得、実に数多くの学者や研究者から多大な教示を得た。ブリティッシュ・コロンビア大学のK・J・ホルスティ教授、ロバート・ジャクソン教授（現ボストン大学教授）、ミシガン大学のジョン・キャンベル教授、故ハロルド・ジェイコブソン教授、ハーバード大学のジョセフ・ナイ教授、スティーヴン・ウォルト教授、コロンビア大学の故ケネス・ウォルツ教授らからはとりわけ、学問上の計り知れない感化を受けた。

　これまでの研究生活を振り返ると、あまりに多くの人々の世話になり、社会の恩恵を被ってきたことを痛感するのみである。勤務先の獨協大学では、研究・教育両面において精魂込めて尽力する素晴らしい同僚や、事務担当の有能なスタッフに恵まれ、最良の研究環境を提供していただいている。とりわけ、煩雑な大学運営業務を冷静な判断力で日々処理しながら、学生たちに温かく寄り添い、職員と教員に対する思いやりを忘れない山路朝彦学長には尊敬と感謝の気持ちでいっぱいである。

　本書の出版は、獨協大学学術図書出版助成費によるものである。出版に向けての手続きや編集作業においては、青山社の野下弘子氏が多大な労をとってくださり、最初から最後まで、迅速かつ的確なアドバイスを提供していただいた。また、草稿段階の原稿に貴重なコメントをくれた獨協大学の学生の皆さんにも心よりお礼を申し上げる。新型コロナウィルスの危機下においても、通常の対面授業で得られない新しい学びを見い出し、協力的な姿勢で遠隔授業に臨む学生たちの姿には頭が下がる思いだった。心からの敬意を表すと同時に、たくさんの将来的可能性を秘めた若者たちが、大学での学びを通してこれからの日本や世界に貢献し、大きく羽ばたいていくことを願ってやまない。

2021年　春　　　　　　　　　　　　　　　　　　　　　　　岡垣　知子
真摯に学ぶ学生の皆さんを称えて

索　引

B

brute facts（素朴な事実、そのままの事実）
　　271

C

caseade　274

COW　128

D

de facto　148, 149

de jure　148, 149

DP　224

E

E.H. カー　37

I

IMF － GATT 体制　207

Internalization　274

R

R・O・コヘイン　120

W

WTO（世界貿易機構）　250

あ

アイデア　267, 272

アイデンティティー　54, 265, 268, 277

アインシュタイン　90

アカウンタビリティー　286

アクセルロッド　50, 68, 78, 192

アクター（行為主体）　5, 6, 80, 126, 171, 184,
　　192

アクター間の分業　182

アクターの主体性　245

アテネ　27, 86

アナーキー　9, 10, 16, 36, 77, 80, 85, 98,
　　103, 108, 109, 186, 201, 265

アメリカの外交政策　167

アメリカの覇権　173

アラブの春　235

アレギザンダー・ウェント　266, 275

安全保障　123, 133, 135

安全保障概念　144

安全保障のジレンマ　69, 71, 72, 77, 80, 256

安全保障レジーム　216

安定性　106, 108

暗黙の原則　254

い

威圧的な (coercive) 覇権国　121

異議申し立て (contestation)　237

意思決定の透明性　227, 238

意思疎通　226

イシュー　210

イシュー間のヒエラルキー　210

1 極システム　119

イデオロギー　133, 194

意図の透明性　226

移民問題　268

イラク戦争　57

因果関係 (causation)　17, 18, 19, 49, 99,
　　180, 185

因果関係の方向性　269

インフォーマルな制度　255

う

ウィリアム・オッカム　99

ヴェーバー　136

ウェールズ大学　158

ウェストファリア　113, 116, 126, 127, 129,
　　136, 141

ウォルツ　15, 48, 49, 51, 57, 66, 83, 84, 103,
　　178, 185

ウォルファーズ　170, 172

ウォルフォース　56, 57

宇宙船地球号　207

ウッドロウ・ウィルソン　32, 33, 52, 159

え

永遠平和のために　201

エージェント・ストラクチャー問題　275

エゴイズム　166

エスニック問題　268

エドワード・ハレット・カー　39, 157, 158,
　　162

エドワード・モース　209

エピステミック・コミュニティー　253, 273,
　　276

お

応酬戦略　79

大いなる幻想　214

オーガンスキー　86, 112, 121

オッカム　98, 99

オラン・ヤング　258

か

外交政策決定モデル　209

外交政策決定論　47, 207

階層構造　103, 109, 111, 121

科学性　185

科学的研究プログラム　282

科学の醍醐味　24

核拡散　194, 216

学際性　286

拡散（diffusion）　236, 238

拡張主義　57

核武装　190, 195, 196

核兵器　132

核保有国　55

過剰拡張主義　184

過剰反応（overreaction）　118, 184

カスケード　273

仮説の検証　43

価値の権威的配分　5, 9, 12, 161

価値レベルの統合　247

ガディス　117, 119, 214

ガバナンス　257, 258

環境問題　207

簡潔性　99

還元主義（reductionism）　49, 182, 184, 185

観衆費用（audience cost）　225, 226

間主観　265, 270, 272, 273

関税および貿易に関する一般協定　206, 250

カント　160, 201

願望型思考　190

官僚政治モデル　201, 209

き

危機の二十年　39, 40, 159, 162, 189

擬似国家（quasi-state）　145

技術進歩　219, 220

規制的ルール　275, 276

期待の収斂　249

北大西洋共同体　248

帰納　43, 180, 229

機能主義(functionalism)　201, 246

帰納主義的錯覚　180

機能の分化　103, 104, 105, 182

規範　95, 173, 224, 227, 230, 231, 249, 252, 262, 265, 266, 269, 272, 277, 278

規範起業家(norm entrepreneur)　267, 273

規範のライフサイクル　273

キューバミサイル危機　45, 118, 205

凝集性　258

共有地の悲劇　63, 73, 75, 77, 78

極の数(polarity)　57, 85, 107, 183

キリスト教的人間理解　165

ギルピン　121

近代国家　127, 136, 150

近代国家建設　152

近代国家システム　139, 149

近代ヨーロッパ　143

キンドルバーガー　121

金融危機　218

く

グチリアルディーニ　109

組み込まれた(embedded)自由主義　250

クラウトハマー　56, 57

クラズナー　120, 121, 149, 249

クラトクウィル　275

グランド・セオリー　49, 51, 122, 191, 192, 211

繰り返しの囚人のジレンマ　50, 78, 79, 244, 252

グローバリゼーション　52, 132, 133, 193, 216, 217, 218, 265

グローバル・ガバナンス(地球的統治)論　256, 257, 258

軍事革命　150

軍事的相互依存　216

け

経験的意味の国家(de facto/empirical statehood)　136, 137, 142, 146

経済格差　47, 213

経済制度　242

経済的相互依存　16, 47, 149, 206, 208, 209

継続性の感覚　202, 256

継続変数　232

啓蒙思想　201

経路依存性(path dependency)　255

ゲーム理論　48, 67

結果の論理(logic of consequence)　271

ケナン　40, 169

権威主義　217, 222

原罪　165

検証　283

現状(不)満足国　111

原則　249, 252

厳密性　99

厳密な理論　254

権力移譲　233, 237

権力闘争　172

言論の自由　238

こ

公共財 76, 121, 123

攻撃性 90

攻撃的リアリズム 197

構成的な（constitutive） 275

構造 95, 98, 102, 177, 178, 183, 185, 224

構造主義 121, 176, 177, 187, 189, 191

構造主義的リアリズム（structural realism）
　　48

交通・通信手段 133, 217

行動科学 43, 44, 48, 49

行動主義 44, 185, 211

合理性仮説 213

合理的選択 64, 150, 192, 238, 254, 255,
　　269

合理モデル 209

交流主義（transaction school） 246

交流理論 247

国益 42, 44, 120, 132, 133, 134, 158, 170,
　　171, 222, 229, 265

国際環境 124, 238

国際環境レジーム 252

国際規範 145, 149, 151, 152

国際金融危機 213

国際経済の開放性 120

国際経済の政治化 45, 206, 209

国際システム 16, 49, 54, 57, 96, 97, 98,
　　106, 107, 109, 135, 178, 179, 181,
　　182, 183, 260

国際社会 121, 126, 127, 146

国際政治経済学 47, 208, 249

国際政治構造 105, 106, 189, 193

国際政治の安定 106, 121

国際政治理論 48, 52, 179, 278

国際制度 122, 123, 201, 202

国際制度論 79, 202, 244, 246, 254, 259,
　　262

国際組織 46, 149

国際通貨 250

国際的評判 79, 244

国際貿易 120, 250

国際法学 262

国際レジーム論 248, 249, 258

国際連盟 35, 37, 53, 131

国内経済改革（ペレストロイカ） 267

国内的政治コスト 226

国民国家 152

国民兵 143

互恵主義 78, 79, 202, 256

誤算と誤認（miscalculation） 118, 184

個人レベル 98

国家概念 126, 135, 138, 139, 143, 144, 145

国家形成 147

国家建設（state-building） 126, 148, 151, 235

国家システム 193

国家主義（statist） 214

国家主権 129, 147

国家統一性仮説 200, 207, 210, 213

国家の合理性 200

国家の自立性 212

国家の存続性 150

国家レベル 98

古典的リアリズム　48, 92, 157, 174, 185, 186

コヘイン　192, 202, 210, 251

コミュニケーション　78, 80, 248, 269

孤立主義　194, 195

ゴルバチョフ　267

コンストラクティヴィズム　265, 266, 267, 268, 269, 272

コンプライアンス（遵守）　244, 259

さ

最小悪　171, 175

30 年戦争　139, 140

し

鹿狩り　65, 77

死活的国益　135, 171

資源の動員力　226

自己保存　96

自助　10, 16, 49, 182

システム　43, 102, 177, 182

システムレベル　49, 124

自然状態　10, 77, 96, 130

持続的パターン　174, 183

時代の拘束性　192

しっぺ返し　78

資本主義　93, 94

邪悪学派　172

社会化　276

社会科学　16, 17, 191, 213, 283

社会学的アプローチ　254, 255

社会学的制度論　255

社会的規範　272

社会的事実（social facts）　271

ジャクソン　145, 146

弱肉強食　174

ジャン・ボダン　141

主意主義　160, 173

集合行為　63, 64, 77, 80, 98, 183

集合財　64, 76, 77

自由主義的国際主義　35, 37, 189

重商主義　142

囚人のジレンマ　63, 68, 69, 70, 77, 78, 256

自由選挙　233, 237

従属変数　17, 99, 120, 185, 186, 234, 245, 277

従属論　212

集団安全保障（collective security）　35, 36, 131, 201

シューマン　38

自由民主主義　53, 223

主観　265, 267, 269

主権　126, 128

主権国家　147, 212

主体主義　177, 187

消極的主権（negative sovereignty）　136, 145, 146

情報革命　216, 217, 218

情報公開（グラズノスチ）　267

情報通信技術　203

情報の透明性　226, 244

ジョセフ・ナイ　192, 202, 210, 256

ジョンストン　274

ジョン・ハーツ　72

自律性（autonomy）　213, 245, 258
ジレンマ　75
シンガー　114
新国際経済秩序宣言　206
新国際秩序　52
新制度学派　243
真の原因（深層原因）　29
人民主権　236

す

水平的な構造　103, 212
スタグハント　63, 65, 75
ステイト　136, 138, 143, 145, 147, 148
スパルタ　27, 86
スピルオーバー　247
スプライト　150, 151

せ

政権移行　238
政策協調　257
政策決定手続き　249
政治体制　30, 231
政治的コスト　226
政治的説明能力（political accountability）
　　96, 225
政治的リスク　95, 225
政治文化　95, 224, 230
脆弱性（vulnerability）　211
政治レベルの統合　247
政体　222, 229
制度　227, 241, 265
制度化（institutionalization）　258
制度的制約　226

制度的変容　258
勢力階層　106, 107, 109, 110
勢力均衡　30, 33, 79, 106, 107, 108, 109,
　　114, 174, 184, 186
世界経済　120
石油危機　206, 207, 211, 213
世俗的国家　141
積極的主権（positive sovereignty）　136, 145,
　　146
絶対主義　141
絶対的利得　12, 13, 14, 123
セレクション・バイアス　234
ゼロサム　13, 209
善意の（benign, benevolent）リーダー　121
先進国サミット　257
専制主義　222, 236
戦争状態　96, 102
戦争の違法化　146
戦争の蓋然性　234

そ

相関関係（correlation）　17, 18, 19, 49, 180
相互依存　52, 117, 128, 201, 202, 204, 213,
　　214, 215, 220, 265
相互依存論　45, 46, 48, 120, 189, 202, 205,
　　209, 212, 216, 217, 218
相互作用　134
相互主義（reciprocity）　244, 256
相互独立　117, 214
操作化　17
相対的パワー　86
相対的利得　12, 13, 14, 123, 193, 197

ソーシャル・ダンピング 218

ソーシャル・メディア 235

ソフトパワー 52, 132

ソフト・ロー 260, 261

ソ連 166, 167, 205, 267

ソローキン 32

た

ダール 131

第1イメージ 84, 85, 87, 98, 181

第2イメージ 84, 94, 98, 181

第3イメージ 84, 86, 97, 98, 181

ダイアディック 227, 228

第1論争 37, 38, 44

対外主権 129, 130

体系化 158, 179

体系的パターン 20

体系理論 190

第3世界 54, 93, 147, 151

第三の波 238

第3論争 45, 46

対置変数 231

対内主権 129

第2論争 43

大量破壊兵器 52

多極安定論(multipolar stability) 113

多極システム 119, 131, 184, 195, 287

ダグラス・ノース 242

多元的安全保障共同体 247

多国籍企業 46, 127, 218

脱国家的関係 208

単位 98, 104, 105, 182

単極構造 105, 120

単極システム 55, 79, 131, 184, 194, 195

単独行動主義 195

ち

地域統合 149, 201, 246, 248

チキンゲーム 81

地政学 133

秩序原理(ordering principle) 85, 98, 103, 106, 182, 183, 190

中央集権的権威 151

中央政府 9, 16, 108, 130, 186

中国の台頭 55, 287

超国家組織 209

挑戦国 111

超大国 119

地理的概念 134

地理的空間の意味 217

つ

通信・交通手段 202, 203

ツキジデス 27, 30, 83, 85, 86, 174

て

低強度紛争 234, 268

帝国主義 92, 93

底辺への競争(race to the bottom) 218

ティリー 144, 150

適応性 258

適切性の論理(logic of appropriateness) 272, 273

デズモンド・モリス 88

デタント(緊張緩和) 205, 213

デュルケイム 49

テロ 52
伝統主義 43, 44, 211

と

ドイッチュ 114, 117, 170, 247
統合論 47, 243, 248
東西冷戦 45
統治能力 141, 143, 144
同盟 108, 109, 111, 116, 117
トーマス・クーン 282
独裁体制 225, 235
独立変数 17, 99, 120, 185, 186, 189, 233, 245, 269, 277
トランズアクション学派 255
トランズナショナル 210
取引費用 151, 244, 251, 256

な

内政不干渉 128, 130, 141, 147
内面化 230, 273, 275
長い平和 117, 214, 253
ナショナリズム 138, 143, 146
南北問題 46, 206, 213

に

ニーバー 38, 40
2カ国のペア(dyad) 227, 228
2極安定論(bipolar stability) 113, 115
2極システム 57, 79, 84, 105, 118, 119, 131, 184
ニコラス・オヌフ 265
日米同盟 135
人間の自然状態 10
人間の本性 30, 42, 44, 85, 92, 96, 165, 174

人間不平等起源論 65
認識 265, 278

ね

ネイション 136, 137, 138, 143, 145, 147
ネオクラシカル・リアリズム 198
ネオリアリズム 48, 50, 51, 176, 185, 191, 192, 256, 265, 285
ネオリベラリズム 48, 192, 256, 265
ネオリベラル制度論(neoliberal institutionalism) 50, 244, 256, 285
ネットワーク効果 217

の

能力分布 98, 103, 106, 108, 182, 193
ノーマン・エンジェル 214

は

パーシモニーの原則 99
ハーディン 73
ハードパワー 132
ハード・ロー 260
ハイポリティクス 205, 207, 208
破壊本能 91
波及性 247
覇権安定論 251, 256
覇権国 107, 120, 252
覇権理論 30, 47, 86, 110, 121, 122, 123, 124
破綻国家 52, 145
バランサー 114, 115
パリティー(均衡状態) 205
バリントン・ムア 146
パワー 33, 42, 44, 83, 85, 92, 108, 109, 120,

131, 158, 161, 167, 169, 170, 171, 186, 193, 229, 265
パワーと相互依存　47, 202, 210
パワー・トランジション　30, 86, 110, 112, 113
パワーの均衡　111
パワーの伸長速度　86
パワー・ポリティクス　42, 92, 189
反証　281, 283
ハンティントン　54, 237, 258
バンドワゴン　56
万人の万人に対する戦争　11, 12

ひ

ヒエラルキー　85, 98, 103
「光の子」と「闇の子」　166
非競合性　76
悲劇学派　172
非公式の暴力　234
非国家主体　207, 208, 212
非植民地化　145, 147
非政府主体　217
非対称の戦争　234
批判理論　191, 268, 271
敏感性(sensitivity)　211
ヒンズレー　138, 148

ふ

フィネモアとシキンク　273
不介入主義　201
複合相互依存　210, 213
フクヤマ　53
物質主義　268

ブラウンリー　136
プラスサム　13
ブラックアフリカ　145
フリーライド　36, 121, 151
フロイト　90
文明の衝突　54
分析の誤謬　185
分析のレベル　29, 49, 83, 85

へ

米ソ関係　167
米ソ対立　123
米ソ2極システム　116
平和　44
ベトナム戦争　57, 213
ベルサイユ条約　32, 159
ペロポネソス戦史　27, 85, 87
ベンサム　30, 201

ほ

貿易摩擦　206
防御的リアリズム　197
豊穣のパラドックス　218
法則　179
法的意味の国家　136, 137, 142, 146, 149
法の支配　194
方法論　44, 211
ポジティブ・サム　209
ポッパー　281, 283
ホッブズ　10, 12, 77, 96, 130, 172
ホブソン　85, 92, 93

ま

マルクス主義　93, 167, 285

マンサー・オルソン 64, 77

み

ミアシャイマー 54, 197

ミクロ経済学 48

ミトラニー 39, 246, 247

ミュンヘン会談 162

ミュンヘン宥和 162

未来の影（Shadow of the Future） 78, 79, 244, 256, 244

未来への回帰 54

民主化 235, 236

民主主義 52, 53, 95, 160, 166, 167, 194, 222, 223, 225, 235, 236

民主主義国 225

民主主義による平和 53, 80, 85, 94, 95, 202, 222, 224

民主主義の赤字（democratic deficit） 218

民主主義の維持 239

民主主義の固定化 239

民主主義への移行 239

民主制 223

民族自決 201

む

無政府状態 66, 182, 183

め

明示的な手続き 254

も

モーゲンソー 39, 40, 83, 85, 92, 157, 162, 169, 178, 185

モナディック 227, 228

問題解決型理論 191, 271

問題設定（イシュー） 212

ゆ

誘因（直接原因） 27

融合（amalgamation） 248

ユートピアニズム 32, 37, 40, 157, 159

宥和政策 288

よ

傭兵 143

ヨーロッパ統合 213, 245

抑制と均衡 231

ら

ライシュ 15

ラインホールド・ニーバー 157, 163

ラカトシュ 282, 283

ラギー 250, 276

ラショナリズム 265, 269

ラセット 53

ラパポート 68, 78, 81

り

リアリズム 33, 37, 38, 40, 42, 47, 51, 96, 157, 159, 172, 175, 229

リヴァイアサン 10, 11, 77, 96, 131

利益調和（harmony of interests） 35, 160, 161

理想主義 48

リチャード・クーパー 208

リフレクティヴィズム 265, 269

リベラリズム 33, 38, 51, 80, 201

領土国家 141

領土不可侵 146, 147

領土保全 133

理想主義　174

理論化　21, 22

理論構築　189

理論と実証　281

臨界点（tipping point）　273

リンケッジ・ポリティクス　205

る

ルール　127, 245, 265

ルソー　65, 96, 97, 172

れ

冷戦終焉後　51, 52, 54

冷戦の終焉　58, 267

レーニン　83, 92, 93

歴史主義　192

歴史的制度論　255

歴史の終わり（The End of History）　53

レジーム　46, 50, 121, 208, 246, 254, 262, 265

連繋政治　201, 207

ろ

ローズノウ　21

ローポリティクス　205, 207, 208, 253

ロック　160

ロレンツ　89

わ

ワイスとジェイコブソン　261

湾岸戦争　52

■著者紹介

岡垣 知子(おかがき　ともこ)

　獨協大学副学長、法学部国際関係法学科教授。専門は国際政治学。ミシガン大学
政治学博士(Ph.D.)、ハーバード大学客員研究員(2007‐2010; 2018‐2019)、パリ
第一大学地理学研究所招待教授(2014)。*The Logic of Conformity: Japan's Entry into
International Society*, University of Toronto Press, 2013；『人間・国家・戦争——国際
政治の3つのイメージ』(ケネス・ウォルツ著、共訳、勁草書房、2013年)ほか。

国際政治の基礎理論
Basis of International Politics: Foundational Concepts and Theories

2021年1月31日　第1刷発行

著　者　岡垣　知子　©Tomoko Okagaki, 2021
発行者　池上　淳
発行所　株式会社 **青山社**
　　　　〒252-0333　神奈川県相模原市南区東大沼2-21-4
　　　　TEL　042-765-6460(代) ／ FAX　042-701-8611
　　　　振替口座　00200-6-28265 ／ ISBN　978-4-88359-373-6　C3031
　　　　URL　http://www.seizansha.co.jp
　　　　E-mail　contactus_email@seizansha.co.jp
印刷・製本　モリモト印刷株式会社　Printed in Japan